U0566585

近代中国人的
日本认识

（1871~1915 年）

THE COGNITION
OF
MODERN CHINESE
TO
JAPAN

彭雷霆 著

（1871~1915 年）

社会科学文献出版社
SOCIAL SCIENCES ACADEMIC PRESS (CHINA)

目 录

绪　论

　　中国人对日本的认识，古已有之，历时千载。但在古代，由于天朝观的影响，中国人对日本认识的进展却很缓慢，直到近代初期仍然如此，以至国人有"只一衣带水，便隔十重雾"① 的感慨。不过同以前相比，进入晚清，随着交通、资讯的发达，中国人对日本认识的广度、深度有了进一步的拓展。中国人不但能通过以往的文献记录，了解书面的日本；还能通过众多的日本图像，认识视觉上的日本；更能直接通过东游，亲身体验日本；这些构成了晚清国人心目中日本的立体形象。本书要研究的对象就是近代中国人的日本认识以及影响这一认识的因素。

一　研究缘起及意义

　　正如有一千位读者，就有一千位哈姆雷特。不同的个人，对于日本是什么样，也有各自不同的回答。在宋代欧阳修的笔下，日本是"徐福行时书未焚，逸书百篇今尚存"，以至千载以后还有因欧阳氏之言而至日本访寻古书的。但在明代大多数国人的心中，日本却成了"仅以些许布缕包裹臀部，手拿长刀，睥睨之姿，令人害怕"的倭寇②，江浙沿海等地甚至还有"倭倭来，綦綦来，阿拉团团睏熟来"的民谣流传③。

---

①　黄遵宪：《近世爱国志士歌》，吴振清等编《黄遵宪集》（上），天津人民出版社，2003，第 138 页。
②　王正华：《生活、知识与文化商品：晚明福建版"日用类书"与其书画门》，蒲慕州主编《生活与文化》，中国大百科全书出版社，2005。
③　王勇：《中日关系史考》，中央编译出版社，1995，第 200 页。

进入近代，日本在不同人物的口中，也差异极大。如叶德辉之流，将日本视为"南苑风光皆逆旅，东京物望若神仙"的蓬莱仙境；但李大钊等人，则将日本定性为日本帝国主义。这些不同的对日认识，难道只是各人因好恶不同，而作出的不同回答吗？在这不同的对日认识背后，是否有某些因素在推动或制约人们的偏向或选择呢？

数年前，曾聆听过马克垚先生的一次讲座，其中有一句："现在的年轻人，吃的是麦当劳，喝的是可口可乐，穿的是牛仔裤，看的是好莱坞的美国大片，能不亲美吗？"当时引以为然，认为日常生活中他国因子的增多的确足以改变其在个体心目中的印象。但若以此来类推近代中国人对日本的认识与态度，却有着不少的偏差。正如任达在《新政革命与日本——中国，1898～1912》一书中所言，日本在清季最后的十几年中充当了"关键部分"，为中国思想和体制的转型起了"典型的作用"，深入影响了中国的各个阶层和层面。① 然而这一切都未能扭转近代国人排日思潮的滋长，1915 年"二十一条"的提出更成为中日决裂的一个临界点。自此之后，即便是亲日者也都不得不刻意隐瞒其与日本的关联。② 无疑，政治性的因素在这一对日认识的转变中起到了关键的作用。貌似个体选择与决定的对日认识，其实却受到了隐藏在背后的历史性、政治性、社会性等种种因素的制约，正是这种种因素推动了个体走向他们自以为是的对日认识。

其实人们心中的日本或说观念中的日本，与日本实体是两个不同的概念。实体的日本包括了日本所有的物理存在（其领土、日本人与日本物品等）。观念中的日本则可被理解为人们对日本的"想象物"，它是基于人们对于相关日本讯息的接受与解读后所构建的一种虚拟形象。借用萨特所言是"根据缺席，根据在场的他者构思的"。③ 人们往往以为自己观念中的日本就是日本实体的真正模样，殊不知这只是经过加工

① 任达：《新政革命与日本——中国，1898～1912》，江苏人民出版社，1998，第 215～218 页。

② 《救国抑救民？"二十一条"时期反日运动与辛亥五四时期的社会思潮》，罗志田：《乱世潜流：民族主义与民国政治》，上海古籍出版社，2001，第 84 页。

③ 孟森主编《比较文学形象学》，北京大学出版社，2001，第 6 页。

与处理后重新在人们头脑中重组的日本面相。最早令日本出现于近代中国人的视域的可能要算罗森的《日本日记》了。毋庸置疑，罗森亲眼所见的日本，的确是实实在在的日本实体。但对更多未能亲临亲见的国人来说，他们所知道的"日本"只能存在于阅读与耳闻当中，是其对异域的想象。近代国人的日本认识正是各类实体的日本透过种种途径、经过层层筛选进入人们的观念视域当中，而形成的日本形象。

在这一过程中有个体的主动选择，像士人会在意日本的书籍、文化，而市井小民更关注日本仁丹或眼药水的效用；但更多日本面相在个体能接触之前，已经过了一次又一次的过滤，如媒体报道日本哪些方面、报道怎样的日本，都有编辑甚至国家的意图隐含其中。在现实性的因素之外，过去的传统日本认识或对日定见，又或多或少会扭曲、误导现时的对日认知。

因而近代中国人的日本认识绝不是认清实体日本的单一过程，而是政治、媒体、个体三者互为援引、共谋影响的结果。这一过程又与近代中国的现代民族、国家观念的生成处于同一时空，因而本为对外的日本认识又时常与对内的民族国家的建构交织在一起，成为外交与内政的一个聚焦点，如近代教科书事件即为突出的一例。正因这一问题的复杂性，所以本书选择近代中国人的日本认识作为探讨的对象。

之所以将研究的时间段选在1871～1915年，主要是因为这四十四年恰好是国人日本认识的转折期，经历了一个由漠视到正视、由"以日为师"到"从此以后，不论日本说什么，中国总是满腹怀疑，不敢置信；不论日本做什么，中国总是怀着恐惧的心情加以警戒"① 的转变。这一转变某种意义上也影响到了现在国人的对日认识，因而理清这一时段国人日本认识的变因，对于理解中国人近代日本观至为关键。

另外，1871～1915年也是清季民初政权鼎新的时段，其中经历了诸如中日甲午战争、戊戌变法、日俄战争与二十一条等众多的历史大

① 蒋梦麟：《西潮》，辽宁教育出版社，1997，第83页。

事。在这纷繁的历史变局中，众多政治因素、经济变量、文化转型穿插其中，为中日格局的变动、国人日本认识的变化，提供了不同的展开"场景"。在这些"场景"中，正可观察、探究影响近代国人日本认识的关键因子。

至于研究这一问题的意义，有如下几点。

首先，有助于加深对近代中日关系史的理解和研究。目前的中日关系史研究，主要的着眼点放在近代以来国际格局和中日两国实力、利害及国家战略的层面，较少注意到国民心态的层面。国家之间的关系，在显性的层面上当然受到国际政治格局的影响和制约，更与彼此的实力、地位及双方的利害得失的盘算等因素密切相关，但在隐性的层面也受制于各国国民对对方的认识和态度。有时，这种认识和态度甚至是影响对方政策的主要因素，也是引起一些历史事件、产生一些正常或不正常的历史现象的主要因素之一。对这点，我们在考察近代历次中日交涉时不能不加以考虑。

其次，能深化学界对近代中国人的日本认识与态度的研究。虽然国内外对这一问题的研究已有不少，但从研究对象及范围的选取来看，仍多侧重于精英人物日本观的研究，即便是对近代中国人日本认识的总体考察，也还是以精英群体、知识阶层代替全部。换言之，研究的视域更多重在"趋新"或"先进"的一方，而对"落后"或"反动"的大多数有所忽视，甚至避而不见。如对当时的民众，甚至清末主政的守旧派与后来的北洋政府的对日认识，揭示得还不够。再从研究的方法与视角而言，迄今多是个案的分析与长时段的总体概述分别进行，将两者结合的综合性著述还不多见。另外，虽有学者将分层研究与区域研究应用于对近代中国人日本认识的考察中，但考察或对比研究各群体、各阶层、各地域的互动的则还是欠缺。本书的研究则试图从长时段的整体把握近代中国人对日认识的变迁，动态呈现这段中日认识史的全貌，加深人们对这段历史的认知。

再次，为今天中日两国的现实交往提供借鉴。虽然半个多世纪过去了，中日两国的政治制度发生了翻天覆地的变化，中日之间的关系也由过去的敌国变为邦交正常化，再到今天呈现的"政冷经凉"，历史似乎走过了一个轮回。在此时此刻，重新审视过去中国人为认识日本所走过的路，重新思考近代中国人的日本观中的灼见与谬误、精华与糟粕，应该对中日两国的未来走向有所启示。

最后，有利于中国人更好地认识日本与日本人。近代日本对中国进行的数次侵略战争，给国人留下很深的历史伤痕。正由于历史记忆的惯性，中日两国间的误读一直存在。今天国人要如何理性地看待自己的邻邦？只有正确梳理、总结过去的对日认识与态度，才能更好更深入地了解日本及日本人的今天，从而塑造新型的 21 世纪的中国人的日本观。

二 学术史回顾

对近代中国人日本认识的研究应该说起步很早，还在 20 世纪二三十年代时，因为中日两国现实的紧张态势，这方面的研究被时人关注。虽说是对中国人日本认识的研究，但着手较早的却是日本人。如橘朴的《孙文的东洋文化观及日本观——大革命家的最后努力》（《中国研究》1925 年第 1～4 期）、实藤惠秀的《〈留东外史〉与其日本观》（《中国文学月报》1936 年第 12 期）、有高岩的《清末中国人的日本观——特别是〈日本国志〉的研究》（《历史公论》1938 年第 78期）、中山久四郎的《现代民国人的日本观》（《历史教育》1941 年第 15 卷第 4 号）和《现代支那要人的日本观》（《支那》1941 年第 32 卷第 2 号）等，这些都发表于抗战结束前。信浓忧人更收集当时《宇宙风》、《生活周刊》等杂志上刊登的有关中国人谈日本的文章，加以整理，编辑了《支那人の见た日本人》（青年书房，1937 年）一书。几年后，鱼返善雄也编辑了一本由 12 篇中国人谈日本的文章组成的《中国人的日本观》（目黑书店，1943 年），作为日本支那语研究者的教科书。这两本书既是当时中国人日本认识的即时反映，也为后来的研究留下了文献线索。

与此相应的，中国人为应对日本的对华政策，也积极谨慎地审视着自己的邻邦——日本，并留下了众多近代中国人对日观感及认识的文献与日记等资料。如清末民国一些国人的东游日记，黄遵宪、王朝佑、戴季陶、蒋百里、周作人等人的专门论述日本的著作等。① 但这些只可看作我们后来考察近代中国人日本认识的重要史料，并不算对近代中国人日本认识的学术研究。

若说二战前，无论是日本人还是国人自己对中国人日本认识的关注，都还有现实因素的考量，那么战后两国学界对于近代中国人日本认识的研究则相对更为纯粹。与前一阶段相比，不但成果更为丰硕，研究也更为深入。代表性的论著有：《中国人的日本观百年史》（伊东昭雄，自由国民社，1974 年）、《近代中国对日观的研究》（山口一郎，亚洲经济研究所，1970 年）、《中国人的日本研究史》（武安隆、熊达云，东京大兴出版社，1989 年）、《从鸦片战争到辛亥革命——日本人的中国观与中国人的日本观》（王晓秋，日本东方书店，1991 年）、《中日两国相互认识的变迁》（石晓军，台北商务印书馆，1992 年）、《中国史中的日本像》（王勇，日本农文协出版社，2000 年）、《清末民初中国人的日本观——以直隶省为中心》（孙雪梅，天津人民出版社，2001 年）、《晚清传媒视野中的日本》（郑翔贵，上海古籍出版社，2003 年）、《戴季陶の对日观と中国革命》（嵯峨隆，东京东方书店，2003 年）等。

相关论文则更多，主要有如下一些：石原道博的一系列论文②、钟叔河的《甲午以前的日本观》（《走向世界——近代中国知识分子考察

① 主要有罗森的《日本日记》、何如璋的《使东述略》、张斯桂的《使东诗录》、李莜圃的《日本纪游》、傅云龙的《游历日本图经徐纪》、黄庆澄的《东游日记》、王韬的《扶桑游记》、黄遵宪的《日本杂事诗》（以上都收入钟叔河编的《走向世界丛书》中）、王朝佑的《我之日本观》（北京：京城印书所，1927 年）、戴季陶的《日本论》（上海：民智书局，1928 年）、周宪文的《日本之面面观》（上海：中华书局，1934 年）、陶亢德的《日本管窥》（上海：宇宙风社，1936 年）、蒋百里的《日本人——一个外国人的研究》（汉口《大公报》，1938 年）等。
② 包括《中国的日本观的初始形态——隋以前的日本观》（《茨城大学文理学科纪要》1951 年人文科学第 1 号）、《中国的睦邻友好的日本观的展开——唐、五代、宋朝的日本观》（《茨城大学文理学科纪要》1952 年人文科学第 2 号）、《中国的嫌畏的日本观的形成——元代的日本观》（《茨城大学文理学科纪要》1953 年人文科学第 3 号）、《日明交涉的开始和不征之国日本的成立——明代的日本观（一）》（《茨城大学文理学科纪要》1954 年人文科学第 4 号）与《围绕日明贸易的日本观——明代的日本观（二）》（《茨城大学文理学科纪要》1955 年人文科学第 5 号）。

西方的历史》，中华书局，1985）、刘学照的《清末民初中国人对日观的变迁》（《近代史研究》1989 年第 6 期）与《略论李鸿章的对日观》（《历史研究》1990 年第 3 期）、王晓秋的《近代中国人日本观的变迁》（《日本学》第三辑，北京大学出版社，1991）、李庆的《论黄遵宪的日本观——以〈日本杂事诗〉为中心》［《复旦学报》（社会科学版）1994 年第 4 期］、陈卫平的《近代中国的日本观之演进》（《社会科学》1994 年第 1 期）、臧世俊的《康有为的日本观》（《学术论坛》1995 年第 3 期）、焦润明的《梁启超的日本观》（《近代史研究》1996 年第 1 期）、周启乾的《晚清知识分子日本观的考察》（《日本学刊》1997 年第 6 期）、李喜所的《甲午战后 50 年间留日学生的日本观及其影响》（《社会科学研究》1997 年第 1 期）、罗晓东的《张之洞师日观的形成及其效日主张》（《贵州文史丛刊》1998 年第 4 期）、左汉卿的《章太炎在日本的活动及其日本观变化》（《中国文化研究》2001 年第 4 期）、韩小林的《论近代中国从"轻日"到"师日"的转变》（《安徽史学》2004 年第 3 期）、肖建杰的《张学良的日本观与其政治思想的演变》（《唐都学刊》2005 年第 1 期）、杨永兴的《力行社的日本观——以〈前途〉杂志为个案的考察》（《江苏社会科学》2006 年第 1 期）等。

至今，对近代中国人日本认识的研究，角度各有差异，研究的对象也各不相同，主要研究内容与主题有如下一些。

（一）关于近代人物日本认识的考察

应该说对人物进行个案研究，相对容易入手，资料也比较集中，所以此类成果在近代中国人日本认识研究中占了相当一部分。如国内较早开展近代中国人日本认识研究的钟叔河，其《甲午以前的日本观》一文，以甲午战前何如璋、张斯桂、李莜圃、傅云龙、黄庆澄五人的游日记载为分析基础，具体考察了上述五人对于明治维新以后日本的看法，从而揭示了甲午以前中国人对日本的大致观感。[①] 而后众多研究者也都

---

① 钟叔河：《甲午以前的日本观》，《走向世界——近代中国知识分子考察西方的历史》，中华书局，1985。

按这一人物个案研究的思路推进，分析人物的对日认识、日本观感以及变化过程。

就个案选择而言，主要局限于精英人物身上。像作为知日派的先锋的黄遵宪就是一个热门人物。傅大中通过分析以黄遵宪为代表的日本观的哲学指导思想，指出循环变异观和道器观是其底色。① 李庆则通过对黄遵宪《日本杂事诗》的分析，肯定其为近代中国研究日本的第一人，并将其日本观的形成划分为三个阶段：从最初对日本的表面认识到趋向深入，再由对具体现象的认知上升到政治理念的升华。② 而徐冰与李洪河则都以另一"知日三白眉"戴季陶的日本观作为研究对象。③ 前者从总体上高度评价了戴季陶对日认识的深刻性；后者则选取了五四这一特定时间段来考察戴季陶此时的日本观，指出这一时期戴季陶对日本基本上是一种批判的态度，他通过对日本社会、政治、文化和中日关系的精辟分析，深化了中国人当时对日本的认识。台湾的黄福庆也以戴季陶作为考察近代中国人日本观的切入点，将戴氏的《日本论》置于当时其他中国人对日认识的背景下，并以日本人对《日本论》的评价相映衬，凸显戴氏一方面像孙中山一样对日本有所期待，赞赏日本明治维新后的表现，另一方面却又批评了日本近代的军国主义，而这对以后中国人的日本观产生了莫大的影响。④ 相对于黄遵宪与戴季陶，另一"知日"的重要人物——周作人，在史学界就相对较少引起关注，虽有学者对其在"语丝时期"的日本观有所探讨，⑤ 但还有有待深入的地方。

除了上述数人外，对于近代的维新派、革命派等代表人物的日本认识，学界也多有探讨。像焦润明考察了维新人士——梁启超的日本观，指出其日本观基本上属于"师敌型"的，而这一"师敌"又服务于梁

① 傅大中：《近代中国人日本观散论》，《学术研究》（丛刊）1985 年第 3 期。
② 李庆：《论黄遵宪的日本观——以〈日本杂事诗〉为中心》，《复旦学报（社会科学版）》1994 年第 4 期。
③ 徐冰：《戴季陶的日本观》，《日本问题研究》1994 年第 3 期；李洪河：《五四时期戴季陶的日本观》，《辽宁师范大学学报（社会科学版）》2002 年第 2 期。
④ 黄福庆：《论中国人的日本观——以戴季陶的〈日本论〉为中心》，《中央研究院近代史研究所集刊》1980 年第 9 期。
⑤ 张铁荣：《周作人"语丝时期"之日本观（上）》，《鲁迅研究月刊》1994 年第 3 期。

氏的变法主张，反映了19世纪末20世纪初中国知识分子普遍的对日心态。① 班玮在此基础上，从更长时段来观察梁启超的日本认识，认为：从清末到民国，梁启超的日本观有一由"师日"发展到"亲日"、再由"亲日"转为"反日"的演变过程，这与其思想转变是同步的，也是当时亲日派精英所共有的一段心路历程。② 臧世俊则着重对维新派另一代表人物——康有为的日本观进行了梳理，认为在甲午战前康氏的日本观以防日、攻日为主，到甲午以后才一变为学习日本，变法维新，最后一直死抱日本模式作为其救国方略。③ 而革命党人孙中山的日本认识更是长期被研究者所重视，学界对其早期、晚年的对日观都有较细的分析。有学者就认为早期的孙中山对日本抱有幻想，希望在日本的帮助下，完成中国革命。④ 日本学者藤井升三更进一步指出导致孙中山有此想法的根源有三：一是中日在地理上接近，使日本成为孙中山等革命党人绝好的根据地；二是日本一部分政治家和民间人士支援中国革命的动向和孙中山对他们的亲近感、信赖感；三是孙中山基于黄白人种斗争观的"亚洲主义"思想。⑤ 至于晚年孙中山的对日观，学界一般认为有一个转变，虽然在转变的分界点上仍各有说法，但大多同意此时孙中山对日本的侵华政策有了明显的警觉。⑥ 最近，许育铭对孙中山日本观的研究则另辟蹊径，通过对"孙文的对日观"、"日本的孙文观"及"当代中国的对孙文与日本观"三个层面的梳理，力图动态地交互建构出孙中山的对日观。⑦ 应该说许氏这一探讨对于此研究的后续推进颇有启发。

---

① 焦润明：《梁启超的日本观》，《近代史研究》1996年第1期。

② 班玮：《梁启超的日本观》，《天津师范大学学报（社会科学版）》2004年第3期。

③ 臧世俊：《康有为的日本观》，《学术论坛》1995年第3期。

④ 王弋：《孙中山与日本明治维新》，东北地区中日关系研究会编《中日关系史论文集》，黑龙江人民出版社，1984，第99~112页。

⑤ 藤井升三：《孙中山的对日态度》，中华书局编辑部编《纪念辛亥革命七十周年学术讨论会论文集》下册，中华书局，1983，第2525~2526页。

⑥ 具体可参看刘恩格的《孙中山的对日态度及演变》（《贵州社会科学》1987年第3期）、段云章的《孙中山与山东问题——兼探孙中山的对日观》（《中山大学学报论丛·孙中山研究论丛》第7集，1990）与《1923年后孙中山与日本的关系》（《历史研究》1993年第2期）、王仁荣的《谈孙中山对日外交思想的转变》（《辽宁师专学报》2001年第1期）等文。

⑦ 许育铭：《从历史视点所见的孙文对日观》，《东华人文学报》2002年第4期。

另外左汉卿对章太炎日本观的变化过程也作了考察，注意到章氏三次东渡旅居日本对其日本观的影响冲击，指出其"看日本是理性的、功利的，一切为了中国革命"。①

此外，对于晚清、民国主政者的日本认识，学界也比较留意。刘学照就指出作为中兴重臣的李鸿章，其对日认识是复杂的，包含有轻日、畏日、羡日、防日诸种心态；其防日思想既与以夷制夷论、对外羁縻论相联系，又受其制约；而其隐藏深处的轻日思想，又限制了李氏的"羡日"心态，难以提高为向日学习。② 王如绘则重点考察了1870～1880年李鸿章的对日认识，指出直到日本正式吞并琉球之后，李鸿章才对日本在亚洲扩张的野心和对中国的危害有了较为明确的认识，从而购船置械，进行防范日本的军事准备。③ 另外，罗晓东、杨木武与肖建杰分别对张之洞、蒋介石、张学良三人的对日观进行了有益的探讨，丰富了学界对三者面相的认识。④

特别要提到的是杨际开的《作为思想范式的日本观——宋恕与变法运动》，该文虽也可看做是一个人物个案研究，却从变法思想资源的角度来探讨日本在宋恕思想变迁中所起的作用。⑤ 这实是王汎森将日本看成中国近代思想资源与概念工具来源观点的延续。⑥

（二）对近代群体日本认识的考察

在个案精细分析的基础上，学界对近代中国一些群体的日本认识也有所考察。山口一郎就基于当时中国本身的政治多元现象，在探讨民国成立至抗战胜利这一时期中国人的日本认识观时，划分了官僚层文人、

---

① 左汉卿：《章太炎在日本的活动及其日本观变化》，《中国文化研究》2001年第4期。
② 刘学照：《略论李鸿章的对日观》，《历史研究》1990年第3期。
③ 王如绘：《论李鸿章对日本认识的转变（1870～1880）》，《东岳论丛》1998年第5期。
④ 罗晓东：《张之洞师日观的形成及其效日主张》，《贵州文史丛刊》1998年第4期；杨木武：《论七·七事变前蒋介石的日本观和抗战观》，《培训与研究·湖北教育学院学报》2003年第6期；肖建杰：《张学良的日本观与其政治思想的演变》，《唐都学刊》2005年第1期。
⑤ 杨际开：《作为思想范式的日本观——宋恕与变法运动》，《二十一世纪》（网络版）2002年第6期。
⑥ 王汎森：《"思想资源"与"概念工具"——戊戌前后的几种日本因素》，《中国近代思想与学术的系谱》，河北教育出版社，2001。

中国国民党系及中国共产党系三个群体，分别作了论述。① 这实质上就是群体研究的视角。而另一国内专著——孙雪梅的《清末民初中国人的日本观——以直隶省为中心》，虽以清末民初的中国人为题，但主要考察的还是自甲午战争至 1928 年直隶省东游者这一特定群体的日本认识，比较全面地描述了这群东游者所认识的日本教育、日本实业、日本司法、日本行政、日本社会民俗等几个方面。② 周启乾则对晚清知识分子群体的日本观作了一整体考察。赵艳玲、于多珠更将近代中国知识分子日本观的发展划分成四个阶段：从 1874 年日本侵台至 1894 年甲午战前，近代中国知识分子开始关注日本，但看法不同，褒贬皆有，还没有形成一个代表主流的日本观；1895 年甲午战后至 1915 年二十一条签订前，则以向日本学习为主流；1915 年二十一条的签订至 1931 年九一八事变前，随着日本侵华野心的暴露，反日情绪慢慢地展露出来；1931年九一八事变至 1937 年全面侵华，抗日日益成为了共识。③

最为研究者所关注的群体要算近代中国的留日学生群体了。自从1896 年甲午战后清政府首派留学生赴日后，前后数十年间，约有五六万人先后负笈东渡；这批留日学生归国后，对近代中国所产生的影响不可谓不巨大，故而早被时人所瞩目。他们留学日本的群体体验也相应构成了近代中国人对日认识的重要部分，是引导国人日本观形成的重要因子。对留日学生日本观的群体探讨也成为学界一个热门话题。较早关注留日学生的是实藤惠秀，他在论述中国留日学生时，涉及了中国留日学生这一群体对日本的观感与认识，其《〈留东外史〉与其日本观》更是从对文学作品《留东外史》的解读入手，分析描述了留学生眼中的日本、日本人的形象，从而揭示隐含其后的留日学生群体的日本观。④ 国内学者李喜所也对留日学生的日本认识进行了考察，认为中国留日生的日本认识反映出他们对日本的印象从总体上讲是很好的，基本将日本视

---

① 山口一郎：《近代中国对日观的研究》，亚洲经济研究所，1970。
② 孙雪梅：《清末民初中国人的日本观——以直隶省为中心》，天津人民出版社，2001。
③ 赵艳玲、于多珠：《日本侵台至全面侵华时期中国近代知识分子的日本观》，《承德民族师专学报》1996 年第 4 期。
④ 实藤惠秀：《〈留东外史〉与其日本观》，《中国文学月报》1936 年第 12 期。

为中国学习的榜样；而不像一些学者分析的那样"中国到日本的留学生，回国以后，对中国是成功的，对日本却不成功"。[①]

另外，近来国内另一群体研究的动向是以杂志为核心，考察围绕其周围群体的对日取向。已有的成果有杨永兴的《力行社的日本观——以〈前途〉杂志为个案的考察》与罗福惠、汤黎的《学术与抗战——〈独立评论〉对于抵抗日本侵略的理性主张》。前者通过对《前途》杂志的考察，揭示了 20 世纪 30 年代国民党内部的秘密团体——力行社的对日主张及对中日局势的判断。[②] 后者则探讨了围绕在《独立评论》周围的胡适、丁文江、傅斯年等自由主义知识分子在"九一八"、"一二八"事变后的对日主张，凸显了该群体对日观"理性"的特征。[③] 总体看来，学界对中国人的日本观的研究还不充分，需要开拓的空间还不少。

（三）近代中国人日本认识演变轨迹研究

对中国人的日本认识作一长时段的考察，更易看清近代中国人日本观的演变过程及发展阶段。如王勇就将中国人的日本观从古至今进行了统论，并将其分为四个阶段：隋朝以前朝贡时代的"宝物之岛"、遣隋遣唐使时代的"礼仪之邦"、元明时期的"海贼倭寇"、近代以来的"西学之师"；在讲到日本开国以后中国人的日本观时，他重点对罗森、陈其元、何如璋、黄遵宪等人的日本观进行了分析。[④] 而刘学照、方大伦则对清末民初中国人日本观的变迁轨迹进行了初步的梳理，指出在甲午战前，中国人是"羡日"与"防日"交织在一起，到甲午战后，则以"仿日维新"与"突驾日本"为主，至日俄战争后，随着日本侵略中国的野心日益暴露，近代中国人转向了"排日"与"拒日"。[⑤] 王晓

---

① 李喜所：《甲午战后 50 年间留日学生的日本观及其影响》，《社会科学研究》1997 年第 1 期。

② 杨永兴：《力行社的日本观——以〈前途〉杂志为个案的考察》，《江苏社会科学》2006 年第 1 期。

③ 罗福惠、汤黎：《学术与抗战——〈独立评论〉对于抵抗日本侵略的理性主张》，《华中师范大学学报（人文社科版）》2006 年第 3 期。

④ 王勇：《中国史中的日本像》，日本农文协出版社，2000。

⑤ 刘学照、方大伦：《清末民初中国人对日观的变迁》，《近代史研究》1989 年第 6 期。

秋则将近代中国人日本观的变迁粗略地划分为三个阶段：从轻视到重视、从走马看花到深入调查研究、从全盘仿效到初步批判。① 此后虽有不少学者也对近代中国人的日本观做了整体的历时考察，但大体没有突破前述论断，基本以甲午战争、二十一条的提出及九一八事变作为界标，来划分近代中国人日本观的演变轨迹，对发展态势也基本概括为由"轻日"到"师日"再到"反日"、"抗日"这一线性过程。应该说上述学者通过努力，大致理清了近代中国人日本观的基本发展脉络。

（四）近代中国人日本认识生成的缘由

由"是什么"到"为什么"本就是研究深入的自然过程。学界对日本观的研究也由最初的对近代中国人日本认识的现象考察，延伸为对其探本索源的追问。对于人物及群体日本认识的形成，学界考察一般从其自身经历、知识结构及时事背景三方面入手。如李庆在探讨黄遵宪的日本观形成时，就指出黄氏的使日经历、所受传统教育的知识构成、本身不懂日语的局限，加上甲午战前的时代背景，导致了黄遵宪虽为甲午以前知日第一人，但其对日观本身包含有矛盾与不足之处。② 罗晓东在考察张之洞师日观之形成时，则强调甲午之败这一时事因素对其日本观转变的关键作用。③ 李喜所对留日学生日本观的研究则显示：制约中国留日生日本观形成的因素既有中国人对日本的总体观感，又有社会各方名流的舆论导向，而最直接的则是他们的留日生活实践。④ 值得注意的是：尚会鹏将中国人的日本观与传统儒家文化联系了起来，注意到儒家传统文化中的"仁"、"礼"、"和"三个基本理念在中国人日本观塑造过程中所起的作用。⑤ 尚氏这一观点提示我们必须注意到中国人传统日本观与近代日本观之间不仅有替代的关联，还有延续的一面。

---

① 王晓秋：《近代中国人日本观的变迁》，《日本学》第三辑，北京大学出版社，1991。
② 李庆：《论黄遵宪的日本观——以〈日本杂事诗〉为中心》，《复旦学报（社会科学版）》，1994 年第 4 期。
③ 罗晓东：《张之洞师日观的形成及其效日主张》，《贵州文史丛刊》1998 年第 4 期。
④ 李喜所：《甲午战后 50 年间留日学生的日本观及其影响》，《社会科学研究》1997 年第 1 期。
⑤ 尚会鹏：《儒家的战略文化与中国人日本观的深层》，《国际政治研究》2004 年第 2 期。

如前所述，学界对近代中国人日本认识的研究已取得不少成果，但仍存在不少问题。

首先表现在资料应用上。由于近代中日两国交往甚密，留下的关于近代中国人日本认识的史料实属不少，如何尽可能地利用史料，往往成为每位研究者都要仔细考量的问题。总的来说，已有成果使用的资料主要有如下几类：一是相关人物的文集、全集及年谱长编。像蓝蔚蓝关于李鸿章的研究，主要利用的就是《李文忠公全集》，通过文献的解读，来重现 1861～1885 年间李鸿章的对日认识。[①] 其他的人物个案研究主要利用的也是相关人物的文集或全集。二是东游或留日日记及回忆录。近代中国人东游日本或留学日本的人数众多，其中既有官派公干者，也有自费观光的；但不论是留学者还是考察者，都留下了一批数量可观的游日日记或回忆录，直观记载了对日本的观感与认识。这些成为后来研究者考察近代中国人日本观的一个重要途径。孙雪梅在对直隶的区域考察中就大量利用了东游日记。三是报纸、杂志。将近代报刊大量应用到史学研究中，应该是近十几年的事。无疑，报刊包含的信息量与传统史料相比，内容更为庞杂，也更为丰富，也使研究者能透视更广阔的社会层面。郑翔贵就在其自身研究中，选取了甲午以前《上海新报》、《申报》、《西国近事汇编》和《万国公报》四家大众传媒对日本的报道、评论，再现了当时受众由此可能获知的对日认识，从而重构了晚清传媒视野下的日本形象。[②] 四是官书、资料汇编。如《光绪朝东华录》、《清光绪朝中日交涉史料》、《清宣统朝中日交涉史料》、《外交文牍》等，这些都是重建近代中日关系场景的基本文献，因而都被研究者所在意。但除此之外，可供进一步扩充、挖掘的史料还不少。如最关键的，也恰恰很少被国内学者所应用的相关日文资料。其实对近代中国人日本认识留下记录的，不单只有国人自己，还有当时众多与中国有密切接触的日本人，他们留下的中国记录中也常有对中国人日本认识的记载。如已有学者注意到随"千岁丸"来华的高杉晋作等人的游清日记。另外各类

---

① 蓝蔚蓝：《李鸿章的对日认识及其外交（1861～1885）》，中国文化大学政治研究所硕士论文。

② 郑翔贵：《晚清传媒视野中的日本》，上海古籍出版社，2003。

文艺作品、竹枝词、民谣中也有相关史实的反映，但被利用得还不够。而一些包含日本、日本人形象的年画、漫画等视觉资料被学者注意的就更少了。

其次是在方法应用上。随着研究的深入，研究的方法也日趋多样。作为思想史的命题，文本解读当然是最基本的研究方法，而个案分析与长时段总体概述则成为近代中国人日本认识研究最常见的两个取向，但迄今为止还多是将个案的分析与长时段的总体概述分别进行，将两者结合的综合性著述还不多见。另外，虽有学者将分层研究与区域研究应用于对近代中国人日本认识的考察中，但对各群体、各阶层、各地域互动做考察或对比研究的还是欠缺，研究的广度与深度都还有待拓展。而一些学者将新闻传播学等跨学科的方法引入研究中，也是一种有益的尝试。但总的说来，比较研究、跨文化研究、多学科交叉等方法在近代中国人日本认识的研究中应用得还不够，还有待方法上的突破。

再次，在研究内容方面，仍多侧重于精英人物日本观的研究。就个案选取而言，从黄遵宪到蒋介石，不是知识界的巨子，就是政界的要人。普通个体的日本认识，在史学研究中是缺席的。虽然群体研究是个案研究的扩大，有助于我们从更广阔的视野来审视这一命题，但基本还是局限于精英的群体当中，民众或"草根"被漠视。而宏观的长时段考察，从历时的角度再现近代中国人日本认识的演变轨迹，条理而线性，这是其优点；但即便是名为对近代中国人日本认识的总体考察，也还是以精英群体、知识阶层代替全部，缺少对其他阶层人群对日本认识与态度的考察。当然对精英人物日本观的考察是必要的，也或许相对精英而言，民众的认识是滞后的，但这些都不能否认对精英以外的人物、群体日本认识研究的必要。甚至在很多关键时期，民众的对日认识才真正起到决定性的作用。要还原历史的"原生态"，就必须要从总体史的角度出发，眼光朝下，将更多的精英外的人群纳入研究的视域，这才能展现历史的全貌。

最后从研究主题看，还比较单一。基本研究的主题还局限于对近代中国人日本认识现象的描述与缘由的探究。但若将其置于更广阔的背景下，则可发现近代中国人对日本的总体观感对中日关系走向有着紧密的关联。一方面，每一次中日关系格局的转变直接带动了国人对日本的认识与态度的发展；另一方面，国人对日本的基本观感又一定程度上制约了中国对日政策的制定，影响了中日关系的走向。再从知识考古的角度出发，则可发现日本形象的构建，虽直接取决于中日两国实力对比、日本对华政策的演变等众多现实因素，但历史记忆的惯性、精英对日形象的解读，都起到了不可忽视的作用；近代国人对日本的认识更可能是，传统的日本、现实的日本与观念的日本三者交织的产物，是理性与情感的混合。这也是研究者很少注意的地方。

三 本书的主题、方法与结构

首先，本书的研究主题为近代中国人的日本认识及影响这一认识的因素。鉴于目前的研究现状，本书的研究着眼于原因，而非变迁过程，重在探讨哪些因素影响了人们对日本的认识和观感，并在这一探讨过程中，试图揭示近代中国人对日认识具有哪些特点。同时，作为近代中国人日本认识研究的一部分，本书也尝试对一些中日个案作出梳理与补充，或从新的角度来审视。有鉴于此，本书对于近代中国人对日认识的变迁过程作了从略处理，但大致轨迹在相关章节中都略有提及。

其次，本书采用的研究方法：一是思想史最常用的文本解读法，通过扩充史料，与原有材料互证、互补，以更全面地把握历史的面相；二是采用比较的方式，既有宏观层面的比较，也有微观个案的比较，通过比较呈现异同；三是在立足史学研究方法的同时，有意识地使用了形象学、新闻学的一些相关理论，使得论证更为丰满。

最后，文章的结构安排。在笔者看来，影响近代中国人对日认识的，可能主要有三个层面：一是国家层次的对日政策，这一定程度奠定了国人不同时段对日认识与态度的基调。二是社会层次的媒体导向，更多国人所见的日本还只是媒体呈现的日本，因而传播日本信息、提供共同阅读体验的公共传媒对国人的日本认识影响至巨。三是个体层次的日本体验，因为每个个体的日本体验各不相同，所以每个个体对日的看法不同。另外，中日交通的情况、中日贸易的增长等也对国人的对日认识产生或多或少的影响。但前三者最为主要。正是基于这一认识，所以在章节上，本书并没有按照传统的时间序列加以编排，而是以专题的形式展开。本书除导论外，共分四章。其中，第一章为对宏观背景的交代，介绍了近代以来中日交通、文化状况的变化，清前期国人的对日认识及日本近代在华的种种表现，为下文展开作一铺垫。第二、三、四章分别从政治、媒体、民间三个层面展开专题研究，以探讨不同因素所产生的影响。最后为结语，从整体来分析、总结影响近代中国人对日认识的因素，及近代中国人对日认识的特点。

这种章节安排一方面利于宏观分析与个案考察相结合，另一方面则能多层面展现近代中国人对日认识的不同方面及其不同影响因素。

第一章 | 变动和延续：近代中国 认识日本的基础

日本与中国同处东亚，两国人民自古即有往来；进入近代，双方关系更为紧密。这种紧密表现在两国交通、人员、政治、经济等诸多方面。与此相应，日本在近代中国的变迁中所呈现出来的面相也更为复杂。

第一节 中日的空间距离与文化距离

古人提及中日两国，最常用的是"一衣带水"与"同文同种"二词。这正概括了中日两国长久以来所处的空间背景与文化氛围。到了近代，随着交通技术的发展和通信手段的进步，中日两国的"距离"有了缩短趋向。而与此不相应的是，中日的文化关联在近代的演变中愈行愈远。这一空间与文化变化的反差，一方面提供了中日近代重新认识对方的基本背景，另一方面也在某种程度上制约了中日两国相互认识的大致走向。

一　近代交通的发展

照理说空间距离应是客观的物理存在，并不会随着时间的流逝而产生相应的变化，除非是沧海桑田、地壳运动，才会有将两地空间距离缩短或延长的可能。事实上人们对空间距离的直观感受在精确的测量技术出现以前，往往以日计程，通过自己来往两地所需时间的长短来得出相应的印象。

中日两国因无陆路相通，所以一直从海路往还，因而航路的选择及船舶技术的进步直接关系到中日交通所需的时日。就航路而言，大致可以分为南北两路。在唐中叶以前，主要是北路，即由日本列岛出发，沿朝鲜半岛到辽东或经黄海到山东半岛，再转往内陆。此条航路被利用得很早。木宫泰彦甚至认为：此路还在"原史时代"就成为"连络日韩交通之大路"，具体途径就是由"古辰韩地"顺流至日本"山阴北陆"；只是限于当时的航海技术，还只能由韩地过来而不能由日本渡往。① 因无具体史籍可考，此点只属于臆测之词。最早记载此航路的中国史籍应是陈寿的《三国志》。虽然《后汉书》中也提到日本已有贡使来华，但具体路线不详。到三国时，不但有倭使来华，魏国也派使往日，其具体往来路线为："从郡（带方郡）至倭，循海岸水行，历韩国，乍南乍东，到其北岸狗邪韩国（今朝鲜东南部的庆尚南道等地），七千余里始度一海；千余里至对马国（对马岛）……又南渡一海千余里，名曰瀚海，至一大国（壹岐岛）……又渡一海，千余里，至末庐国（日本佐贺县东松浦半岛一带）……东南陆行五百里，到伊都国（日本福冈县深江一带）……郡使（带方郡所派的使者）往来常所驻。东南至奴国百里…东行至不弥国百里……南至投马国，水行二十日。……南至邪马壹（台）国，女王之所都，水行十日，陆行一月。"② 即由带方郡出发，到朝鲜半岛渡海，经对马岛、壹岐岛，至日本本土。直到隋唐，这一路线仍是中日两国主要的来往通道。像隋时裴世清出使日本，也是"度百济，行至竹岛，南望耽罗国，经都斯麻国，迥在大海中。又东至一支国，又至竹斯国，又东至秦王国……又经十余国，达于海岸"，③ 走的正是这一北路。

到唐中叶以后，中日两国又开辟了另一航路，即南路：由长江口或江浙等地出发，经东海到达日本列岛。公元 701 年日本第六次遣唐使来

---

① 木宫泰彦著《中日交通史》（上册），陈捷译，商务印书馆，1931，第 1~8 页。

② 陈寿：《三国志》卷 30《魏志·东夷传》，汪向荣、夏应元编《中日关系史资料汇编》，中华书局，1984，第 7~10 页。

③ 《隋书·倭国传》，汪向荣、夏应元编《中日关系史资料汇编》，第 46 页。

华，走的即此航路。自此以后历次遣唐使也大多走的是这一路线。自唐以后，中日交往更趋频繁，特别是明清之时，中国江南一带与日本长崎的进出口贸易日益发达，利用的也多是这一南路航线。日本正德五年（1715 年）改订海外贸易法，就直接规定："领受信牌往来之船，以五岛以南之海上为往来之路。"① 今据《顺风相送》与《指南正法》统计可知，到明清之时，由中国往日本的针路（即航路）大致有：福州—琉球—长崎、宁波—长崎、温州—长崎、凤尾（定海南）—长崎、沙埕（福建福鼎县沙埕港口北）—长崎、尽山（扬子江口）—长崎、普陀—长崎、牛屿（福建闽江口外马祖岛南）—长崎、南杞（浙江瑞安、平阳海外）—长崎、九山（浙江舟山南六横岛南海中）—长崎、广东—长崎、厦门—长崎，共 12 条。② 除此之外，相信遗漏的还有不少，这些针路的共同之处，则都是取南路航行。

中日航路之所以在唐中叶以后改北就南，当时一个重要原因即在于"新罗梗海道，更繇明越州朝贡（今浙江宁波、绍兴一带）"。③ 但就航海风险而言，则北路要比南路安全得多。正如木宫泰彦所指出的那样："前后十三次遣唐使中，取北路者皆平安；取南路能免风波之难者甚鲜。"④ 证诸史实也的确如此。日本宝龟八年（777 年）那次遣唐使，据大伴继人所言，去时特别顺利，"六月廿四日，四船同入海。七月三日着泊扬州海陵县。八月廿九日，到扬州大都督府"；但回来时却遭海难，"副使小野朝臣石根等卅八人，唐使赵宝英等廿五人同时没入"，所乘之船也"帆樯倒于船底，断为两段；舳舻各去，未知所到"，剩余的四十余人在海上"米水不入口，已经六日"，方始漂流到肥后国的西仲岛而获救。⑤ 之所以如此，是因为北航路一方面是沿着日本海左旋回流，顺流沿海岸航行；另一方面若由日本本土经壹岐、对马，渡过朝鲜海峡，直接登陆朝鲜半岛的话，海路航行并不长。与北路相比，南路航

---

① 姚贤镐编《中国近代对外贸易史资料（1840～1895）》第一册，中华书局，1962，第80 页。

② 具体见向达校注《两种海道针经》，中华书局，1981。

③ 《新唐书·日本传》，汪向荣、夏应元编《中日关系史资料汇编》，第 67 页。

④ 木宫泰彦著《中日交通史》（上册），陈捷译，第 103 页。

⑤ 汪向荣、夏应元编《中日关系史资料汇编》，第 109～110 页。

线因为要横渡东海，"风浪巨险"，这对当时的帆船而言，无疑难度更大，所以古语有云"日本好货，五岛难过"。① 尽管风险不少，但最终走南路的多，主要是因为南北两路相比，南路总体路程要比北路短，特别是经济重心南移后，更是如此。到明代，中日航程已缩短到一般旬月可达，"如得东北顺风，五日五夜至普陀山"，即使"纵风不便，不过半月有余，已到中国"。②

在近代以前，中日航海用的船只为帆船，而帆船对风力、风向（即风信）都有要求。无风或风大都不能出航，若风向不对，甚至会使船舶南辕北辙。如日本仁明天皇承和元年（公元834年）派出的遣唐使，就因风信之故，"频年却回，未遂过海"，直到承和五年方始成行。③ 航海的实际水程也取决于风信，"风利则船捷，易至而近；不利则船缓，难到而远，故不能定程也"。④

日本位于中国东北部，因而由日来华，主要利用东北风或东风；由华去日，则反之。像明代倭寇入侵，就是"随风所之。东北风猛，则由萨摩或由五岛至大小琉球而视风之变迁：北多则犯广东；东多则犯福建。"⑤ 其中三、四、五、九、十月为倭寇来犯的主要时段，因为"届期方有东北风，多日不变"。⑥ 由中国前往日本则大多在夏季，利用西南季风。但随着船舶技术的进步，特别是片帆的应用，帆船无论顺风、逆风均能行驶，水密隔舱技术也提高了帆船的安全性能，⑦ 从而使得中日间的航行不再局限于季节，到清代出现了"四季皆有来日本者"⑧。

尽管到明清之时，中日航路及船海技术均有了很大进步，但风信无

---

① 陈伦炯：《东洋记》，《小方壶斋舆地丛钞第十帙（1～2）》，台湾学生书局，1985，第548页。
② 李言恭、郝杰编撰《日本考》，汪向荣、严大中校注，中华书局，1983，第68页。
③ 汪向荣、夏应元编《中日关系史资料汇编》，第129页。
④ 周玺、李廷璧：《彰化县志·海道》，台湾文献丛刊第156种，第21页。
⑤ 李言恭、郝杰编撰《日本考》，汪向荣、严大中校注，第17页。
⑥ 李言恭、郝杰编撰《日本考》，汪向荣、严大中校注，第17页。
⑦ 关于中国船舶技术的演化，可参看李约瑟原著，罗南改编《中华科学文明史》（第3卷），上海交通大学科学史系译，上海人民出版社，2002。
⑧ 西川如见：《增补华夷通商考》卷一，转引自大庭修著《江户时代日中秘话》，徐世虹译，中华书局，1997，第161页。

常、波涛险恶，中日之间的漂流事件仍时有发生。仅在嘉靖年间，因往日本而被台风飘至朝鲜的漳州人就达五六百人。① 日本人在实行锁国政策后，虽被禁止出海，但仍有因海难而漂流至中国沿岸的。康熙三十二年就有一日本船"被风漂至广东"，获救后被送回国。② 另据佐藤三郎统计，锁国时代有文字记载的漂流到中国海域的日本漂流事件多达 45 次。③ 可见在帆船时代，要跨海远渡，即便是"一衣带水"，也是危险重重。故早在唐代就有人感叹："彼国太远，性命难存，沧海渺漫，百无一至。"④ 直到清代，赴日的多为生计所迫的商贾，"士大夫均以风涛险恶，莫肯前赴其处"。⑤

到了近代，随着轮船技术的进步，铁路、电信的出现，中日交通状况有了极大的改观，中日交通也日益被纳入了世界的交通网络当中。

（一）蒸汽轮船的应用，导致中日定期航班出现

19 世纪在世界造船史上是一个转折性的时代。富尔顿于 1807 年设计、建成世界第一艘可供使用的蒸汽轮船，从而拉开了蒸汽船时代的序幕。1820 年使用蒸汽动力运转的铁船被斯他佛德州梯普敦的火塞勒铁工厂所制造，这是新的动力装置与新材料的第一次结合。到 19 世纪 80 年代，钢船也产生了。在材质改进的同时，轮船的外轮也改为暗轮，并由一暗轮增加至四暗轮，这使得轮船的速度有了显著的提高。⑥ 由于近代鸦片贸易与茶叶贸易的需要，轮船很快被英美各国争先应用于开往中国的航线上。第一艘出现在中国海域的蒸汽轮船是"福士号"（Forbes）。它建造于印度，使用的是柚木，只装有两台六十马力的发动机，却于 1830 年在顶着季风的情况下，仅用三十八天就完成了从印度到广州的航程。⑦ 随之而来，"伦敦到香港"、"纽约到中国"的航行纪

---

① 《漳州的海外交通与对外关系》，福建省漳州市政协文史资料委员会编《漳州文史资料》第 6 辑，1984 年。
② 黄遵宪：《日本国志》（上册），天津人民出版社，2005，第 140 页。
③ 佐藤三郎：《近代日本交涉史研究》，吉川宏文馆，1984，第 390 页。
④ 真人元开著《唐大和尚东征传》，汪向荣校注，中华书局，1979，第 40~41 页。
⑤ 王之春：《东洋琐记》，《小方壶斋舆地丛钞第十帙（1~2）》，第 740 页。
⑥ 聂宝璋编《中国近代航运史资料（1840~1895）》（上册），上海人民出版社，1983，第 651~655 页。
⑦ 聂宝璋编《中国近代航运史资料（1840~1895）》（上册），第 35~36 页。

录一再被刷新。到1858年，"轮船从伦敦开到香港只用六十天的时间，若从纽约启航，也只要再加上十五至二十天就够了"，① 这同半个世纪前相比，已不可同日而语。轮船与帆船相比，最突出的优点就是不再依赖风力，"无风无潮，顺水逆水，皆能飞渡"。② 另外，在速度与安全上，轮船也明显优于帆船，航期比较有保证，这使得远洋定期航班的出现成为可能。

　　随着中、日国门先后被列强打开，中日之间的海域成为世界航路的一部分，西方轮船的身影也迅速出现在中日航路上。1859年，大英火轮公司（Peninsular and Oriental Shipping Co. ）首先开设了从上海到长崎的定期航线，1864年，又进一步延长至横滨。三年后，美国太平洋邮轮公司也加入了这一航线，开通了横滨至上海的定期航班。除英美公司外，法国也有轮船公司航行在中日航线上，"开横滨线的大英火轮公司班轮是两月一次，法国轮船公司一月二次"。③ 这一中日定期航线的开辟，迅速改变了中日交通以往的格局。在此以前，中日航线上主要以中国的帆船为主，中日贸易也主要由中国商人把持。而此后，中国的帆船逐渐被西方的轮船所代替。据当时人记载："英法各国来崎后，夷舶往来巨洋，较华船坚固，是以我广东人来崎贸易各皆乐由夷船耳。"④ 日本进出口贸易的主导权也随之被西方列强所攫取。

　　明治维新后，日本成立三菱商会（1875年改名为邮便汽船三菱会社），也加入了对中日航线的争夺。该公司于1875年2月开设横滨到上海的航路，并在政府资金的资助下，利用减价的手段，先后迫使美国的太平洋邮轮公司、英国的大英火轮公司退出了中日航线。经过这次争夺后，中日航线的定期航运几乎都被日本轮船公司所垄断。到清末，由日本政府指定的对华航线就有八条，包括：神户—长崎—上海线、神户—

---

① 聂宝璋编《中国近代航运史资料（1840~1895）》（上册），第224页。
② 聂宝璋编《中国近代航运史资料（1840~1895）》（上册），第34页。
③ 聂宝璋编《中国近代航运史资料（1840~1895）》（上册），第245页。
④ 转引自黄汉青《19世纪中叶中国人的东渡和横滨华人社会的形成》，《北京科技大学学报（社会科学版）》2001年第3期。

门司—上海线、神户—天津线、横滨—牛庄线、神户—大连线、大阪—天津线、大阪—神户—青岛线等，几乎包括了华北、华东等主要的通商港口，建立了一个四通八达的中日海路交通网。

（二）中日朝铁路的修建，使得东亚铁路网初步形成

铁路是近代以后出现的又一新式的交通方式，也为西力东渐的结果。1854 年，美国人培理率领舰队迫使日本签订城下之盟的同时，也给日本带来了"火轮车"，并于"横滨之郊筑一圆路，试烧火车"。这应该是日本人第一次见到铁路，而日本人对此最初的反应就是"旋转极快，人多称奇"。① 可见其对于铁路并不排斥，反而敏锐地感觉到了铁路速度"极快"这一特性。因而，还在明治二年，日本政府就命令伊达宗城、大隈重信连同伊藤博文"借资于英国，充铁路之经营"，② 随后于 1872 年建成了日本第一条铁路（东京新桥—横滨）。此后日本在"殖产兴业"的国策下，大力发展铁路。据统计，在 1885 年时，日本仅有铁路 487 公里，到 1915 年已达 12074 公里，年均增长率在 10% 左右。③ 通过铁路，日本的各主要城市都被连接了起来。

最初，中国铁路的兴建不如日本顺利。如在中国兴修的第一条铁路——吴淞铁路，就被清政府购回加以拆除。但随着列强入侵的加剧，铁路对于国防的意义越来越突出。日本入侵台湾后，李鸿章即上奏认为："南北洋滨海七省，自须联为一气"，若兴修有铁路，"屯兵于旁，闻警驰援"，"则统帅尚不至于误事"。④ 至 1883 年，他又进一步指出："火车铁路利益甚大……将来欲求富强制敌之策，舍此莫由，倘海多铁舰，陆有铁道，此乃真实声威，外人断不敢轻于称兵恫喝。"⑤ 正是考虑到国防的需要，加上洋务派的一再呼吁，中国铁路兴修的浪潮才日趋

---

① 《罗森日记》，钟叔河编《走向世界丛书：日本日记·甲午以前日本游记五种·扶桑日记·日本杂事诗》，岳麓书社，1985，第 38 页。
② 大隈重信等著《日本开国五十年史》第 5 册，商务印书馆，1929，第 45 页。
③ 西川俊作、阿部武司编《日本经济史 4：产业化的时代》，杨宁一、曹杰译，三联书店，1998，第 27 页。
④ 李鸿章：《筹议海防折》，《李鸿章全集》第 2 册，海南出版社影印本，1997，第 831 页。
⑤ 《论法兵渐进兼陈铁舰铁路之利》，《李鸿章全集》第 6 册，第 3260 页。

高涨。而在华的西方列强为了掠夺中国的原料、向中国倾销商品、进一步瓜分中国权益，也支持中国兴建铁路，并争相获取中国铁路的修筑权。到 1915 年，中国兴修的铁路共计 9954 公里，[①] 包括京奉、京汉、沪宁、津浦等各大铁路干线，初步形成了中国的铁路交通网。

朝鲜的铁路则在列强的争夺下，由日本主导相继修筑。19 世纪末俄国动议修筑西伯利亚铁路，以将远东与俄国更紧密地连接起来。1891 年，这条横贯欧亚、长达 7000 多公里的西伯利亚铁路正式动工。俄国这一举动，让早已视朝鲜、满洲为其囊中物的日本感到了威胁，认为该铁路完工之日，俄国将"不动一兵，不派一舰，即可把朝鲜划入该国版图之中"。[②] 为对抗俄国，日本加快了对朝鲜铁路修筑权的争夺。1892 年，也就是西伯利亚铁路动工的第二年，日本即完成了对京釜铁路（汉城—釜山）的勘测，但由于中国与俄国对朝鲜的支持，日本当时并未能获得在朝鲜敷设铁路的修筑权。直到甲午战后，日本打败中国，加强了对朝鲜的控制，才于 1897 年 5 月获得了朝鲜京仁铁路敷设权。该铁路于 1900 年开通，是朝鲜的第一条铁路。自此之后，日本又相继在朝鲜修筑了京釜、京义（汉城—新义州）等铁路干线。到 1906 年京义铁路完工后，从釜山可直达新义州，形成了横贯朝鲜半岛的大动脉。日本对朝鲜铁路的经营，也"使整个韩国皆归入我国（日本）势力范围"[③]。

三国铁路连接起来是在日本吞并朝鲜后。日本于 1911 年兴建了连接朝鲜新义州和对岸中国城市安东的鸭绿江大桥，这使得朝鲜的铁路可与由日本南满铁道株式会社控制的安奉线直接对接。1912 年 6 月 15 日，日本铁道院决定开行由新桥始发，经过关釜航路（下关—釜山），沿朝鲜的京釜线、京义线，通过鸭绿江大桥，沿安奉线、南满线直达沈阳和长春的列车。这标志中日朝三国铁路被连接成了一个整体运输系统，即东亚铁路网络。日本利用这一铁路网，开通了中日朝三国铁路联

---

① 该数据引自《历年铁路兴建里程》表，见宓汝成《帝国主义与中国铁路（1847～1949）》，上海人民出版社，1980，第 670 页。

② 信夫清三郎：《日本外交史》（上册），商务印书馆，1980，第 240 页。

③ 信夫清三郎：《日本政治史》第 3 卷，上海译文出版社，1988，第 353 页。

运业务，以更方便其对中国的商贸往来，有利于其对中国的渗透。中日来往也由此变得更为快捷与平常。正是铁路交通的便利使得到中国观光成了日本 20 世纪初期的时尚，日本初、高中生去"满、韩、中"修学旅行，也从 1906 年开始泛滥开来。

（三）中日电信网的接通

1837 年，美国人莫尔斯发明了电报，并于 1844 年在华盛顿和巴尔的摩之间开通了一条实验电报线路，获得成功。很快，有线电报因为传递信息的快捷而在欧美各地架设，并以欧美为基点向世界各地延伸。

早在 1866 年，广州法国领事李添嘉即请求清政府批准设立粤港电报线，但未能获得中国同意。[①] 此后，英、美、俄等国也先后提出在中国架设电报线及允许海底电报线登陆的请求，而清政府认为"电线既非条约所准行，而中国地方，其权自有专主，又非外洋所应过问"[②]，为保护本国主权，明确拒绝了列强在中国安设陆地电报线的请求，但允许"遇有洋人安设通线之处，只准在沿海洋面水底，其线端只准在船只内安设，即在沿海埠口向来停泊各洋船码头之外近海处所停泊"[③]。换言之，同意各国在中国海域内安设海底电报线，只是不允许电报线登陆。这一处置无疑为外国敷设海线来华，最终海线登陆留下了借口。

1870 年，丹麦大北公司开始敷设由海参崴至长崎、长崎至上海、上海至香港的海底电报线。该线于 1871 年 6 月完工，并一直将电报线引至上海租界内。中日两国因为此线，可以直通电信，从此中日两国的信息传递，不再局限于舟船往来。日本非法占据台湾后，中日两国电报也可经福州—台湾线，再转至日本。据统计，仅 1902 年，中日两国之间收发电报数即达 97834 封，占当年日本与外国通报总数的 28.7%，仅次于朝鲜。[④] 由此可见中日两国电信接通后信息往来的频繁。

---

① 台湾"中央研究院"近代史研究所：《中国近代史资料汇编·海防档上·电线》，艺文印书馆，1957，第 49、68 页。
② 台湾"中央研究院"近代史研究所：《中国近代史资料汇编·海防档上·电线》，第 77～78 页。
③ 台湾"中央研究院"近代史研究所：《中国近代史资料汇编·海防档上·电线》，第 88～89 页。
④ 大隈重信等著《日本开国五十年史》第 5 册，第 37 页。

正是近代中日定期航班的出现、东亚铁路网及中日电信的接通，使得中日双方前所未有地联系了起来，中日两国的物品、人员、信息等也通过上述交通信息网络源源不断地进入对方的腹地，双方的影响、认识也日益加深。中日的空间距离在工业革命的技术变革下拉近了。需要指出的是，中日近代交通信息网络的构建其实是当时世界交通信息网络构建的一部分，甚至可以说是以欧美为中心的世界交通信息网络向东亚延伸的结果。无论是中日定期航班，还是中日电信及东亚的铁路网，其终端或起点往往在欧美各国。以美国太平洋邮船公司开辟中日定期航班为例，它其实是在美国至横滨航线基础上的延伸，英国的上海—长崎航线也是与上海—香港—伦敦航线捆绑在一起的。中日的海底电报线更是欧美海底电报线扩张至远东后建立起来的，直接为欧美商贸提供确切的商情价格，特别是茶叶的价格信息。东亚铁路网北端则与西伯利亚铁路相连接，构成了沟通欧亚的陆路大动脉。日本旅行社 1913 年发售经由满铁环绕世界一周的旅游券和东半球周游券（"从新桥到伦敦"的旅行券），[①] 正表明了东亚铁路已成为世界铁路网的一部分，东亚的交通信息网络也正是世界交通信息网络的一部分。中日空间距离的拉近，也是世界距离拉近的一个缩影。

二　中日的文化差异

中日文化关联，常被两国人认为是"同文同种"。

所谓同文按狭义而言，即文字相同。正如《史记·秦始皇本纪》所言："车同轨，书同文字。"日本古时，"无文字，唯刻木结绳。敬佛法，于百济求得佛经，始有文字"。[②] 这从百济求得的佛经，其实是中国输入朝鲜的。日本的《古语拾遗》也记载：日本"上古之事，口耳相传而已。自王仁斋论语千文来，人始识字"。[③] 虽然中日学界对于汉字具体何时传入日本，还有不同看法，但日本最初使用的文字即来源于汉字，此点无疑。即便后来日本创造了片假名、平假名，但汉字仍长期

---

①　刘建辉著《魔都上海——日本知识人的"近代"体验》，甘慧杰译，上海古籍出版社，2003，第 90 页。

②　《隋书·倭国传》，汪向荣、夏应元编《中日关系史资料汇编》，第 45 页。

③　黄遵宪：《日本杂事》，《小方壶斋舆地丛钞第十帙（1~2）》，第 636 页。

存在于日本的文字中。甚至日本的片假名与平假名也是由汉字演变而来，故有"僧空海者，借汉字偏旁创为伊吕波四十七字"的传言。① 直到 1981 年，日本政府颁布《常用汉字表》，汉字数仍多达 1945 个。② 也正因日文中有大量汉字的存在，中日两国在语言不通时，还可以通过"笔谈"来进行交流。"千岁丸"来华，高杉晋作、日比野辉宽等人正是通过"笔端有舌，何待言语"的方式，完成了日本人与中国近代第一次亲密接触。③ 国人东游时，与日人笔谈的记载也不鲜见。王之春游日时，就与"各东人初见，若甚骇异，既而与之笔谈"，双方"谈论甚洽"以至"日（人）逐结群来访"。④ 其他如王韬、黄遵宪、孙中山等人都曾有与日本人笔谈的记录。可见所谓中日"同文"并非妄言。

若按广义来理解"同文"，则是指中日文化同源。确切地说，日本受到了中国文化的熏陶，才走向文明开化。柳诒徵就曾写过《华化渐被史》，历举日本所受中国文化的影响、恩惠，得出"华化渐被，遍于亚洲，食德尤深，厥惟日本"的论断。⑤ 此论证诸史实，并不为过，日本人自己也承认："日本文化是豆浆，中国文化就是使它凝成豆腐的盐卤。"⑥ 中国文化在日本古代社会的发展进程中起到了关键的推动作用。日本的大化革新就是全面移植唐代的政治、经济和文化制度。中国文化的这些影响，直到近代在日本仍时常可以看到。有学者就认为：长崎的异国情调实质是中国情调。⑦ 其实何止长崎一地，日本各地都或多或少充满了中国情调。何如璋使日时，就观察到："日本虽僻处东隅，汉唐遗风，间有传者"，甚至还"沿习太平唐代舞"。⑧ 数十年后，在日本生

---

① 陈家麟：《东槎闻见录》，《小方壶斋舆地丛钞第十帙（1～2）》，第 824 页。
② 王锋：《论日本文字的历史发展及其书写系统的构成》，《世界民族》2002 年第 4 期。
③ 日比野辉宽：《没鼻笔语》，见冯天瑜《"千岁丸"上海行——日本人 1862 年的中国观察》附录，商务印书馆，2001，第 389 页。
④ 王之春：《东游日记》，《小方壶斋舆地丛钞第十帙（1～2）》，第 731 页。
⑤ 详见柳诒徵《华化渐被史》，《柳诒徵说文化》，上海古籍出版社，1999，第 181～247 页。
⑥ 内藤湖南著《日本文化史研究》，储元熹、卞铁坚译，商务印书馆，1997，第 7 页。
⑦ 大庭修著《江户时代日中秘话》，徐世虹译，中华书局，1997，第 8 页。
⑧ 何如璋：《使东述略》，钟叔河编《走向世界丛书：日本日记·甲午以前日本游记五种·扶桑日记·日本杂事诗》，第 102、128 页。

活数载的周作人也感慨："至于日本虽是外国但其文化的基本与中国同一。"①

若以文化圈理论来观察中日两国在近代以前的文化关联，则更能明了。中、日两国同处东亚儒家文化圈。中国作为儒家文化的发源地，是文化圈的核心；日本则处于被儒家文化辐射的区域，是其外围、边缘。中国在近代以前长期居于东亚文明先进国的地位，这使得其有能力向周边各国输出先进的文化制度、文化思想。中国"内诸夏而外夷狄"的天下观、主张"以夏化夷"的教化思想，也使得这一文化输出常常是开放的，甚至主动的。日本处于文化圈的边缘，文明进程相对落后于核心区域，文化上的落差，自然使得先进的文化流入落后的一方。正是中日两国分居儒家文化圈的核心与边缘地位，决定了中日两国在近代以前的文化互动必然呈现一种中国文化向日本的单向流动。换言之，中国是日本的文化母国。

所谓"同种"，则是指人种一致，具体地说，就是日本人来源于中国。《晋书·倭人传》中即记载：倭人"自谓太伯之后"。提出此说的论据为"昔夏少康之子，封于会稽，断发文身，以避蛟龙之害，今倭人好沉没取鱼，亦文身以厌水禽"。② 不但中国正史中有如此记载，日本也有史家赞同此说。像江户时代的林罗山就主张日人为吴泰伯后裔。当然仅"以日本断发文身，俗类句吴"而断言日人为吴越人之后，不免还有"讹传"的嫌疑，③ 故对此说只能存疑。

另一中日"同种"的说法则来源于徐福东渡的传说。秦始皇曾派徐福率童男童女数千人入海求药，结果一去不回，有人就传言他们到了日本。欧阳修的《日本刀歌》就称："其先徐福诈秦民，采药淹留丱童老。百工五种与之居，至今器玩皆精巧。前朝贡献屡往来，士人往往工词藻。徐福行时书未焚，逸书百篇今尚存。"清代关于徐福东渡日本的传言更为详细，不但指明"（日本）人皆复姓，单姓者，徐福配合之童

---

① 周作人：《日本管窥》，钟书河编《周作人文类编·日本管窥》，湖南文艺出版社，1998，第18~19页。
② 《晋书·倭人传》，汪向荣、夏应元编《中日关系史资料汇编》，第28页。
③ 黄遵宪：《日本国志》（上册），天津人民出版社，2005，第37页。

男女也"①，而且还有遗址为证，"距长崎百余里，有熊趾山，山有徐福墓。纪伊国亦有徐福祠"②。徐福东渡日本的传说在日本史书中也多有记载，并且在今天的日本国土上也可找到所谓的"徐福墓"、"徐福祠"，但关于其事的真假在学界仍无定论。

姑且不论上述两说的真假，国人却正是基于此，直到近代还深信"其种类传自中国"。当然若说日本人种完全来源于中国，可能太绝对，更大的可能是：日本人种的一部分来自中国。王韬就曾分析："若言日人本中产，或间有之，要未必尽然也。江浙两省密迩东瀛航海，遭风至其国中，遂留不返。"③ 对照近现代人类学研究，可知王韬的分析大致接近真相。据日本考古资料显示，日本人种大致由绳文人、弥生人发展而来，绳文人与弥生人则分别与中国的越人与东夷人有着密切的关系，所以说中日"同种"从人种学来说是成立的。④ 中日两国人的体形、肤色、容貌的类似也直接说明了这一点。

但中日两国毕竟是两个国家、两个民族，到近代之时，对中日文化的关联继续用"同文同种"加以概括，已不能遮掩两者在文化取向上的同源而异质。有研究者指出："其实，中日两国既不同文，也不同种。"⑤ 同样还是周作人，也有"中国与日本并不是什么同种同文"的表述。⑥ 周作人的反复正反映了近代中日两国在文化上的疏离。

诚然，日本文化是吸收了中国文化发展起来的，但发展后的日本文化随着日本国家制度的完备，自我独立意识也日益膨胀。具体表现即是日本神国意识的确立及以日本为中心的"华夷"秩序的建立。当然，日本文化自我意识的形成是长期演变的结果，并非一蹴而就。

---

① 陈伦炯：《东洋记》，《小方壶斋舆地丛钞第十帙（1～2）》，第 547 页。该记载在《清朝文献通考》中也有。

② 何如璋：《使东杂咏》，钟叔河编《走向世界丛书：日本日记·甲午以前日本游记五种·扶桑日记·日本杂事诗》，第 114 页。

③ 王韬：《日本通中国考》，《小方壶斋舆地丛钞第十帙（1～2）》，第 593～594 页。

④ 关于日本人种起源的讨论，可参看应骥的《日本大和民族探源》（《中南民族大学学报》2002 年第 2 期）、周蜜的《日本人种论》（吉林大学 2007 年博士论文，未刊稿）。

⑤ 汪向荣：《日本教习》，中国青年出版社，2000，第 8 页。

⑥ 周作人：《日本与中国》，钟书河编《周作人文类编·日本管窥》，第 15 页。

关于日本为"神国"的表述，在日本古已有之。最早出现在《日本书纪》中："新罗王……吾闻东有神国，谓日本。亦有圣皇，谓天皇。必其国之神兵也，岂可举兵以拒乎。"① 此后，以日本为神国的表述屡见不鲜，但真正使得这一神国意识得以普及的，还在元代两次东征日本失败后。元世祖因为日本拒绝向中国朝贡，于1274年、1281年两次发兵征日，但都因遇飓风而失败。这两次征日失败虽有众多原因，但在日本人看来却成为日本为神国的最好注解，那两场导致元军失败的飓风也被称为"神风"。因此自元以后，日本神国意识日益浓厚，成为日本独立于各国之外，甚至高于其他各国的重要思想基础。这一神国意识也是日本文化独立于中国文化的基点。正如内藤湖南所指出的那样："原先崇拜中国，而这时产生了一种新思想（日本神国意识），认为中国不足道，印度不足道，没有别的国家像日本这样高贵，以这种观念为基础形成了当时的文化独立。"② 可见早在元明之时，中日文化间已有隔阂，日本人虽仍沿袭着"衣冠唐制度，礼乐汉君臣"③，却自认为可以与中国文化抗衡。其由神国意识演变而来的日本神道思想就曾有个著名的"根叶花实"论，认为："日本种植、生出种子，中国展现枝叶，印度开花结果。所以佛教是万法的花果，儒学为万法的枝叶，神道则是万法的根本。换言之，佛儒皆是神道的分化所成。从而将神道置于根本、主体地位，而佛儒则被定位在附属地位"④，中国文化也就被视为处于日本文化的下风。

随着日本神国意识的确立，日本也逐渐萌发了脱离中国朝贡圈而建立以其为中心的"华夷"秩序的企图。日本在古代虽处于中国的华夷秩序中，但在元代已脱离中国朝贡国的序列。明代建立后，在足利义满的主持下，日本虽暂时恢复了与中国的官方往来，保持向明朝朝贡的关系，但值得强调的是：此时日本的朝贡与古代以全盘输入和移植文物为

① 饭田武乡：《日本书纪通译》（三），内外书籍株式会社，1936，第1874页。
② 内藤湖南著《日本文化史研究》，储元熹、卞铁坚译，第147页。
③ 《古今图书集成·边裔典》第四十卷《日本部纪事》，转引自朱云影《中国文化对日韩越的影响》，广西师范大学出版社，2007，第388页。
④ 张大拓：《当代神道教》，东方出版社，1999，第23页。

目的的朝贡完全不同，主要是进行贸易，为获取通商利益；并且足利幕府向中国朝贡的关系也并未能长久维持，而是时断时续，1523 年以后更完全断绝。自此一直到清代，日本都"向非中土属国，本与朝鲜、琉球、越南臣服者不同"。①

中国古代华夷秩序的核心就是"内诸夏而外夷狄"，但这"夏"与"夷"是可以变动的，"诸侯用夷礼则夷之，进于中国则中国之"②，两者转换的标准在于文化。日本在接受了中国华夷观念后，早期因为文化落后，故自居于"夷"的地位，尊崇中国。如熊泽蕃山就认为"中夏为天地之中国，位于四海之中"，而日本则与朝鲜、琉球等一起被列为"九夷"。③ 荻生徂徕也自称"夷人物茂卿"，以"夷人"自居。直到山鹿素行仍自承："以中国诸事为好，本国系小国，以为万事均不及中国，且圣人亦只能出自中国。此种情况不仅限于我等，古今之学者亦复如此，羡慕并学习中国。"④ 值得注意的是，日本在面对中国时，虽自认为"夷"，但对待其他周边各国却又以"中国"自居。有研究者即指出，还在 7～9 世纪，日本对外关系就呈现出：以大唐为邻国，以新罗、渤海为其藩国，视南岛、虾夷、隼人为夷狄，从而建立了一个以日本为中心的"华夷"秩序。⑤ 这一以日本为中心的"华夷"秩序发展到后来，就直接认为中日之间应"华夷"倒置，即以日本为"中国"。

在日本看来，中国的元、清两代都是少数民族入主中原，这无疑为以夷变夏。日本在陈述拒绝向元代朝贡时，很重要的一个借口是："蒙古与我（日本）等夷，乃欲臣妾我"，所以日本"不服"。⑥ 明清易代以后，日本更认为此时中国"鞑虏横行中原，是华变于夷之态也"⑦，而日本"屹立巨海，疆域自有天险，自神圣继天立极以来，四夷终亦

---

① 王芸生：《六十年来中国与日本》第 1 卷，三联书店，2007，第 35 页。
② 韩愈：《原道》，严昌校点：《韩愈集》，岳麓书社，2000，第 147 页。
③ 信夫清三郎著《日本政治史》第 1 卷，上海译文出版社，1982，第 47 页。
④ 信夫清三郎著《日本政治史》第 1 卷，第 48 页。
⑤ 罗丽馨：《日本型华夷观——七～九世纪日本的外交和礼仪》，《台湾师大历史学报》第 35 期，2006 年 6 月。
⑥ 张廷玉等撰《明史·日本传》，中华书局，1974，第 8342 页。
⑦ 林春斋：《〈华夷变态〉序》，转引自易惠莉《清代中前期的对日关系认识》，《思想与文化》第 5 辑。

不得窥伺藩篱。皇统连绵而与天地共无穷"，所以唯有日本"才确实可称为中国之地"。① 日本自认"中国"的逻辑大致还不脱传统的"华夷"观念，以文化来区分"华"、"夷"。

日本在学习西学后，对世界地理有一定的新认知，从而对"中国"又有新的解说，认为："地者为一大球，万国分布于上"，"并无何国居中土，中国亦东海一隅之小国耳"。在新的地理知识的指引下，日本人很快又发现各国"均尊称自己所处之地，中国自称为中土、中原、中华、中国，或称华洛、神州。荷兰称本国为日耳曼，为中土，我邦亦自称为中国；英吉利以其都邑为经纬度之起点，等等，称本国时盖皆有此种情况"。换言之，"中国"之名，各国自言；日本过去"对中国之傲称"很大程度上是"昧于地理状况，耳闻目睹有限"。② 这样就进一步消解了日本对"中国"的迷恋与崇拜。

具体到实质政治中，据日本自称，到德川家康时期，据日本自称"其德化所及，朝鲜入贡，琉球称臣，他如安南、交趾、占城，暹罗，吕宋，西洋，柬埔寨等蛮夷之君主酋长，莫不献表纳贡"。③ 当然此说为夸大其词，却反映了日本企图建立以其为中心的华夷秩序的事实。日本在德川幕府时期执行的是以日本为主导的"大君外交体系"，即以中国、荷兰为通商国，以朝鲜、琉球为通信国。中日两国的官方关系在1871年以前一直未能恢复，日本对于清朝时的中国，已不再有认其为其宗主国的观念。

由此可见，到清代之时，日本不但对作为政治实体的中国不再保持固有的崇敬，即便是对中国文化也有不一样的看法，认为日本文化更能传承、代表中国文化的道统，甚至有超越中国文化之处。前述何如璋使日时就观察到："日本虽僻处东隅，汉唐遗风，间有传者"；其实这也提示了日本继承、看重的并不是处于进行时的满服衣冠，而是已成为过往的汉唐旧习。清代现实中国与日本所理解、传承的中国文化是脱节的。

---

① 信夫清三郎著《日本政治史》第 1 卷，第 49~50 页。
② 信夫清三郎著《日本政治史》第 1 卷，第 59~60 页。
③ 信夫清三郎编《日本外交史》（上册），第 23 页。

进入近代以后，日本明治维新，脱亚入欧，不但全面学习西方的先进技术，而且学习西方的政治、经济、文化，甚至风俗习惯，从而在文化上已有极大的转向。福泽谕吉的《脱亚论》就坦承"虽然我日本之国位于亚细亚东部，但国民的精神已经开始脱离亚细亚的顽固守旧，向西洋文明转移"，今后更将"脱离其（中国、朝鲜）行列，而与西洋文明国共进退"。① 日本明治维新可以说是以割裂中日传统文化的关联为代价，视昔日的"老师"为今日的"恶邻"，从汉学转向西学，日本与中国的"同文"更无从谈起。

若从文字而言，中日"同文"也有值得商榷之处。周作人就一再声言"日文到底是一种外国语，中间虽然夹杂着好些汉字，实际上于我们没有多大好处"②，甚至"中国人学日本文有好些困难的地方，其第一重大的是日本文里有汉字…我们以为（日文）有汉字就容易学，只须花几星期的光阴，记数十条的公式，即可事半功倍的告成，这实在是上了汉字的大当"③。之所以周氏会出此言，在于日文与中文实为两种文字系统，虽然日文中借用了一些中文汉字，但"字同而声异，语同而读异，文同而义异"④，即这些借用的汉字在日文中的读音甚至意义都有改变，不能简单地以为是"同文"。另外，愈到近代，日文中的假名应用得越多，这使得其与中文有很大的区别，连语法、句式都不一样。梁启超的《和文汉读法》"教人记若干条文法之后删去汉字下的语尾而颠倒钩转其位置，则和文即可翻为汉文"，其实只适合以前汉文调的日文文体，而"不能应用于别种的文体，而那种汉文调的和文近来却是渐将绝迹了"。⑤ 因而所谓中日"同文"到了近代实是错觉。

且从日本方面而言，近代日本从政府到民间都有一种去汉字化的倾向。⑥ 还在 1866 年前岛密就向德川幕府的末代将军德川庆喜呈递了《汉

---

① 福泽谕吉：《脱亚论》，《时事新报》1885 年 3 月 16 日。
② 周作人：《和文汉读法》，钟书河编《周作人文类编·日本管窥》，第 160 页。
③ 周作人：《日本话本》，钟书河编《周作人文类编·日本管窥》，第 162 页。
④ 黄遵宪：《日本杂事》，《小方壶斋舆地丛钞第十帙（1～2）》，第 637 页。
⑤ 周作人：《和文汉读法》，钟书河编《周作人文类编·日本管窥》，第 160 页。
⑥ 关于幕末明治年间日本废止、制限汉字的争论，可参看冯天瑜《新语探源：中西日文化互动与近代汉字术语生成》，中华书局，2004，第 339～342 页。

字御废止之议》，首次提出了"在日常公私文中也废弃汉字，代之以假名"。到明治年间，这种去汉字化的呼声更高，不但民间人士成立有"假名之会"、主张以假名代汉字，就是政府中人也有全废汉字采用英语的动议。但即刻废止在日本沿用已久的汉字，并不现实，因而日本政府最终采取了"汉字制限"的方案。1899年日本文部省颁布《汉字整理案》，以2600个汉字为常用汉字。以后日本政府又多次公布汉字使用量，到1945年减少为1850字。由此也可看出，即便中日以前确实"同文"，但到近代在日本的主动"制限"下，日文已日益疏离了"汉字文化圈"。

中日"同种"虽从人种学来说大致不错，但问题在于日本人在近代却不认可这一说法，反而千方百计想从人种上将中日两国区分开来。林罗山当初主张日人为吴泰伯后裔，并将此写入其所著的《日本通鉴》中，但遭到了源光国等人的反对，认为"谓泰伯后，是以我为附庸国也"，所以将其删去；另一日本史书《日本政纪》则连徐福东来"亦屏而不书"。① 在民族主义的视域下，承认"日本人种源于中国"当然是有损日本国家体面，甚至不利日本国家独立的，所以不少日本史家都就这一问题做了妥协。

进入近代后，中国已成为落后的象征、反面的教材，主张与中国划清界限的日本人大有人在。同样在1885年的《脱亚论》中，福泽谕吉指出日本之能"开始脱离亚细亚的顽固守旧，向西洋文明转移……也许是因为人种的由来（与中国、朝鲜）有所不同"②，从而试图在人种上与中国撇清关联。当然福泽谕吉在此用的还是一种揣测的口气，但露出了近代中日两国人在"同种"问题上的不同看法。19世纪末西方掀起了"黄祸论"，矛头直指中日，将中日两国作为"黄种人"一并看待。不少中国人也援引"黄白人种"对立的论调，认为"彼日本亦黄种"③，将中日两国算作同类。日本在日俄战争中的胜利也被国人看成是黄种人战胜白种人。与此相对的，日本人在面对"黄祸论"时，却更竭力划清与中国人种上的关联，认为"中日两国，实为亚细亚国民

---

① 黄遵宪：《日本杂事》，《小方壶斋舆地丛钞第十帙（1～2）》，第624页。
② 福泽谕吉：《脱亚论》，《时事新报》1885年3月16日。
③ 梁启超：《保教非所以尊孔论》，《饮冰室合集·文集之九》，第50页。

之二大宗，然不独人种之异，即历史所传之立国基础亦全相反"，故"两国决非亲近之同种"，并进一步指责中国这个"老大之国，而漫然引同种同文为口实，使列国疑中日间有特别之关系，不免包藏祸心"。① 日本这一否认中日"同种"的论调其实是与其"脱亚论"一脉相承的。日本主张"脱亚入欧"，这使日本人对中国人与西方人的观感来了一个180度的大逆转。还在1886年曾根俊虎就观察到："本邦（日本）人见清国人与见欧美人大异也，视之牛猪，加以轻蔑。"② 旅居日本的华人更切身体会到："三十年前，华人旅居者备承优待，其遇我国文人学士尤致敬尽礼，今则此风稍替矣。"③ 日本在近代日甚一日蔑视中国的氛围中，要让其认同与"豚尾奴"（日本人对中国人的蔑称）为"同种"，无疑痴人说梦。

当然日本人在近代倡导中日"同文同种"的也并非没有。在三国干涉还辽后，日本基于"兴亚论"就一再强调中日所谓的"同文同种"之谊，但这一论调的背后，实质却是日本"倡同文同种之说，以潜布势力于我国"④。因此可以说即便是出自近代日本人口中的中日"同文同种"，其潜在的动机与目的都有待国人细细斟酌。

由上可知，中日文化的距离到了近代是愈行愈远了，若再简单地概言中日两国为"同文同种"已有不妥。

第二节　日本在华的存在

除了前述中日交通、文化的变迁外，清前期国人原有的对日认识和近代日本大量显性的在华存在，也构成了近代中国人对日认识的直接基础。

---

① 《非同文同种》，《外交报》1902年第12期。另关于中日两国在应对近代"黄祸论"上的不同表现，可参看罗福惠《黄祸论：东西文明的对立与对话》，台北立绪文化公司，2007。

② 曾根俊虎：《奉总理大臣伊藤伯阁下书》，转引自曾根俊虎《北清国纪行·清国漫游志》，中华书局，2007，第5页。

③ 黄庆澄：《东游日记》，钟叔河编《走向世界丛书：日本日记·甲午以前日本游记五种·扶桑日记·日本杂事诗》，第323页。

④ 《非同文同种》按语，《外交报》1902年第12期。

一　清前期中国商民对日本的观察

1644 年清军攻占北京，正式取明朝而代之。为防范郑成功袭扰大陆，清政府于 1661 年颁布"迁界令"，"诏徙沿海居民，严海禁"。[①] 1683 年清政府统一台湾后，虽然于次年废止了"迁界令"，却将对外贸易限制在澳门、宁波、云台山等口岸；到 1757 年，更关闭其他口岸，仅留下广州一口岸从事对外贸易，从而形成了"闭关"的局面。

与此同时，日本在进入德川幕府时期后，为防止欧洲势力的渗透，禁止天主教在日本传播，也实行了"锁国政策"，即禁止日本商人出海贸易，只允许中国与荷兰商船驶至日本长崎进行交易。此后日本虽然对中国来日贸易商船数和贸易额的限定时有变动，但直到 1853 年日本被美国"黑船"敲开国门之前，这一"居贸易"的形态一直延续着。

中日两国清代前期各自的"闭关"、"锁国"，固然限制了两国官方的联系接触，但中日之间长崎贸易的长期存在却使得两国的民间交流并没有停止，同明代相比，甚至有所扩大。当时中国商民到日本贸易贩铜获利甚多，"大抵内地价一，至倭可易六；及回货，则又以一得二。故铜商之豪富，甲于南中"，[②] 所以相当长一段时期内往来于长崎与中国之间的中国商船络绎不绝。据不完全统计，清代前期驶抵长崎的中国商船大约有五六千艘（次），平均每年有 30 艘左右。[③] 伴随着这些中国商船，大量的中国货物，主要是生丝、绸缎、药材和书籍等，源源不断地输往日本，同时日本的物产，如铜、金、银、俵物、陶瓷、漆器等，又被运回国内。[④] 18 世纪后期，日本虽然进一步削减来日中国商船的数

---

① 王之春：《王之春集》第 1 册，岳麓书社，2010，第 153 页。

② 金安清：《东倭考》，王锡祺辑《小方壶斋舆地丛钞第十帙》第 18 册，杭州古籍书店，1985。

③ 冯佐哲：《清代前期中日民间交往与文化交流》，《史学集刊》1990 年第 2 期。

④ 童华的《长崎纪闻》即记载：当时中国商船输入日本"以丝绸为主，药材则土茯苓、大黄之类，杂货则红毡、瓷器之类"，日本输出则是"给铜之外，附以海参鲍鱼"。见北京图书馆古籍出版编辑组《北京图书馆古籍珍本丛刊·子部·丛书类》第 79 册，书目文献出版社，1998，第 797 页。

量，到 1791 年仅规定为每年 10 艘，但由于每艘船吨位的增加，中日之间的贸易额并没有明显减少。只是到了咸丰年间，"粤匪滋事"，"而日本复兴西洋诸国互市"，① 中日传统的长崎贸易才最终衰落，并于 1861 年最终停止。

关于此一时期究竟有多少中国民众借助赴长崎贸易的商船踏足日本，迄今为止仍无确切的数据。但大庭修的研究提供了一个旁证。据《增补华夷通商考》记载，中国贸易船的乘员为大船百人，中船六七十人，小船三四十人。仅 1688 年就有 193 艘中国商船到达长崎，随同这些船一起抵达的中国商民多达 9128 人。② 当然 1688 年是中日长崎贸易的最高峰，在此前后均难以达到这一数额。但即便是以每船 30 人计算，清前期随贸易船到达日本的中国人也至少在 15 万人次以上。这批人基本都是商人和船员，此外也有一些僧侣、医生和学者士人。如陈吉人留下的《丰利船日记》就曾记录 1853 年驶往长崎的丰利补船与得宝船的乘员名单。具体名单如下：③

> 丰利补船：杨少棠、陶梅江、杨亦樵、颜心如、周少亨、陈吉人，医生沈寄梅，伙长傅全使，买办毛五，舵工傅鞍使、陈强使，总哺蒋顺，总官郑行攀，剃头周文才。
>
> 得宝船：项挹珊、颜亮生、杨友樵、顾子英、徐熙梅、居廷璋、项慎甫，伙长高炜第，买办周长生，舵工傅俊使、傅治使，总哺邹双，总官林德奇，剃头蒋喜。

由上可知，当时中国赴日贸易船船员的大致构成：商人与船工是其主要成员，也配备有少量医生等。

此外，清代前期也有一批僧人随船赴日，如逸然性融、超然、隐元

---

① 李鸿章：《议日本换约（同治九年十一月二十八日）》，《李鸿章全集》第 6 册，海南出版社影印本，1997，第 2916 页。
② 大庭修著《江户时代日中秘话》，徐世虹译，中华书局，1997，第 167 页。
③ 陈吉人：《丰利船日记》，中国社会科学院近代史研究所近代资料编辑组编《近代史资料》第 61 号，中国社会科学出版社，1986。

隆琦、慈岳定环、东澜宗泽、道本寂传、伯照浩等。这些僧侣相当一部分是作为中国商人在长崎建立的"唐三寺"的住持来日的。所谓"唐三寺"指的就是长崎的兴福寺、崇福寺和福济寺，"皆昔年（中国）商人所建。其住持皆南僧，年老则另延中国僧人替之"。① 从建立开始，这"唐三寺"就成为中国商人身在长崎的精神依托所在，也是来日中国商民的重要活动场所之一，"凡有建醮酬愿及天后圣诞，例得游览竟日"。② 此外清代前期随贸易船赴日的还有少量的文人士子与画家，如学者沈燮庵、画家沈南频等。

总的看来，清前期通过长崎贸易赴日的主要是"贾于海外"的中国商民，尽管也不乏少数博学之士及豪商巨贾，但总体文化层次不高。他们在日本的所见所闻，在当时中日没有正式官方交流机制的状况下，构成了当时中国民众，甚至政府中人获知日本信息的重要来源。

那么这批赴日中国商民看到的日本是怎样的呢，由此又形成怎样的对日印象呢？

虽然清前期到达日本的中国商民数量甚多，但限于自身的知识水平及眼界视域，留下即时的对日见闻的中国文字的却寥寥无几。汪鹏的《袖海编》可以说是一特例，成为现在观察当时中国商民对日认识的重要文本。

汪鹏字翼沧，号竹里山人，乾隆年间人，其生平事迹在相关正史中均不见记载，只是在光绪年间李浚之编成的《清画家诗史》与民国十一年刊刻的《光绪杭州府志》中有两条记载。据《清画家诗史》"汪鹏"条："汪鹏字翼苍，一作翼昌，号竹里山人，钱塘人，以善画客游日本，垂二十年，岁一往还，未尝或辍。喜购古本书籍，归呈四库馆，或付鲍渌饮（鲍廷博）或阮芸台（阮元）传刻行世。有《袖海编》。"③《光绪杭州府志》卷一百四十三也有汪鹏小传："汪鹏字翼仓，仁和人，

---

① 童华：《长崎纪闻》，北京图书馆古籍出版编辑组《北京图书馆古籍珍本丛刊·子部·丛书类》第79册，书目文献出版社，1998，第798页。

② 汪鹏：《袖海编》，《丛书集成续编·史地类》第224册，台北新文丰出版公司，1991，第462页。

③ 李浚之编《清画家诗史》（二），周骏富辑《清代传记丛刊·艺林类12》，明文书局，1985，第287页。

慷慨好施予，朋好中孤寒者助膏火以成其名，亲串有婚嫁不克举者成全
之。尝泛海往来浪华岛，购古本《孝经》、皇侃《论语》、《七经孟子考
文》，流传中土。后殁于舟中。先是，船舶例不得携棺入中土。十年前
有客死者，鹏为岛中人言之，得破格从事。至是不烦请托，竟举丧以归。
人谓忠信之报。"尽管上述文献对于汪鹏的记载仍十分含糊，且有抵牾之
处，但基本可以判定，汪鹏正是当时蔚为大观的赴日华商之一，曾长期
往来于中日贸易之间，最后"殁于舟中"。日本方面的史料也印证了此
点，其中记载汪鹏以中国商船船主的身份赴日贸易的有八次之多。①

　　汪鹏的《袖海编》撰于 1764 年，他正"客东瀛，寓居山馆"中。②
在此之前，有清一代，陈伦炯与童华因为各自的经历，已有相关日本著
述问世。但陈、童二人一为康熙侍卫，一为苏州知府，其对日的观察与
记叙不免带有官方的色彩；而汪鹏则为一纯粹的海商，其民间叙述的身
份，多次亲身前往长崎的经历，使得其记载不仅更为真实，且更能代表
当时普通民众的对日观感。

　　《袖海编》为笔记体，除作者小序外，共记有五十条；内容涵盖了
长崎的风土情貌、唐馆状况、日本风俗、中日贸易实况及华商在长崎的
日常生活等，被时人誉为"备记彼国山川、风俗、物产，史家作外国
传，必有取乎此"。③ 仅就汪鹏对日本方面的介绍来看，主要包括三个
方面。

　　首先是关于长崎地方的具体记载。汪鹏来往日本的时期已是乾隆年
间，此时日本早已建立起一套严密的控制来日华商的"唐馆"制度，
即将所有来日华商的活动范围划定在长崎唐人馆内，其出入受到严格的
管理。故而汪鹏在日的活动及对日的观察基本限于长崎一隅。④ 其对长
崎的观察最为直接与翔实。在汪看来，长崎不仅"风土甚佳，山辉川

---

① 具体参见周迅的《汪鹏事辑》（《文献》1997 年第 2 期）与松浦章的《乾隆时代の长
　崎来航中国商人》（《呷哑》1978 年第 10 期）。

② 汪鹏：《袖海编》，第 457 页。

③ 《日本碎语·序》，（清）梁玉绳撰《清白士集》卷二十四。

④ 值得注意的是，汪鹏"曾因遭风漂至一处，遥望白石为城，真如蓬莱昆阆"，故而对
　于除长崎之外的日本其他地方也略有涉猎。见《日本碎语》，（清）梁玉绳撰《清白
　士集》卷二十四。

媚"，"衡宇塞云，田畴入绘，冬树不凋，春烟如织"，"地丰土沃，而人烟辐辏，商贩丛集"，而且长崎"人之聪慧灵敏不亚中华，男女无废时旷职"，且"无空缺欺谬之虞"，①俨然一片人间乐土。

唯一为汪鹏诟病的就是长崎"妓风最盛"。②汪鹏指陈：长崎妓女"多聪明慧辩，捷于应对，工于修饰，蟒首蛾眉，铢衣彩袖"，"又恒遣侍婢出馆，觅名花、佳果、珍食以媚客"，以至"游长崎者，每沉湎于声色货利，盖由狐媚惑人。抑亦倾囊奚止，寒士数年之馆谷十千沽酒，百万樗蒲，习俗成风，恬不知怪。信乎其有换心山、落魄桥之说也"。③由此"挥霍之仙都，狭邪之坛坫"成为汪鹏观察到的长崎另一面相。

其次是对于中日长崎贸易的描述。"贾于海外"是汪鹏不惧波涛之险、频繁往来中日之间的根本动因，其对于长崎贸易制度及交易程序有着切身的经历与体会，故而对此一方面的描述极为细致，甚至有些琐碎。

如对于"唐馆"，汪鹏记叙："唐馆外四山环绕，烟火万家"，"馆周遭仅一里，有半土垣，竹茨如棘"，"附而屋者，曰棚子库"，"库制楼数楹，舟主及掌财赋者各居其半，下则梢人杂居"，"库属正办，有官派执役者三人，名曰守番"，"客或有正事出馆，预白于通事，通事请之使院，使院出批帖，定人数，至期监使来，然后得行。通事无正事，亦不至客库"。汪的这一记载具体反映了当时日本人对于"唐馆"日中隔离、严加防范的管理。

又如对于长崎交易程序，汪鹏叙述道："唐船维缆之后，当年司事者示期上办。上办即以货贮库，有关验，有揭封。揭封者，其物零星，在货不货之间，另为封识之，以待请给上办，犹曰到办。到办则专事此番交易也，故曰某办船。……曰清库，司事者与客会集货库，将上办所贮货物一一盘查，各为号记，俾无遗失。并将各货包皮秤明斤两，以便出货时除算，明晰而清楚也。曰王取，使院择而有取，不在卖额之内。曰插番，司事人领本国远商开库视货。货之高低，唐山客与商虽觌面，

---

① 汪鹏：《袖海编》，第458、460、463页。
② 汪鹏：《日本碎语》，（清）梁玉绳撰《清白士集》卷二十四。
③ 汪鹏：《袖海编》，第457～458页。

都不交谈，其所事在串，串之为言插也。曰讲价，通事之官进馆集客列坐，授以批价文簿，评论低昂，随时增减，至有竞而哗者，非一日所能。定则书卖字于货口之上，盖以图记，则交易之事粗毕，专待出货"，"每数艘讲价已定，本国商人咸集于会馆，看板则知某货共有若干，其货之优劣，前于插番时见之矣。看板后各商书其所值之价，密封投柜，名曰丢票。然后择善价而售之，不劳较论"。① 这实质上完整地呈现了从唐船到岸一直到货物最终交易完成的全部过程。汪氏认为此"亦交易之良法"，② 表明了其对长崎贸易制度的肯定。

最后是对日本习俗、文教、政治制度方面的叙述。汪鹏虽然来往长崎只有几次，但每次待的时间并不短，所以对于日本社会、文教、政治制度都有一定的观察。

如对于日本习俗，汪鹏的相关记载包含了衣、食、住多个方面。关于"衣"，汪鹏记载：日本人"衣服皆宽博交衽袖，广二尺余，长仅及肘，以织成棋盘纹，或椰条布为之，亦有素袖□纱绘印成文者。男女皆作竖领，无纽无带，腰围□幅长丈余，宽六七寸。冬则装棉，夏以夹层，布帛为之"。关于"食"，日本"人嗜清淡，爱鲜洁，鸭肥鸡劣，猪羊类中华而较廋，鹿肉微烂，山雀之属最佳，种类亦繁多。菜有白菜、青菜、蓬蒿菜、诸葛菜、菠菜、苋菜、芥菜、萝葡、葱、蒜、韭菜、姜，园蔬中华所有者，悉有。惟萝葡为最"。关于"住"，日本"席地而坐，通国皆然，有及阶、及席之风。屋内遍铺毯踏眠，客至无拱揖之烦"，且"头以四寸许木枕，竖枕脑后（枕名麻姑喇），耳不著实"。③

此外，汪鹏还特意描述了日本习俗与中国相异者。如日本"女子悦其所私，用针刺其手指背，以墨黥之为纪念"；日本"男女俱不剃胎发。男至长成，将项发削去，只留两鬓及脑后者，总梳一角，泽以蜡油"；日本家庭"先育女而晚得子者，即纳婿为长子，幼子则为孙矣"。④

汪鹏这些记载可以说让未到过日本的中国人对日本习俗有了基本的

---

① 汪鹏：《袖海编》，第 458～459 页。
② 汪鹏：《袖海编》，第 459 页。
③ 汪鹏：《袖海编》，第 461、463、460 页。
④ 汪鹏：《袖海编》，第 461 页。

了解。

再如日本文教，汪鹏对此也描述较多。在汪鹏看来，日本"向使明周官之礼，习孔子之书，大体以明彝伦增秩，事举政修"，"唐山书籍历年带来颇夥，东人好事者不惜重价购买，什袭而藏，每至汗牛充栋"，"国无制举，故不尚文，间有一二束脩自爱者，亦颇能读圣贤，博通经史，学中华所为韵语古作之类"。① 基于中华文化泽惠海外的视角，汪鹏在观察到日本也接受、施行儒家文化时，自然流露出一种文化上国的优越感。特别是他写到日本在长崎也建立"圣庙"，并"视中华俎豆仪文略如其制"时，自然而然发出了"东国远夷能知敬仰若是"的感慨。②

汪鹏对当时日本厉禁天主教，也做了生动的描述。他写道："客或携书而至者，必由司铎检阅然后发还，恐涵天主教邪书故耳。天主教化人，昔以其教行于东国，东人惑焉，举国若狂，有潢池之思。后事发，扬帆将逝，觉而追之，从者过半矣。乃以矢石分击，尽歼其类，今永禁化人。唐山船至，例有读告示、踏铜板二事。告示中大略叙天主邪说之非，煽人之巧，恐船中或有夹带而来，丁宁至再。铜板则以铜铸天主像，践履之以示摈也。"③

对于日本政治方面，汪鹏也有所介绍。如"（长崎）有使院秩视二千石，自日本都会奉使而来，专司通商之事，代理崎政，一年更代，例止三任，一仕而已者多，操权极重，故通称曰王家"，"高木王，世职之王而守土者也，使院之事，高木得协理之"，"别岛之王，均系世袭，如古诸侯，然以所辖疆土之大小定禄米多寡"。④ 这其实就是对日本设置管理长崎的官员有一初步的描述。不过汪鹏因系商人，不可能接触到日本政府方面较高层次的人物，故而与其他方面相比，其对于日本政治方面的介绍相对偏少，仅有寥寥数条，且这些介绍还有一些偏差。事实上，长崎系德川幕府直属领地，具体"掌管民政兼理对外贸

① 汪鹏：《袖海编》，第461~462页。
② 汪鹏：《袖海编》，第461~462页。
③ 汪鹏：《袖海编》，第462页。
④ 汪鹏：《袖海编》，第459页。

易事务的是长崎代官"，即汪鹏所言的"高木王"；而在"长崎代官"之上则是更直接代表幕府利益的"长崎奉行"，即汪鹏所指的"有使院秩视二千石"。1715 年后，日本实行长崎奉行一职由二人共任，一驻长崎，一驻江户，二人按年轮换驻地。① 因此汪鹏在此处的介绍可谓错误百出。

汪鹏正是通过这些观察，得出了"日本为海东富强之国"、"人之聪慧灵敏不亚中华"的整体印象。② 汪氏此点应是当时普遍的看法。陈伦炯在《海国闻见录》中也曾言："至于（日本）男女眉目肌理，不敢比胜中华，亦非诸番所能比拟。"③ 陈氏此语还说得比较委婉，虽只是说日本男女面貌，但已隐然在日本与其他"诸番"之间有所区分。郁永河则说得更为明白："日本即古倭夷，于海外为莫强之国，恃强不通朝贡，且目中华为小邦，彼则坐受诸国朝贡"。④ 换言之，日本脱离了中国朝贡圈后，事实上已非中国藩属，国人对日本的定位也有所改变，但基于中华上国的固有理念，只能采取折中的方式，仍将日本置于"远夷"的位置，但又稍高于其他"远夷"。当然汪鹏的这一日本认识实质仍未脱离传统的"华夷秩序"观，是在观察到日本也接受、传承中华儒家文化的基础上，认为作为"东国远夷"的日本能够"向使明周官之礼，习孔子之书，大体以明彝伦增秩"，故而并不同于其他"远夷"。文化的认同，是汪鹏肯定日本的前提。

正是清前期中日之间长崎贸易的长期存在，使得中国民众对于日本的认识在明代倭寇观之外，有了另一种解读。1862 年日本人在"锁国"二百余年后，再次踏上中国领土时，并没有感到中国民众的隔阂，反而享受到有别西洋人的礼遇，就相当程度地归功于清前期赴日中国商民所带回的日本观感。"千岁丸"乘员之一名仓予何人就曾提及，他到上海后，"有唐人曾至吾长崎、横滨等处，见吾辈，以吾邦语问曰你何时到

① 见易惠莉《清代中前期的对日关系认识（1644～1868）》，《思想与文化》第六辑，2005。
② 汪鹏：《袖海编》，第 461 页。
③ （清）陈伦炯：《海国闻见录》卷上，第 10 页。
④ 郁永河：《海上纪略》，转引自易惠莉《清代中前期的对日关系认识（1644～1868）》，《思想与文化》第六辑，2005。

来，甚为亲昵"。① 另一乘员日比野辉宽也谈到，其在上海时，曾碰到"一个六七岁的小女孩"对他们说"早上好"，从而推测"她可能去过长崎或横滨"。② 身在异国，初出国门的"千岁丸"乘员们能碰到会说日语的中国人，显然极大地消减他们的紧张感。而儒家文化的共同认同，及中日文字的互通，更使得中国民众对初来中国的日本人抱有极大的热情。"千岁丸"另一乘员纳富介次郎就观察到"当地人对我们与在那儿常住的西洋人根本不一样，对初次渡海到访的我们十分亲切，一见如故。这可能是经过我们笔谈意思相通的缘故"；在上海停留期间，更有不少中国书生"听说皇邦与诸洋人不同，崇圣教，彼此文字相通，故有不少人乐于来访，诗话笔语，交流感情"。③ 从这些日本到访者的记载中，我们不难发现当时中国民众对于日本普遍抱有好感，认为日本"与西洋人大相违矣"，日本"淳厚可风"，"西洋全是霸道"。④ 中国民众此种日本认识显然是对汪鹏所持的"日本为海东富强之国"、"人之聪慧灵敏不亚中华"日本观的延续，是建立在日本"崇圣教，彼此文字相通"的基础上的。不过正如前述，此种日本认识并不是已将日本放在与中国同等的位置上平等看待，而仍是一种天朝上国观下的俯视。

需要指出的是，清代前期中国民众的对日认识除了来自赴日的中国商民所传递的日本信息外，另一重要来源还有明时倭寇的历史记忆。尽管清明交替之时，距离明嘉靖年间（1522～1566 年）的"倭患"与万历朝鲜之役（1592～1598 年）已有一段时间，但两次中日交锋仍给中国普通民众留下了深刻的历史印象，且并没有随着时间的流逝完全磨灭。此点可以从清代前期通俗小说对日本人的描绘中得到印证。

据统计，清前期，涉及日本人描写的通俗小说有 14 本，包括《孝

---

① 名仓予何人：《海外日录》，冯天瑜：《"千岁丸"上海行——日本人 1862 年的中国观察》，商务印书馆，2001，第 418 页。

② 日比野辉宽：《赘肬录（上）》，冯天瑜：《"千岁丸"上海行——日本人 1862 年的中国观察》，第 342 页。

③ 纳富介次郎：《上海杂记》，冯天瑜：《"千岁丸"上海行——日本人 1862 年的中国观察》，第 311～312 页。

④ 日比野辉宽：《没鼻笔语》，冯天瑜：《"千岁丸"上海行——日本人 1862 年的中国观察》，第 408 页。

义雪月梅传》、《绿野仙踪》、《水浒后传》、《野叟曝言》、《绮楼重梦》、《玉蟾记》、《金台全传》、《九云记》等。① 在这些清前期通俗小说中，日本人绝大部分都是以倭寇面貌出现的。如成书于乾隆年间的《孝义雪月梅传》，就是一部以明嘉靖年间倭寇入侵东南地区为背景的言情小说，其中描写倭寇时，就说到明代倭寇起于嘉靖二十五年，"始则劫夺客商，邀截海道，继而攻城破邑，杀掠乡村，且有内地凶徒、匪类、逸犯、逃兵勾连响应，遂至猖獗。连年以来，沿海生民受其荼毒"；并对当时倭寇残害百姓有着具体的描叙，如"这倭奴攻破崇明，大肆杀掠，巨商富室，罄掳一空，妇女三十以上无姿色者，杀戮无存；少艾者驱使作役。青天白日群聚裸淫，少不如意，挥刃溅血"，且狡猾凶残，"大约攻破城池，先肆掳掠，那年老者，不分男女杀戮无存。把那些少壮男人驱在一处，遇着官兵到来，先驱使冲阵，倭奴却伏在背后，有回顾者，即行砍杀"。② 此类关于倭寇的描述在其他涉及日本的清前期通俗小说中并不鲜见。又如《野叟曝言》甚至描写了中国百姓因误传倭寇来袭而满城惊恐的场景③，充分表现了倭寇给当时中国民众所带来的恐惧心理。而在当时清前期通俗小说普遍将日本形象倭寇化的背景下，一些本来并没有涉及明代倭患背景的小说，在描写日本时，也都以侵略者视之。如《绮楼重梦》是对《红楼梦》的续写，但也加入了倭王兵犯山东、围困济南城、贾小钰平倭的情节。④ 而类似的情节在另一部小说《九云记》中也出现了，只是换成了"日本国潜师犯青州，杨元帅练兵出济南"。⑤ 这众多清前期通俗小说将日本形象做倭寇化的处理，既是对明代"倭患"与万历朝鲜之役的文学呈现，又进一步强化了这一日本面相在中国民众中的历史记忆。

---

① 详见林琳《论清代通俗小说中的日本人形象及其发展演变》，浙江大学 2004 年硕士论文，未刊稿。

② （清）陈朗原著《雪月梅》，孙永都、刘中光校点，齐鲁书社，1986，第 164~165、173 页。

③ 第六十六回《神算定假倭功归把总，正气除邪会名托城隍》，（清）夏敬渠著《野叟曝言》，龚彤点校，人民中国出版社，1993，第 747~748 页。

④ 第十五回《十万倭兵重作乱，九重恩旨特开科》，（清）兰皋主人著《绮楼重梦》，大众文艺出版社，2002，第 97~111 页。

⑤ 无名子著《九云记》，江琪校点，江苏古籍出版社，1994，第 123 页。

正如王汎森所指出的那样，"明清两代，历史读物可以分为四种层次。影响常民最大的是第一层次，包括口传、歌谣、戏曲、小说等"。① 清代前期的通俗小说无疑正属于此类，其中的涉日描写在塑造普通民众对日观念中起到了不可或缺的作用。晚明日用类书中日本人"仅以些许布缕包裹臀部，手拿长刀，睥睨之姿，令人害怕"的倭寇之相，② 通过清前期通俗小说的文学化描述得以在中国民众中继续传播。

因而总体看来，清前期中日间长崎贸易的存在及通俗小说中日本形象倭寇化，使得中国民众的对日认识存在两种面相：一为"海东富强之国"，一为残暴的倭寇。此点在清代早期官书中也能得到印证。如编于乾隆年间的《皇清职贡图》在叙述日本时，就将其描述为：③

> 日本，古倭奴国，唐改日本，以近东海日出而名也。地环海有五畿七道三岛。宋以前皆通中国。明洪武初常表供方物，而夷性狡黠，时剽掠沿海州县，叛服无常，俗崇释信巫，嗜酒轻生，亦习中国文字，读以土音，立法颇严，鲜争讼窃盗，居处饮食有古法。其器用制造精巧，物产亦饶。

这实质也是将两种日本面相并存共举：一边是日本的"夷性狡黠，时剽掠沿海州县，叛服无常，俗崇释信巫，嗜酒轻生"，一边是"习中国文字，读以土音，立法颇严，鲜争讼窃盗，居处饮食有古法。其器用制造精巧，物产亦饶"。日本野蛮与文明的两种特质成为纠结于清前期中国民众心中的两张日本脸谱。

二　19世纪中期以后日本在华的现实存在

1853年日本被美国"黑船"敲开了国门，改变了过去锁国的状态，

---

① 王汎森：《历史教科书与历史记忆》，《思想》2008年第9期。
② 王正华：《生活、知识与文化商品：晚明福建版"日用类书"与其书画门》，蒲慕州主编《生活与文化》，中国大百科全书出版社，2005。
③ 《日本国夷人、夷妇》，《皇清职贡图》卷一，影印文渊阁《四库全书》本（第594册），第429页。

也使得中日在清代前期单向交流的状况得以改变。1862年"千岁丸"赴沪，开始了日本人与中国在近代的第一次亲密接触。1871年中日正式建交后，更多日本人来到中国。伴随着近代中日交通的日趋发达，中日人员、物资、文化的往来也日益频繁，日本在华的存在也日益明显。最初中日两国的交流还处于平等的状态，但经过甲午、甲辰、甲寅"三甲之役"后，中日国力对比出现了逆转，日本不但直接割占了中国的领土，而且在中国划定了自己的租界和势力范围。日本在华存在的日益强势，不但外化为日本对华的外在压迫（包括实质的和心理的），而且内化为中国权势结构的直接组成部分，成为可以影响中国社会发展趋向的一股势力。日本在华存在的具体表现方式多种多样，既有日本的驻华领事、日租界、在华企业等实体形式，也有日本文化、日本词汇等属于意识形态方面的方式；但若粗分，可以分为日本在华的政治存在、经济存在、文化存在三方面。所有这些日本在华的存在构成了一个日本对华网络，直接冲击了近代中国人对日的认识与观感。

1. 日本在华的政治存在

中国近代社会所处的时空实为中外杂处的时空。中国原有的那套处理国际秩序的夷夏观、"朝贡"体制，在鸦片战争之后不断受到西方各国的冲击。到了1871年以后，东方的日本也加入了这一冲击者的行列。日本在华的政治存在正是在这一背景下出现的，成为日本在华政治利益的代表及维护者。日本在华的政治存在主要表现在下述三个方面。

一是日本驻华公使、领事。本来相互派驻公使与领事是近代各国间进行交往的正常外交途径，每个独立的主权国家都享有接受或选派外交代表的权力，即"使馆权"。但是随着甲午战争、日俄战争以及对德战争的胜利，日本驻华公使及领事的职权日益扩大，不仅拥有领事裁判权、管辖日租界等额外权力，并担负有搜集中国情报、干预中国内政外交等额外使命，所以日本的驻华公使、领事们所发挥的作用已远远超过了外交人员所正常发挥的作用，演变为日本渗透、控制中国的重要政治机构，成为日本在华政治存在的最明显部分。

二是日租界、租借地与铁路附属地。甲午战后，日本在中国开辟了多个租界、租借地及铁路附属地。在这些区域里，日本享有行政管理权、课税权，日文、日元、和服，甚至日本的节日，都成了当地日常生活的一部分，乃至主要部分。这些都提示了该区域是日本殖民地，是日本在中国的"国中之国"。这些"国中之国"的开辟，为大批近代日本人来华提供了必要的活动空间及侵略中国的基地。日租界、租借地及铁路附属地的出现使得日本在华政治的存在更为具象化。

三是日本在华的武装力量。日本在华武装力量可以分为两部分：其一是分属各地领事馆的日本警察，这部分人数相对不多，但分布比较广，几乎包括各个通商口岸。其二是在华的日本军队及舰只，这部分构成了日本在华武装力量的主体，也是外国在华数量最多的武装力量。以日本在关东州租借地及南满铁路附属地驻扎的军队为例：日俄战争后，日本留有 2 个师团驻屯南满。1906 年撤回一师团，改派独立守备 6 个大队保护南满铁路。[①] 按日军编制，一师团为 2 万余人。独立守备队 6 个大队，每大队分 4 个中队，每中队 160 人，共 3840 人，随后增加到 7000 人，到 1919 年又增加到 10100 人。也就是说，到 1919 年，日本光是在南满驻扎的正规部队就多达 3 万余人。此外在青岛，日本强占胶州租借地后设有青岛守备军司令部，下辖步兵大队、5 个守备队、1 个炮兵队、1 个铁道兵队，共 18000 余人。[②] 除日本政府派驻的军事力量外，在华的日本人还组织有在乡军人会、自警团等非政府武装，作为自卫力量。

尽管日本一再声称其派遣武装力量来华，只是为了保护日侨及维护日租界、租借地、铁路附属地的秩序，但事实上向中国政府及中国民众进行武力压迫。这种压迫既是心理层面的，也是实质层面的。一方面，日本的军队、警察等武装力量直接驻扎在中国的领土上，甚至在中国的京畿要地，即便数量不多，也会对中国政府、民众造成极大的心理冲击。因为日本武装力量在中国领土上的出现，既意味着中国的国家主权不再完整，也暗含了日本可以随时对中国的沿海、沿江乃至腹地发动武

---

① 许兴凯：《日帝国主义和东三省》，第 41~42 页。

② 吕温泉：《德国胶州湾租借地概述》，《列强在中国的租界》编辑委员会编《列强在中国的租界》，中国文史出版社，1992，第 422 页。

装侵略。如此一来，中国民众不但身处自家的"安全感"荡然无存，"亡国"的焦虑也时刻出现。另一方面是实质的，日本的军队、警察实实在在地存在于各个日租界、租借地及铁路附属地。日本能够利用这些武装力量牢牢地控制这些地区，并为进一步扩大其势力范围、掠夺更多的在华权益提供武力后盾，必要时也可对中国内政外交进行赤裸裸的武装干涉。如辛亥革命时，日本就利用其驻华武装力量实施了多次干预。

除了上述三方面外，在中国政府中担任顾问、在海关系统中任职的日本人及日本在华的势力范围也都是日本在华政治存在的表征。日本正是通过这些方面构成了其在华的政治存在，形成影响中国政局走向的一股不可忽视的力量。

2. 日本在华的经济存在

日本在华的经济存在主要表现在两个方面：一是中日贸易，二是日本在华投资。

中日贸易在近代以前就已存在，是中国传统贸易圈的一部分。进入近代以后，伴随着中日两国先后被欧美各国敲开国门，中日贸易情况有了新的变化，出现多次转折。正如有些研究者所指出的那样：近代中日贸易"中日之战为一变，日俄之战又一变，日并朝鲜又一变，欧洲大战又一变"。[①] 具体而言，中日贸易在1919年以前可分为三期：甲午战争之前为第一阶段，甲午战后至第一次世界大战爆发为第二阶段，第一次世界大战爆发后为第三阶段。

在第一阶段，中日贸易虽增长迅速，但就贸易比重而言，仍比较微小，在全国贸易中仍远远落后于中英、中美等的贸易比重。到第二阶段，中日贸易有了进一步的增长，无论贸易额，还是贸易种类，都有了质的变化。从贸易额来看，日本逐渐赶美超英，成为中国的第一大贸易国。1895年台湾被迫割让给日本，导致中日贸易额激增，占中国对外贸易总值的9.1%，超越了对美贸易，日本成为中国第二大贸易国。1910年日本吞并朝鲜，当年中日贸易额达到了138512898两白银，占中国对外贸易总值的

---

① 蔡正雅、陈善林等：《中日贸易统计》，中国经济学社中日贸易研究所，1933，第1页。

16.42%，超过了对英贸易。① 自此以后，中日贸易居于中国对外贸易的首位。就贸易种类而言，中日贸易同前一阶段相比有了明显的不同。日本输入中国的主要是工业制造品，而中国输入日本的为原料及半成品。以1912年为例，日本输入中国货品分类所占百分比分别是：制造品67.24%，饮食物及烟草16.7%，原料及半制造品9.77%，杂货类6.29%；中国输往日本的则为：原料及半制造品80.66%，饮食物及烟草14.03%，制造品4.56%，杂货类0.75%。② 换言之，这一阶段中日贸易的结构已发生改变，日本对华输出的主要是工业制品，中国对日出口的则主要是原材料。

第三阶段，欧战爆发，欧美等国因战争影响，纷纷收缩了对华贸易，日本则趁机加紧了对华的商品输出，几乎独占了中国市场。

就贸易额而言，在"一战"期间，英、法、德、俄等国对华贸易值急剧减少，日、美两国对华贸易额却有所增加。具体情况如表1所示。

表1　1913～1919年英、美、日对华贸易统计

单位：海关两

	年份	1913	1914	1915	1916	1917	1918	1919
日本	对华出口	119346662	127119992	120249514	160490720	221666891	238858578	246940997
	对华进口	65544186	64616059	77676817	112922258	105773819	163394092	195006032
	总　计	184890848	191736051	197926331	273412978	327440710	402252670	441947029
美国	对华出口	35427198	41231654	37043449	53823799	60960777	58686044	110236706
	对华进口	37650301	40213065	60579257	72080705	94786229	77134205	101118677
	总　计	73077499	81444719	97622706	125904504	155747006	135820249	211355383
英国	对华出口	96910944	105207580	71558735	70353029	51989135	49890293	64292239
	对华进口	16346413	22576781	31934621	34918546	26089759	25264589	57186242
	总　计	113257257	127784361	103493356	105271575	78078804	75154882	121478481

注：本表数据来源于杨端六、侯厚培编《六十五年来中国国际贸易统计》（"国立中央研究院"社会科学研究所出版，1931年）的《直接往来国别贸易表》。

由表1可知在1914～1918年第一次世界大战期间，英国的对华贸易额减少了41%，同期日本、美国对华贸易额分别增加了109.8%与

---

① 蔡正雅、陈善林等：《中日贸易统计》，第15页。
② 蔡正雅、陈善林等：《中日贸易统计》，第17页。

66.8%。日本对华贸易的比重也由 1909～1913 年的 23% 上升为 1914～1918 年的 43.5%，远远超过了英美对华贸易的总和，进一步巩固了其作为中国最大贸易国的地位。

再就贸易种类来看，中国这一时期对日的主要输出物仍以原料为主，以棉花、大豆与豆饼为大宗。日本对华出口物与上一时期一样，主要是工业制造品，排在前几位的输出物仍是棉织品（包括棉纱）、糖、五金、煤、海产品，但除糖类外，其他四类在日本对华出口总值的比重都有不同程度的下降。这反映了日本在"一战"期间，扩大了其本来对华输出不占优势的机器、电气材料及化学品等工业制品的比重，而这些在战前一直都由欧洲各国提供。以天津为例，战前天津进口的化学用品、染料和电料都来自欧洲，"一战"期间则多为日货所取代，日本甚至还趁俄国煤油不能输入天津之机向天津大量输入煤油，1916 年达到 150 万加仑，成为中日贸易中罕见的现象。① 因而当时人都以为"中国市场，将为日货之独占舞台"，②"一战"期间也成为日本对华出口的一个黄金时代。

总体看来，1919 年以前的中日贸易，无论是中国对日出口还是进口，都得到了极大的发展，日本也逐渐成为中国对外贸易的首要对象。而中日贸易的日趋重要也给中日两国带来了巨大的影响。

具体而言，中日贸易的扩大一方面意味着中日两国的经济联系日益紧密，互相依赖的程度日益提高。近代的中日贸易不同于传统的中日贸易。传统中日贸易主要交易的是各自的特产品，比如日本的铜、海产品，中国的药材、丝绸、书籍，因而双方经济的连带性相对有限；近代的中日贸易则主要是日本工业品同中国原材料的交换，呈现的是经济分工的差异，其基本模式是：中国输入原材料给日本，日本将原材料加工成工业品再输入中国，故而近代中日两国经济的生产、销售有着明显的关联性。如日本 19 世纪 80 年代纺织业的发展就直接带动了中国棉花的出口，而甲午战后日本对豆饼需求的扩大，也拉动了东北油坊业的兴起，促使东北大豆商品化。同样，因为中国是日本工业品的重要销售市

① 姚洪卓主编《近代天津对外贸易（1861～1948 年）》，天津社会科学院出版社，1993，第 114 页。

② 彭泽益编《中国近代手工业史资料（1840～1949）》第 2 卷，三联书店，1957，第 716 页。

场，所以日本工业品特别是日本的棉纱、棉布的对外出口量是与中国的进口额直接相关的。在1919年以前，日本对外出口的棉纱半数以上是销往中国，故而当1915年中国对日棉纱进口量达到顶峰时，日本棉纱的对外出口量也随之达到了历年的最高值，此后随着中国对日棉纱进口量的减少，日本对外棉纱的出口量也日益减少。除棉纱、棉布外，中国也为日本纸张、机械、面粉等的最大销售市场①，这直接关系着日本相关产品的生产与出口的兴衰。

中日贸易的扩大另一方面也意味着越来越多的日本商品进入中国市场，日货成为中国民众日常生活的一部分。这主要同日本对华输出商品的结构有关。日本是一个工业化起步较晚的国家，其工业品同欧美各工业化程度已较高国家的产品相比，在技术上、制造水平上都处于劣势，因而其要挤入中国市场，只能利用自身劳动力低廉与离中国较近这两个特点，选择那些机械化要求不高、手工操作程度较大的工业品输往中国。这类商品主要是轻工业品和日用品，包括棉织品与各类杂货（百货）。棉织品已如前所述，成为日本出口中国的主要商品。而日本杂货在甲午以前也有不少出口到中国，如纽扣、玩具、灯料、瓷器等，因这些商品都量大价微，所以在日本对华贸易总值中所占的比重一直不高，欧美各国也都不太注意。1868年日本人最早来沪开设的商店田代屋，就是一家杂货店，主要经营日本的陶漆器、木梳、镜子等化妆用品。早年为促销杂货，日本商人还多雇用日本妇女，将纽扣、玩具、药丸等小商品，用盘子托着在茶楼兜售。② 甲午战后，日本出口中国的杂货品类更多。据1919年上海学生调查，日本杂货不但包括洗浴用品、化妆品，还包括文具及调料品等，几乎涉及日用品的各个门类，每类都品牌众多，光日本输华牙刷就有：双爱司牌、卫生牌、燕牌、鹤牌、竹节花把牌、麒麟牌、仙鹤牌、飞马牌。③ 因日本杂货常常价格低廉，所以输入

① 何炳贤：《中国的国际贸易》，上海书店，1989，第190页。
② 上海社会科学院经济研究所、上海市国际贸易学会学术委员会编《上海对外贸易（1840~1949）》（上册），第179页。
③ 陈祖恩：《寻访东洋人——近代上海的日本居留民》，上海社会科学院出版社，2007，第204页。

中国的数量也日益递增。1903 年从日本进口洋袜为 28822 打，至 1913 年就上升为 1054834 打，增加数十倍；进口的日本毛巾也从 1903 年的 336513 打上升为 1913 年的 1431132 打，增加 3 倍多。[①] 其他如搪瓷热水瓶类、洋针及伞帽类等都有不同程度的增长。这些廉价的日产棉织品与日本杂货进入中国的千家万户，不但促使中国民众生活习惯改变，而且也使中国民众更为直接地认识到了明治之后的日本。国人对于日本杂货的接受也有一个变化的过程。初期由于日本杂货品质不高，"所以（中国）购物者，宁贵毋廉"，视日货为劣质品，后来"日本之学西人，愈学愈精，愈推愈广，于是华人有明知为东洋，而贪其价低而近似西洋之货而买之者"。[②] 中国民众对日本杂货的认同过程，其实也是国人对日本认识的一个逐步调整，日本借此也在中国民众心中树立起一个可与西洋相比的工业国的形象。

日本在华投资方面：尽管在《马关条约》中日本获得了在华设厂权，但日俄战争之前日本在华投资的规模很小。据统计，到 1902 年日本在华的投资额约 100 万美元，仅占外人在华投资总额的 0.1%。日本对华真正大规模的投资始于日俄战后，且发展十分迅速，到 1914 年即达到了 2.19 亿美元，占到了外人在华投资总额的 13.6%。[③]"一战"期间，日本又趁机扩大在华投资规模。1918 年日本在华公司数达到了 4483 家，是战前的 3.5 倍；[④] 1914～1921 年日本在华新设工厂达 222 家，超过了在此之前日本在华设立工厂数的总和。[⑤]

近代日本在华投资规模的扩大，最直接的一个后果就是使日本从中国获取了巨额的经济收益。以日本在华最大的企业投资——满铁为例，在 1914 年以前，每年付与日本政府的红利为 250 万日元，付给在英国发行的债券持有者 570 万日元，其他普通股民的配息在 1912 年前是

---

① 上海社会科学院经济研究所、上海市国际贸易学会学术委员会编《上海对外贸易（1840～1949）》（上册），第 559 页。
② 姚贤镐编《中国近代对外贸易史资料（1840～1895）》（第二册），第 1174 页。
③ 雷麦：《外人在华投资》，商务印书馆，1959，第 55 页。
④ 雷麦：《外人在华投资》，第 338 页。
⑤ 陈真编《中国近代工业史资料第二辑（1840～1911）》，三联书店，1957，第 421 页。

6%，1914 年增为 8%，该年为 190 万日元。① 也就是说满铁在 1914 年分配的红利达到了 1010 万日元，而当年满铁实质募集的资本额只有 1.6 亿日元，当年利润率达到了 6.3%。且满铁的利润在 1928 年以前一直是逐年增加的，到 1919 年达到了 2437.5 万日元。②

日本在华投资除获得巨额经济收益外，还加深了对华的控制。一方面，日本借对华政府贷款得以干预中国的税收财政。因为日本大多数对华政府贷款，都以中国税收来担保。如 1908 年南京财政局借款就以长江以南安徽省茶厘为担保，1910 年的东三省借款则以东三省盐税及落地税为担保，1912 年福建省台湾银行借款以福建省内盐税及内地常关税、茶税为担保；日本由此攫取了安徽、东三省及福建等地的地方税收。随着日本对华借款额在中国政府外债总数中的比重的增加，日本对华攫取的税收也就越多，对华的财政控制也就越深。另一方面，日本对华企业投资的扩大，使得其在中国的一些行业中占据了重要份额。如 1918 年日清轮船公司即占据了长江航运的 35.3%，到 1919 年中国 24.7% 的煤、全部的铁都由日本在华投资的矿业出产。③ 在南满，日本的投资更占据了当地经济的绝对份额。因而日本在华投资扩大的过程，也是日本对中国经济控制增强的过程。

此外，日本对华投资同其他国家在华投资相比，有一个突出的特点。即如杜恂诚所指出的那样：不仅日本政府积极地直接参与对华投资，而且到中国来从事投资活动的日本大企业家往往负有日本政府的"国策使命"。④ 也就是说，日本在华投资是受日本基本国策所左右的，是肩负着日本殖民中国的政治任务的。最为明显的就是满铁，它名义上是一个民营企业，实质上却是日本政府经营满洲的一个殖民机构，不但其正副总裁直接由政府任免，而且其业务、经营方针均由日本政府监督和决定。另外与日本政府关系较近的三井物产会社、三菱商事株式会社、大仓组等，虽秉承日本政府的意旨不如满铁那么直接，但对日本政

---

① 雷麦：《外人在华投资》，第 358 页。
② 杜恂诚：《日本在旧中国的投资》，第 91 页。
③ 严中平编《中国近代经济史统计资料》，科学出版社，1955，第 248、126、129 页。
④ 杜恂诚：《日本在旧中国的投资》，第 16 页。

府的配合却节节合拍。故而这些会社在进行商业经营之外，常在华进行一些政治投资。

综上所述，随着中日贸易及日本在华投资的日益增长，中日两国经济联系愈加紧密。就日本而言，中国在日本近代经济中扮演了多重角色，不但是日本重要的原料产地与销售市场，也是日本在外的重要投资市场。正因为日本在中国拥有着越来越巨大的经济利益，所以日本愈发抓紧这一古老的近邻。但对于中国而言，中日贸易的扩大、日本在华投资的增加，固然在一定程度上有利于中国近代化的发展，也意味着中国对外贸易的扩大，但更意味着中国巨额经济利益的流失、经济权益的丧失。而日本在华经济势力的壮大，使国人日益注意到可利用抵制日货等经济手段作为对日施压的重要策略，为国民外交的展开提供了一定的周旋空间。

3. 日本在华的文化存在

在古代，中国是日本的"文化母国"，中华文化对日本文明的熏陶，千载犹存。但到了近代，日本成为中国学习的对象，中日文化出现了反向流动。近代日本在华的文化存在可分为两个方面：一为无形的，一为有形的。

前者主要指甲午以后，中国从语言文字到政治教育制度出现了日本化的迹象。如语言文字，近代以来日本词汇大量流入中国，成为现代汉语词汇的一部分。对于此点，学术界基本达成了共识，承认"日语词汇对现代汉语词汇的影响很大，是现代汉语词汇中的外来词的主要来源之一，甚至可以说是最大的来源；许多欧美语言的词都是通过日语转移入现代汉语词汇里的"。[①] 至于具体有多少日语词语流入了中国语言文字中，迄今没有定论。据实藤惠秀统计，后得谭汝谦、林启彦补充，仅"中国人承认来自日语的现代汉语词语"就多达 844 个。[②] 相信被国人沿用已久而不自知的日语词语还有不少。而这大批日语词语进入中国最直接的影响就是使中国的新名词增多。当时人即注意到："自日本移译

---

① 高名凯等：《现代汉语外来词研究》，文字改革出版社，1958，第 158 页。

② 实藤惠秀著《中国人留学日本史》，谭汝谦、林启彦译，三联书店，1983，第 327 页。

之新名词流入中土，年少自喜者辄以之相夸，开口便是，下笔即来"，言谈笔端随处可见"团体"、"民主"、"方针"等日语词语。[①] 最初这些日语词语还只是趋新者乐用，但流传到后来就是那些守旧者也在不知不觉中使用上了。如清季笔记中就多有张之洞不喜日语新词而无意中仍用日语新词的记载。[②] 大量日语词语进入中国除了增加新名词外，也使中国的文体发生了改变。诸宗元就曾指出：甲午战后"日本文译本，遂充斥于市肆，推行于学校，几使一时之学术，浸成风尚，而我国文体，亦遂因之稍稍变矣"，从而说明了中国文体因"日本文译本"的冲击到近代已有所改变的事实。在这一文体流变的过程中，梁启超的《新民丛报》起到了重要的示范作用，以至于这种"日本化文体"又被称为"新民体"。由此可见，中国近代的语言文字从词语到文体都带有日本化的痕迹。至于中国近代教育制度、政治制度，很大程度上也是对日本的模仿和学习。如晚清颁布的《壬寅学制》、《癸卯学制》就都以日本学制为蓝本，晚清的预备立宪则主要仿照日本的君主立宪。这种种迹象都显示：日本的文化制度在近代对中国社会产生过巨大的影响，甚至某些影响一直延续到今天。

后者，有形的文化存在主要指日本在华设立的文化机构。日本在华设立的文化机构最早可以追溯到1876年，是年8月小笠栖香顶等人在上海英租界设立了"净土真宗东本愿寺上海别院"。但直到"七·七"事变前，日本在华的文化机构仍不十分发达，甚至有研究者认为"日本对华工作最落后最薄弱的环节，就是对华文化工作"。[③] 当然此说只是相对日本在华其他方面及欧美在华文化机构而言的，若纯从日本在华文化机构的数量而言，并不算少。截至1914年日本在华学校68所、医院77家、寺院35间、教会6所；从地域分布看，63%的文化机构设在东北。[④]

---

① 徐珂：《清稗类钞》第4册，中华书局，1983，第1724页。
② 《趋庭随笔》中即记载：张之洞入主学部后"凡奏疏公牍有用新词者，辄以笔抹之。且书其上曰'日本名词'。后悟'名词'两字即新名词，乃改称'日本土话'"。（江庸：《趋庭随笔》，沈云龙主编《近代中国史料丛刊》第九辑，文海出版社，第7页。）
③ 樋口弘：《日本对华投资》，第178页。
④ 雷麦：《外人在华投资》，第331页。

此外日本在华还创办了多家报纸，仅 1895～1919 年间，其创办的报纸就有 61 家。其中日文报 49 家（包括 1 家中日文报纸），英文报 3 家，俄文报 1 家，其余为中文报。[①] 日本在华创办的中文报虽数量上比不上日文报，但因受众面广，影响力常高于在华的日文报纸。如《顺天时报》自 1901 年创办至 1930 年停办，存在时间近 30 年，在北京报界甚有影响，一度成为华北第一大报。日本人在东北创办的《盛京时报》也是当地主要的报纸。

总的看来，日本在华的文化存在尽管不如日本在华的政治存在与经济存在那么强大，但还是随着日本侵华程度的加深而逐渐扩大，日本在华势力最强的地方也往往是日本文化最浓的区域。同日本在华经济存在一样，日本在华文化存在所带来的影响也是多重的。一方面，日本在华兴办各种文化事业，扩大日本文化在华的无形影响，有它实施文化侵略以配合日本侵华的一面。周作人就曾直接指责日本在华所办的学校及报纸都是"阳托圣道之名，阴行奴化之实"，专替日本侵华服务的。[②] 另一方面，日本在华文化事业的发展，对中国各类文教事业也有或多或少的促进作用。像日本同仁会在华所开展的那些医疗事业，既一定程度提升了中国的医疗水平，也增进了中国民众的医疗知识。

总之，到了近代，随着中日国力的逆转，日本在华的政治、经济、文化各方面势力日益明显，这既是日本在华侵略加剧的表现，也是日本在华进行扩张的手段。日本在华的各项存在都以日本在华控制的范围及程度为转移。日本控制越强的区域，往往是日本在华存在表现最明显的区域。日本也利用这些在华的存在给中国政府及民众施加各种影响，以维护与扩大其在华利益。以此而言，日本在华存在某种程度上成了日本控制中国的工具。相应的，若中日发生纠纷，直面中国冲击或攻击的就是日本在华的这些存在。大量日本在华的存在也成了作为弱势一方——中国向日博弈的重要筹码。不论如何，日本在华的大量存在是中日双方都不可忽视的一个变因。

---

① 黄福庆：《近代日本在华文化及社会事业之研究》，第 262～272 页。

② 周作人：《日本人的好意》，钟书河编《周作人文类编·日本管窥》，湖南文艺出版社，1998，第 691 页。

近代日本在华存在的增强所带来的另一个影响就是增加了中国人认识日本的途径。在近代以前，能直接与日本接触的中国人并不多，中国人主要还是通过以前官书与典籍的记载来认识日本。像魏源编辑《海国图志》，涉及日本内容时，仍以传抄《明史》、《武备志》、《海国闻见录》（陈伦炯）、《坤舆图说》（南怀仁）等前人著作为主。但甲午以后，因为大量日本存在的出现，在中国境内，不仅出现了众多的日租界、日货及日译书籍，而且来华日人也日益增多，所有这一切都增加了中国人跟日本直接接触的机会与频率，改变了中国人以往仅靠阅读认识日本的状况，从而使得中国人对日本的认识更直接更深入。而日本在华存在的种种表现也直接影响了国人的对日观感。

随着中日交通的发达、日本在华存在的增多，近代中国人也开始了对日的重新认识。

第二章 | 模版与援引：政治 导向下的日本观

日本是中国一衣带水的邻邦，两国天然的地缘关系，使得国人对于日本的认识不得不受到两国政治关系的制约。盟日或防日，对于近代国人而言，固然基于不同的对日认识和判断，更暗含了维新、守旧不同的政见。

第一节 日本维新的中国叙述

明治维新是日本步入近代的一个关键，自此之后日本逐渐摆脱了沦为欧美殖民地的命运，走上了近代强国之路。对中日关系，甚至东亚格局而言，明治维新也是一大转折。日本借此在中日近代化的竞争中，逐渐占据了上风，拉开了同中国的差距，最终取代中国成为东亚的主导。当然这只是我们后来者对明治维新的看法；而在进行时语境中，国人能认识到此点的，可以说绝无仅有。事实上，近代中国人对于日本明治维新的解读还存在一个由误读到正确认识的变化过程。

一 甲午前的日本维新认识

明治维新始于日本幕末开国。1868 年以前，日本的政权是掌握在德川幕府手中的，天皇并没有实权。德川幕府统治下的日本对内实行的是幕藩体制。"幕藩体制"指的是，幕府虽是日本的最高统治者，但它直接管辖的领土仅占全国的 1/4，剩余的领土分属两百多个藩国管辖，各个藩国名义上必须效忠幕府，但实质具有很大的独立性。换言之，明治前的日本其实仍处于幕府与众多藩国的分割统治之下。德川幕府对外推行的是锁国政策。1633～1639 年，德川幕府连续五次颁布了"锁国令"，禁止日本人出海贸易与限制外国人来日通商，只允许荷兰、朝鲜、中国三国商人来日进行有限的交易。但这一锁国体制，到了近代却被欧美列强所打破。1854 年在美国炮舰的威胁下，幕府被迫签署了《日美亲善条约》，同意开放下田、函馆两港。随后英、法等国也相继迫使日本签订了类似条约。这些不平等条约的签订，不但极大地损害了日本的国家主权，还进一步冲击了德川幕府的统治。为了化解日益加剧的民族危机，日本的一些爱国志士提出了"尊皇攘夷"的口号，这一口号迅速得到了一些强藩的响应，演变成一场倒幕运动。1868 年在萨摩、长州等藩的领导下倒幕派推翻德川幕府，建立了以明治天皇为首的明治政权。明治政权建立后，在日本推行了一系列政治、经济和社会改革措施，使得日本迅速走上资本主义道路。而自幕末开国后日本所推行的一系列改革就被称为明治维新。[①]

日本明治维新的主要内容包括"殖产兴业"、"文明开化"、"富国强兵"三大政策。"殖产兴业"主要是运用日本国家政府的力量扶助日本资本主义的发展。这一政策的实行可分为两个阶段，1880 年前主要由国家建立模范工厂、设立国营企业，实施国家资本主义发展方针；1880 年后则以扶持和保护私人资本主义发展为主，并将前一阶段创办的许多官营企业低价转让给私人资本家。"文明开化"则是指明治政府建立后大肆学习西方的教育、文化及生活方式。以教育而言，日本不仅在国内效法西方建立了近代教育体系，大力普及初等教育，而且还派遣大批留学生出国学习。在生活方式上，日本采取了"改历"、"易服"、"剪发"等手段。"富国强兵"可以说是日本明治维新的根本目的。"富

---

① 在学术界，"明治维新"有广狭两义。狭义的明治维新特指 1868 年倒幕派推翻德川幕府，建立明治政权的事件，也称"王政复古"。广义的明治维新则指一系列事件所构成的历史过程。关于广义明治维新的上下限一直都有争论。上限有"天保"说与"开国"说两种，下限则说法更多。具体讨论可看看吕万和《简论明治维新》，中国日本史研究会编《日本史论文集》，三联书店，1982，第 173～174 页。

国强兵"政策中最重要的一点就是军制改革。1870年山县有朋、西乡从道从欧洲视察军制归来，就发布公告，命令各藩陆军改为法国式兵制，海军改为英国式兵制。废藩置县后，又借机取消了藩兵，设置四镇台制，安置常备军。1872年日本发布征兵诏书，次年又颁布征兵令，从而取消了原来武士垄断军队的特权，建立了新式的军队。但是日本从新式军队建立开始，就加强对士兵灌输忠于天皇的思想。1878年颁布的"军人训诫"更要求士兵把天皇当作"神"来崇拜，将"武士道"作为自己的行为准则。这为日后日本走上对外扩张的道路埋下了伏笔。

日本经过明治维新后，摆脱了沦为列强殖民地的命运，社会、经济、军事各方面都得到了飞速发展。最为重要的是明治维新使得日本完成了由封建制度到资本主义制度的转变。

作为一直与日本有着联系的邻国——中国，对于日本明治维新的变化，并非没有觉察。当时中国的一些报刊较早就对日本明治维新作了报道。

中国近代报刊同许多其他新式事物一样，最早也是由来华的外国人创办的。第一份近代中文报纸是1815年由马礼逊创办的《察世俗每月统记传》，不过该报出版于马六甲。真正在华本土出版的第一份中文近代报纸是郭士立于1833年在广州创办的《东西洋考每月统记传》，该报共出39期，至1838年始停刊。自此之后外国人在华创办的中文报纸日多，以上海最为集中。近代报刊作为新式传媒，同以往书籍的一个重要区别就在于其强调信息的时效性、及时性。当然由于信息传递技术的局限，在电报通信之前，近代报刊还不可能如现今的媒体这么迅捷，但在当时应该算最快的一种信息传播方式了。明治维新发生后不久，中国的报刊就注意到了日本的这一变化。如《上海新报》在日本"王政复古"发生20个月后就对其有所介绍，① 不过《上海新报》于1873年1月即停刊了。

另一家中国近代史上最为重要的报纸——《申报》，在其创刊后不久，也对日本的明治维新作了相应的报道。《申报》创刊于1872年4

---

① 转引自郑翔贵《晚清传媒视野中的日本》，上海古籍出版社，2003，第14页。

月30日，在创刊后的第五号即出现了题为《日本使臣至花旗见国君》的报道。这则报道主要叙述了1872年岩仓使团3月4日觐见美国总统的详细情形，并借日本使臣与美国总统的对答，说明了日本"王政复古"后"政令一新"、"考究西国治法"的这一变化。① 岩仓使节团的派出是日本明治维新的一大关键，因为它承担着"视察欧亚各洲最开化昌盛之国体与各种法律规章等，是否适于实际事务之处理，探求公法中适应之良法，调查施之于我国国民之方略"的任务，② 是明治政府对西方的一次全面学习。后来明治维新所推行的各项改革措施可以说很大程度得益于岩仓使节团的这次欧美之行。《申报》仅在这一事件发生两个月后就给予报道，应该说是十分及时与敏锐的。③ 但这则报道并没有对此进一步评论，因而还看不出当时国人对明治维新的态度。半个月后《申报》又报道了日本开办博物院的消息，并加了编者的言论，认为此举不过是"集其国中之奇珍异宝，陈设院中"，而"昔中土富商亦往往有之"。④ 证诸史实，可知《申报》所言的"博物院"就是日本政府明治年间所办的博物馆，其目的在于"博陈物品以启人智识"，⑤ 是日本推行"文明开化"的重要举措。《申报》却将其误读为中国以往富商间的"斗宝"。由此可见《申报》最初对日本明治维新所产生的这些变化，还认识不深，没有看到这些变化的真正含义，此报道还仅限于对明治维新某些具体举措的认识。同年6月17日《申报》在对岩仓使节团的后续报道中，对明治维新有了一个总的评价，指出：日本明治维新后"一变旧俗，极力振作，尽心民事，力挽颓风，慕西国之善政，事事仿而行之"；⑥ 基本上是持肯定的态度。但《申报》对于明治维新的看法并不一以贯之，而常有反复。1877年《申报》发布的另一则评论开首即指出"日本近因改用西法，常苦国用不敷"的窘境，继而认为产生

---

① 《日本使臣至花旗见国君》，《申报》1872年5月8日。
② 信夫清三郎：《日本外交史》（上册），138页。
③ 因为当时电报传递消息的费用很高，所以报纸的消息来源主要靠信件传递。直到1858年的时候美国到中国的航程还需80天左右。
④ 《博物院》，《申报》1872年5月21日。
⑤ 黄遵宪：《日本国志》（上），第369页。
⑥ 《译西报论东洋使臣至英国事》，《申报》1872年10月11日。

这一问题的根源在于日本明治维新"仅求其外貌而效之，至于根本最要之法，反忽略而不讲求"，如此一来"终恐难持之于久也"①。《申报》似乎对明治维新又有所怀疑。

具体到明治维新的各个方面，《申报》对其评价更是褒贬不一。对日本明治维新在教育、经济方面的举措，《申报》赞赏的居多。如对日本维新后普及教育，《申报》就认为此举将使日本"举国皆知文识理，其风俗无难蒸蒸日上也"。②对于日本积极开矿，《申报》也赞其为"尽地利以裕民财也，识者谓日本知所务矣"，同时反观中国则是"坐令万宝充溢地中，而杳不思取用"。③对于日本在风俗方面的改变，《申报》却多有微词。1873 年日本发生民乱，《申报》就将之归咎于"其国君忽令教化皆易，衣冠俱变，甚至房屋亦从西式，文词亦更西制……赋税更增，其拂民之性为何如哉！……其民各怀怨恨，是以倡乱"，《申报》还进一步提出日本应该"新政之便民者始用，不便民者仍复旧制"。④言外之意，"衣冠"、"房屋"、"文词"应回复"旧制"。这实质就是对日本"改朔易服"、风俗欧化的否定。另外，对于日本近代以来舍弃中学，《申报》也有批评。1873 年日本行焚书令，要焚绝华书，《申报》就直斥此种行为为"宇宙第一暴虐之政"，以为"今（日本）欲行西法，何必尽毁中书……吾恐东洋此举不但本国之所不愿，实亦中国之所不料，抑亦西国之所窃笑也"。⑤

尽管随着日本明治维新成效的日益凸显，《申报》对之有所高看，但直到甲午战前对明治维新的评价仍摇摆不定：肯定时，甚至认为"日本自维新变法以后，上而制度典章，下而百工技艺，无不步武西法，二十余年来所造就之人才已形济济，工艺之事亦无不造其精微。积以岁月，必有更出新法以驾于西人之上者"；⑥否定时，则认为"日人每好大喜功，自明治中兴维新政起，事事仿行西法，不啻亦步亦趋，亦

---

① 《论日本近年加征田赋事》，《申报》1877 年 1 月 12 日。
② 《日本近事》，《申报》1872 年 6 月 25 日。
③ 《日本近事》，《申报》1872 年 8 月 13 日。
④ 《论东洋民变之故》，《申报》1873 年 7 月 8 日。
⑤ 《焚书论》，《申报》1873 年 8 月 28 日。
⑥ 《论日本工艺制造之精》，《申报》1894 年 6 月 11 日。

只具体而微，未足与西人抗衡者"。① 若与中国相比，更断然认为"日本断非中国之敌"。② 因而总体看来《申报》在甲午以前虽对明治维新有所肯定，但评价并不太高，且重在报道明治维新的各具体措施，对其制度及思想层面的变化涉及较少。

即便如此，若同同期大部分中国士子相较的话，《申报》对明治维新的认识、评价已属趋前。据王晓秋考察，最早对明治维新作出评论的是 1874 年陈其元所写的《日本近事记》。但洪仁玕似乎更早于此，其1859 年写就的《资政新篇》里就谈道："日本邦近与花旗邦通商，得有各项技艺以为法则，将来亦必出于巧焉。"③ 他明显对日本开国后的变化已有所了解，并持赞赏的态度。大致同期的冯桂芬在《校邠庐抗议》中也记载："前年西夷突入日本国都，求通市，许之；未几，日本亦驾火轮船十数遍历西洋，报聘各国，多所要约，诸国知其意，亦许之。日本蕞尔国耳，尚知发愤为雄，独我大国将纳污含垢以终古哉？"④ 据冯氏此言，可以发现：一，此段话应写于 1860 年左右，因为日本在 1858年签署安政五约后才于次年访问美国。二，冯氏虽对日本开国后的具体举措语焉不详，但应该有所认识，所以才作出了"日本蕞尔国耳，尚知发愤为雄"的肯定评价。当然也不能高估洪、冯二氏的看法，二人此时主要是看到了日本开国后也开始积极学习西方的趋向，还没有意识到这幕末开始的维新运动将成为一场社会制度变革，且因日本"王政复古"还未完成，所以洪、冯二氏此时对日本维新的评价还只是局限于日本开国后的有限几年。真正比较全面、完整评价明治维新的还是后来的陈其元。

陈其元的《日本近事记》写于 1874 年，正值日本入侵台湾之时，从其内容可以看出明显带有应对的性质。在《日本近事记》中，陈其元将日本"尊王倒幕"视为"美加多（天皇）篡国"，废藩置县看作"削各岛主之权"，并且认为日本明治维新"使国中改西服、效西言，

---

① 《答客问高丽事》，《申报》1894 年 7 月 1 日。
② 《论中国之兵可胜日本》，《申报》1894 年 7 月 23 日。
③ 中国史学会主编《太平天国》第 2 册，上海人民出版社，2000，第 532 页。
④ 冯桂芬著《校邠庐抗议》，戴扬本评注，中州古籍出版社，1998，第 199 页。

焚书变法，于是通国不便，人人思乱"。① 这不但对明治维新作了全面的否定，且与事实不符。陈其元此处是引用"应敏斋方伯上张振轩中丞书"，且他自己是赞同的，所以持如此看法的不仅有陈其元，还有时任江苏按察使的应宝时，甚至江苏巡抚张树声。值得注意的是，陈其元、应宝时等人并非不通洋情的旧学之士，反而都与外人有过一定的接触，甚至与日本人有过直接的交往。有资料显示，1864年日本"健顺丸"赴沪时，就同时任代理上海道的应宝时打过交道，要求办理通商等事，为此应宝时还曾禀报过李鸿章。② 1871年李鸿章办理中日通商条约时，作为江苏按察使的应宝时也随同帮办。由此可见，应宝时应属当时为数不多的同日本人直接交涉过的洋务官员。至于陈其元更以"颇悉倭情"自诩。③ 从陈其元的仕途经历来看，此说有一定根由。陈其元于1864年受左宗棠举荐为直隶州知州后，即发往江苏补用，曾先后代理过南汇、青浦、新阳、上海几个大县的县令，1867年以州牧资格提调淞沪厘局。因长期活动于华洋杂处的上海，陈其元不但拜读过"阅之可得各国之情形"的《西国近事汇编》④，而且与日本驻上海的领事有过往来⑤，因而其自诩"颇悉倭情"并非无因。但就是这样一位"颇悉倭情"的干吏都认为"今其（日本）国王改从泰西之制，衣服、法度均遵其俗。用夷变夏，取则陈相，焚书屏儒，有同嬴政"⑥，那么其他普通士人对明治维新的态度更可想而知。

当然也有少数例外，与陈其元大致同时的金安清对明治维新的认识就要比陈氏略胜一筹。金安清在《东倭考》中已认识到日本的"王政复古"是"（天皇）驱将军而自主其权"，肯定明治天皇"焚诗书，易服

---

① 陈其元：《日本近事记》，《小方壶斋舆地丛钞第十帙（1～2）》，第589页。
② 李鸿章：《致应敏斋观察》，《李鸿章全集》第5册，第2493页。
③ 陈其元：《日本近事记》，《小方壶斋舆地丛钞第十帙（1～2）》，第587页。
④ 陈其元：《庸闲斋笔记》卷八，《笔记小说大观》第21册，江苏广陵古籍刻印社，1984，第232页。
⑤ 陈其元《庸闲斋笔记》曾记有："余在上海与各国领事官互相往还，皆各尽礼。日本新通商换约，其代理领事官神代延长最恭顺，谓余曰：'我国读中国书，写中国字，行中国礼，本是一家。'"（《庸闲斋笔记》卷三，《笔记小说大观》第21册，第201页。）
⑥ 陈其元：《庸闲斋笔记》卷五，《笔记小说大观》第21册，第212页。

色，其远大之志一如赵武灵王之类"。金氏这一认识基本接近史实，且对明治维新的评价也比较正面，但基于自身知识结构的局限，也只是将明治维新看作与中国古代的变法改革相类。值得注意的是，金安清还预见到了日本明治维新后"以彼（日本）人性之狡悍，而加以西洋军械之精良，求致其死命，固非以全力经营，而猕薙之，未可也。兵端一开，到处骚扰，沿海不能处处有兵，小民驯良者，涂炭不待言。奸猾者更加以勾结向导。东南元气未苏，此可为长虑者也"，明确指出日本将有为祸中国的危险。①

与陈、金这些下级官吏或普通士子稍有不同的是，当时晚清的洋务派们，因同明治维新一样都在致力于学习西方、发展近代实业，所以对于日本的明治维新更能平情看待。如晚清主要的洋务重臣李鸿章还在1870年就略带羡慕地评价道："日本海隅小邦，与西洋通商甫数年，水陆兵制与枪炮利器事事摹仿泰西，且严禁天主教、鸦片烟"，而同期的中国仍然"平时不求武备，临事能无张皇？"② 通过中日对比，李鸿章看到了明治维新对日本进步所产生的实效。另一洋务派官员丁日昌也注意到："日本前本弱国，自设轮路、电线、开矿、练兵、制器后，今乃雄踞东方，眈眈虎视"，③ 他也较早意识到了日本明治维新在实业方面的进步。不但如此，有些洋务派还将日本从事维新之士引为同道中人。如郑观应1884年赴越南时，船中遇一日本人，在得知其"此番游历欧洲，将遍考制器利用之学"后，马上"余甚壮之，作二诗以赠"，欣赏之心溢于言表。④ 早年郑氏的诗歌中也有 "翻羡东瀛佳子弟，日新月盛愧吾华"的诗句来说明"日本肄业欧美子弟日新月盛，（中国）望之感愧"。⑤应该说洋务派们已经在一定程度上认识到日本明治维新在学习西方、兴办洋务的某些方面已走到了中国的前面，不过还没看到产生这一差距的

① 金安清：《东倭考》，王锡祺辑：《小方壶斋舆地丛钞第十帙》第 18 册，杭州古籍书店，1985。

② 李鸿章：《复许星叔京卿》，《李鸿章全集》第 5 册，第 2581 页。

③ 《光绪二年十二月十六日福建巡抚丁日昌奏》，中国史学会编《洋务运动》第 2 册，上海人民出版社，1961，第 350~351 页。

④ 《南游日记》，夏东元编《郑观应集》（上册），上海人民出版社，1988，第 949 页。

⑤ 《赠美国肄业诸生并容沅浦邝容阶两教习》，夏东元编《郑观应集》（下册），上海人民出版社，1988，第 1255 页。

根源在于日本社会制度的变化。像上述郑观应虽通过与船中日本人的交谈，知道明治维新以后，日本邮政有了很大的发展，而"我所未能"，但郑氏仍坚持"非日本果强于中国，但办事之留心与不留心耳"。从郑氏这一事例即可看出，其实中国洋务派们对明治维新的认识还停留在"用"的层次，对于"体"的变化还没认识到。有些洋务派官员虽然感觉到了日本制度的变化，但限于视域仍停留在"中学为体，西学为用"的层面，反而对日本制度的变革持否定的态度。故而1876年李鸿章与日本公使森有礼谈及日本维新时，认为"我对贵国近年来作出的几乎一切成绩都深为佩服，但有一件事我还不很理解，这就是你们把古老的民族服装改成欧洲式样……服装是激起对祖先的神圣回忆的事物之一，后代理应以崇敬的心情永远保持下去"，并接着表示"我国决不会进行这样的变革，只是军器、铁路、电信及其他器械是必要之物和西方最长之处，才不得不采之外国"。森有礼则对此加以反驳。[1] 李鸿章与森有礼的争论正表明了中日两国在学习西方上存在着层次的差异。后来李鸿章在不同场合多次表达了类似的看法。李鸿章这一意见也代表了晚清洋务派对于明治维新的基本取向，即肯定日本"用"的进步，否定其"体"的变革。

另一批在甲午战前理应比较了解日本明治维新的应是当时驻日或游日的东游者，但即便是这些亲临过日本的东游者如张斯桂、李筱圃等人，对于日本的明治维新还是有惊疑之处。像张斯桂评价日本"易服色"是"椎髻千年本色饶，沐猴底事诧今朝；改装笑拟皮蒙马，易服羞同尾续貂；优孟衣冠添话柄，匡庐面目断根苗；看他摘帽忙行礼，何似从前惯折腰"。[2] 1880年游日的李筱圃则仍认为日本明治维新"非但不能拒绝远人，且极力效用西法，国日以贫，聚敛苛急，民复讴思德川氏之深仁厚泽矣"，[3] 几乎就是陈其元看法的翻版。与张、李看

---

① 费正清编《剑桥中国晚清史》（下册），第399页。

② 张斯桂：《使东诗录》，钟叔河编《走向世界丛书：日本日记·甲午以前日本游记五种·扶桑日记·日本杂事诗》，第145页。

③ 李筱圃：《日本纪游》，钟叔河编《走向世界丛书：日本日记·甲午以前日本游记五种·扶桑日记·日本杂事诗》，第172页。

法类似的东游者在甲午以前并不算少。如另一东游者在其《日本琐志》中就将明治维新的"改历"看作日本"国计不能蒸蒸日上"的缘由，他推出此论断的逻辑在于"中国年历以月之盈亏推算，是为阴历。……泰西年历以日推算，是为阳历。东方属阳，前用中国年历，得阴阳调和之象。故（日本）朝代千余年未有更变，今行泰西年历，是亢阳也"，故而"其国计不能蒸蒸日上者，有自来矣"。① 《日本杂记》的作者也认为"日本今日之贫，固由于改效西法"。② 甚至到甲午战前夕，日本维新已大见成效后，作为驻日人员的郑孝胥仍对日本明治维新评价不高，甚至认为日本"学西法"是"天败之"。③ 唐才常的一则记载也显示其一位在日本待过六年的友人1892年谈到日本时，仍认为"日人愚哉，自维新以来，公私交困，国债累累，贫瘠日甚，用度日侈，工值昂价前数倍。子毋恐，弗数年，国必不支。吾中国若衅焉，胜之必"。④

　　他们之所以在见到日本明治维新的变化后仍作如此认识，一方面在于日本在明治维新的过程中的确出现过一些弊病，像被东游者指责比较多的——日本财政的困窘就确实存在。就连偏向肯定日本明治维新的何如璋也曾指出："日本国小而贫……国债逾二亿。去年萨乱（西南战争）民心不靖，复议减租，国用益绌。近复下令借民债一千二百万，而应者寥寥。所赖以敷衍者纸币耳。"⑤ 另一方面在于不少东游者仍持中国原有的天朝观看待日本，将其视为接受中国的教化之邦，故而看重的是日本沿袭中国的一面，当日本"改朔易服"、转向欧化，国人失落的心态自然导致了对这些变革的批评。但无论如何，即便是对明治维新评价极低的李筱圃也不能不承认日本明治维新后在工业、交通等方面的

---

①　《日本琐志》，《小方壶斋舆地丛钞第十帙（1~2）》，第671页。

②　《日本杂记》，《小方壶斋舆地丛钞第十帙（1~2）》，第765页。

③　郑孝胥著，劳祖德整理：《郑孝胥日记》（第1册），中华书局，1993，第261页。郑孝胥在其日记中对日本维新评价不高的记载还有不少，如：1892年8月10日记"日本变法以来，外观虽美而国事益坏"，1892年9月1日记"不堕日本变法之弊"，1892年10月24日记"岛族滔新法，宾僚局腐儒"等。

④　湖南省哲学社会科学研究所编《唐才常集》，中华书局，1980，第106页。

⑤　《何子峨来函》，《李鸿章全集》（第6册），第3097页。

进步。李筱圃坐了日本的"火轮车（火车）"就感叹"可为速矣"，观察日本机器纺纱后也承认"有此机器，则一人之工可当数十人，诚为巧捷"。① 像这样一些记载对于逐渐改变国人过去对日本的印象还是有一定作用的。

当然也有少数东游者，如黄遵宪等，对于日本的明治维新已有明确的认识，并意识到"中国必变从西法"以"如日本之自强"②，但在甲午之前有此认识的毕竟是少数。

总之，大多数国人在甲午战败以前，虽对日本明治维新有了一定的认知，看到了日本在实业方面的进步，但仍侧重在"器物"层面的感知，没有认识到日本制度的真正变化。

二 《日本国志》与《日本变政考》中的明治维新

甲午之后，中国人对日本维新的评价绝然改观。《日本国志》与《日本变政考》即反映了此时国人对明治维新的基本观感。

《日本国志》是由黄遵宪撰写的，虽成稿于 1887 年，却并没能马上付印，直到 1895 年，也就是甲午战后，才由羊城富文斋刊版，因而此书也可归为甲午后的著作。此书后来成为中国近代以来对日本研究最为系统的史学巨著。

黄遵宪，字公度，号人境庐主人等，广东嘉应州人。1877 年 1 月，黄遵宪以参赞之职随首任驻日大使何如璋赴日，开始了他与日本的直接接触。黄遵宪在日本前后四年，正是在此期间，诞生了撰写《日本国志》的念头。据黄遵宪自序，其写作《日本国志》的缘由有二：一是因为"古昔盛时已遣轮轩使者于四方，采其歌谣，询其风俗，又命小行人编之为书，俾外史氏掌之"，如今的参赞官"即古之小行人、外史氏之职也……若为之寮属者又不从事于采风俗，何以副朝廷咨询谋之意"，言外之意就是职责使然。二是基于当时"日本士夫类能谈中国之

---

① 李筱圃：《日本纪游》，钟叔河编《走向世界丛书：日本日记·甲午以前日本游记五种·扶桑日记·日本杂事诗》，第 166、176 页。
② 《己亥杂诗自注》，吴振清整理：《黄遵宪集》（上），天津人民出版社，2003，第 243 页。

书，考中国之事"，与此相对，中国人却仍视日本"若海外三神山，可望而不可即。若邹衍之谈九州，一似六合之外，荒诞不足议论也者"。正因为这两点，所以黄遵宪"居东二年，稍稍习其文，读其书，与其士大夫交游，遂发凡起例，创为《日本国志》一书"。① 但若通读全书，就会发现黄遵宪撰写此书，还有更深的含义，就是"借镜而观，导引国人，知所取法"，② 故而《日本国志》才会"详近略远，凡牵涉西法，尤加详备，期适用也"。③ 所以某种程度上，也可认为《日本国志》是一部日本明治维新史。④

其实黄遵宪对于明治维新的看法也有一个变化的过程，并非一开始就认同维新的。据其回忆：刚到日本时，"时值明治维新之始，百度草创，规模尚未大定，论者或谓日本外强中干"，再加上"余所交多旧学家，微言刺讥，咨嗟太息，充溢于吾耳"，因此来日初期"新旧同异之见，时露于诗中"；"及阅历日深，闻见之日拓，颇悉穷变通久之理。乃信其改从西法，革故取新，卓然能自树立"。⑤ 1902 年黄遵宪在给梁启超的信里也印证了这一说法："仆初抵日本，所与游者多旧学，多安井息轩之门。明治十二三年时，民权之说极盛，初闻颇惊怪。"⑥ 正是黄遵宪对明治维新看法的改变，使得其产生了借鉴日本的思想。正如他对何如璋所说："中国必变从西法。其变法也，或如日本之自强，或如埃及之被逼，或如印度之受辖，或如波兰之瓜分，则我不敢知。"⑦ 尽管黄遵宪此处很谨慎地用了"我不敢知"一语，但很显然就黄遵宪主观而言，是希望中国"如日本之自强"的。《日本国志》正是黄氏推动中国"如日本之自强"的具体手段。

《日本国志》从收集资料到最终完稿，历时十年，卷帙浩繁，"为

① 黄遵宪：《日本国志》（上），第 3~4 页。
② 黄遵楷：《先兄公度先生事实述略》，吴振清整理：《黄遵宪集》（下），第 807 页。
③ 《凡例》，黄遵宪：《日本国志》（上），第 7 页。
④ 这应该也是黄遵宪所期许的，如他自己就曾言道："草完明治维新史，吟到中华以外天。"［《奉命为美国三富兰西士果总领事留别日本诸君子》，吴振清整理：《黄遵宪集》（上），第 348 页。］
⑤ 《日本杂事诗自序》，吴振清整理：《黄遵宪集》（上），第 6 页。
⑥ 吴振清整理：《黄遵宪集》（下），第 491 页。
⑦ 《己亥杂诗自注》，吴振清整理：《黄遵宪集》（上），第 243 页。

类十二，为卷四十，都五十余万言"。① 具体分为国统志、邻交志、天文志、地理志、职官志、食货志、兵志、刑法志、学术志、礼俗志、物产志与工艺志，所记时间上自神武元年（公元前 660 年），下至明治十四年（1881 年），共二千五百余年，以"通志"体例介绍了日本政治、经济、文化与社会生活各个方面。虽说是"通志"，却正如其《凡例》所言"详今略古"，几乎每志明治维新以后的篇幅都占了一半以上。在《日本国志》中，黄遵宪还常借"外史氏曰"在志前、志后或志中发表自己的看法，其赞同维新的许多观点多集中于此。

《日本国志》对明治维新的记述与以前相比有了一个质的不同。首先，《日本国志》对明治维新做了全面的肯定，不仅肯定了"用"的层面，还直接肯定了"体"的转变。在《国统志》中，黄遵宪就指出"（日本）中兴之初，曾有万机决于公论之诏，百姓遂联名上书，请开国会而伸民权，而国家仅以迟迟有待约之……窃计十年之间，必开国会"。这其实就反映了明治维新后日本政体的一个变动。对于这个变动，黄遵宪认为是"时会所迫"，抱一乐观其成的态度。② 在私下，黄遵宪与日本友人笔谈时更坦承："君民共主之政体，实胜于寡人政治……拟吾国，如德国似可。"③ 对于日本府、县设议会制，黄遵宪认为是"以公国是而伸民权，意甚美也。"④ 由此可知，黄遵宪对明治维新从地方到中央政治制度的变革是持肯定态度的，这就大大突破了以前中国人对明治维新的肯定还仅限于"用"的层面。

其次，《日本国志》对明治维新的介绍是全方位、成系统的。在《日本国志》出现之前，中国还没有哪一部专著如此详细地介绍明治维新。故即便是对此书颇有微词的李鸿章也承认"（该书）于彼国改法从西，原委订证，尤为赅备"。⑤ 张之洞在比较《日本国志》与姚文栋的

---

① 薛福成：《日本国志序》，黄遵宪：《日本国志》（上），第 2 页。
② 《国统志一》，黄遵宪：《日本国志》（上），第 36 页。
③ 李庆编注：《东瀛遗墨——近代中日文化交流稀见史料辑注》，上海人民出版社，1999，第 35 页。
④ 《职官志二》，黄遵宪：《日本国志》（上），第 391 页。
⑤ 《李鸿章禀批》，黄遵宪：《日本国志》（下），第 1008 页。

《日本地理兵要》后，也认为"详备精核则姚不如黄"。① 后来读过《日本国志》的唐才常也谈道："近人所著《日本地理兵要》、《日本新政考》、《日本图经》，粲然大备，顾未一及其变法情形艰难万状。惟黄遵宪《日本国志》较他书详备。"② 由这些评论，可知《日本国志》对明治维新的介绍远远超过同期的甚至后来的同类著作。《日本国志》对明治维新的介绍，也是成系统的，从政治的变革到经济的举措，从兵制的改变到学术的转变，包罗各个层次，叙述也极为详尽。如《礼俗志》就下设 14 个子项，既包括朝廷、政府的祭祀庆典，又包括普通百姓的婚丧嫁娶，此外还有各种宗教，从而全面介绍了日本由古至今的风俗演变。

最后，《日本国志》基于对明治维新的肯定提出了向日本学习的观点，从而使国人对明治维新的认知达到了一个新的高度、新的层次。在此之前，对于明治维新持肯定态度的国人也并非没有，但都仅限于肯定而已，还没有由此转到学习日本的层面。如为《日本国志》作序的薛福成，早在 1879 年即认识到"日本仿行西法，颇能力排众议，凡火轮、舟车、电报及一切制造贸易之法，稍有规模"，这表明薛福成对日本明治维新已有所肯定，但他又指出中国仍有"慑伏日本之权"，即认为中国国力当时犹在日本之上。③ 应该说薛福成这一看法在甲午以前是比较典型的，既对日本明治维新有所肯定，又认为中国仍强于日本，故而还谈不上学习日本。《日本国志》则不但全面肯定了明治维新，更在字里行间渗透了向日本学习的暗示。如在论述日本兵制时，黄遵宪首先就指出"今日之事，苟欲禁暴戢兵，保大定功，安民和众丰财，非讲武不可矣"，接着又言"日本维新以来颇汲汲于武事，而其兵制多取法于德……海军则取法于英，故详著之"。④ 《日本国志》此处的特意"详著"，即是希望中国能向其学习。在《物产志一》中，黄遵宪也言道：

---

① 《张之洞咨文》，黄遵宪：《日本国志》（下），第 1009 页。
② 唐才常：《日本宽永以来大事述自叙》，湖南省哲学社会科学研究所编《唐才常集》，中华书局，1980，第 97 页。
③ 徐素华选注：《筹洋刍议——薛福成集》，辽宁人民出版社，1994，第 62～63 页。
④ 《兵志一》，黄遵宪：《日本国志》（下），第 534 页。

"日本维新以来，亦兢兢以殖产为务……有国家者能勿念诸。"① 这"有国家者"之意所指，相信黄氏及其预设的读者都是心如明镜的。表现更为明确的是在《学术志一》中，黄遵宪认为："（中国若）资于彼法以为之辅，以中土之才智，迟之数年即当远驾其上……吾一为之而收效无穷矣。"② 这几乎跟后来康有为所说"若以中国之广土众民，近采日本，三年而宏规成，五年而条理备，八年而成效举，十年而霸图定矣"如出一辙。③ 当然基于当时《日本国志》的成书环境，且最初黄遵宪还希望此书由官方出版，所以黄遵宪在书中还不能明确提出向日本学习，只能通过对明治维新的肯定，在其"外史氏曰"中隐晦地表达这种主张。对于此点李鸿章是有所察觉的，故而给予《日本国志》的禀批以负面意见居多。④

《日本国志》出版后，立即受到了各方的好评。薛福成称之为"此奇作也！数百年来鲜有为之者"。⑤ 梁启超也认为：读了此书后"乃今知日本，乃今知日本之所以强"，并称誉说"斯书乎岂可以史乎、史乎目之乎"，即此书的价值还不能仅以史书来判断。⑥ 直到数十年后，戴季陶仍认为：除了《日本国志》外，中国人几乎没有什么研究日本的专著。⑦ 由此可见《日本国志》在近代日本史研究中的重要。当然由于此书写作的下限只到明治十四年（1881 年），所以对于日本明治维新的记叙其实并不完全。后来梁启超东渡日本后就对《日本国志》的评价有所修正，认为仅据《日本国志》以了解日本明治维新"无异据明史以言今日"。⑧ 梁启超此言无疑太过，但也反映了《日本国志》的不足之处。

---

① 《物产志一》，黄遵宪：《日本国志》（下），第 918 页。

② 《学术志一》，黄遵宪：《日本国志》（下），第 803 页。

③ 《进呈日本明治变政考序》，汤志钧编《康有为政论集》（上），中华书局，1981，第 224 页。

④ 可参看李长莉《黄遵宪〈日本国志〉延迟行世原因解析》，《近代史研究》2006 年第 2 期。

⑤ 《日本国志序》，黄遵宪：《日本国志》（上），第 2 页。

⑥ 《日本国志后序》，黄遵宪：《日本国志》（下），第 1006～1007 页。

⑦ 戴季陶：《日本论》，九州出版社，2005，第 1 页。

⑧ 梁启超：《新民说》，《饮冰室合集·专集之四》，中华书局，1989，第 55 页。

　　与《日本国志》比较，《日本变政考》不但沿袭了《日本国志》对明治维新的肯定，更直接提倡以日本为榜样进行中国的维新运动。这主要是因为康有为基于中日"守旧之政俗俱同，开新之条理不异"的认识，认为只要学习日本，便可"按迹临摹，便成图样"，故而宣称"我朝变法，但采鉴日本，一切已足"。① 学习明治维新的取向十分明确。

　　《日本变政考》是康有为于1898年进呈给光绪帝的一部专门的明治维新史。该书缘起，据康有为自承是感于日本"治效之速，盖地球所未有"，而"旧日言日本事者，不详其次第变革之理，无以窥其先后更化之宜"，于是"乙未议和成，大搜日本群书。臣女同薇粗通东文，译而集成，阅今三年乃得见日本变法曲折次第"；写作此书目的即在于"中国变法，取而鉴之"。②

　　《日本变政考》是以编年体形式编撰的，"凡日本事，自明治元年至二十四年（实质上止于二十三年），共十二卷，更为《撮要》一卷、《政表》一卷附之，每日本一新政，皆借发一义于按语中"。③ 该书十五万字左右，其中康有为"借发一义"的按语及"注"、"序"、"跋"约占全书的将近四分之一。康有为夹杂在该书的按语主要是进一步说明行此新政之原因、意义及中国当如何取法。如明治八年日本"寻开警察寮"，康有为在按语中就评价道"日本变政开始，百事不行，及一设巡捕，而新政乃行，此亦我所宜采鉴也"。④ 明治十七年三月，日本设"制度取调局"，命伊藤博文参酌"制定宪章"，康有为就在按语中指出"变法全在定典章宪法，参采中外而斟酌其宜，草定章程，然后推行天下……我中国今欲大改法度，日本与我同文同俗，可采而用之。去其已经之弊，而得其最便之途。以日本向导不误，而后从之，其途至捷而无流弊。臣已尽采日本一切法制章程，待举而斟酌施行耳"。⑤ 也有中日

① 《日本变政考》，蒋贵麟主编《康南海先生遗著汇刊》第10册，宏业书局，1976，第2、335页。
② 《日本变政考序》，蒋贵麟主编《康南海先生遗著汇刊》第10册，第2页。
③ 《康南海自编年谱》，蒋贵麟主编《康南海先生遗著汇刊》第22册，第54页。
④ 《日本变政考》，蒋贵麟主编《康南海先生遗著汇刊》第10册，第173~174页。
⑤ 《日本变政考》，蒋贵麟主编《康南海先生遗著汇刊》第10册，第235页。

情况不同，不能适用的。如日本维新后不久，就大力开拓北海道，康有为就在按语中说明：这是因为"日地寡小"，但"吾内地，尚未经营，更何暇谋及荒服？此又情形之不同"。① 但不论是采用还是不采用，康有为在《日本变政考》中都记述得比较详细，在一些年份中甚至是逐日记载。特别是康有为在《日本变政考》中对"变法"有了一个有别于洋务运动的认识，明确指出"改定国宪"才是"变法之全体"，而以往的"购船置械，可谓之变器……设邮便，开矿务，可谓之变事矣……改官制，变选举，可谓之变政矣"。② 这实质上也指明了中国变法的总体目标。

正是通过此书，康有为向光绪展示了一个变法图强的日本：从明治元年日皇宣布五条誓文开始变法，到明治二十三年日本开国会，变法基本完成。日本明治二十三年的历史在康有为的笔下也就成为一部纯粹的变法史，故而康氏对明治年间的总体评价就是："日本变法二十四年，而后宪法大成，民气大和，人士知学，上下情通。而后议院立，礼乐莘莘，其君亦日益尊，其国日益安，此日本变法已成之效也。"③

需要指出的是，康有为除了以《日本变政考》作为中国变法的借鉴外，还有借此书来宣扬自己对中国变法的主张和设想的企图，所以在书中也出现了为了附和自己的主张而不惜篡改史实的地方。最明显的就是将日皇宣布五条誓文的时间由庆应四年三月十四日改为明治元年的正月元日，并将誓文次序及内容都做了一定程度的调整。④ 这在一定程度上损害了其作为史学著述的价值，但并不影响其在戊戌变法中所发挥的独特作用。事实上，康有为本人也并不以史著来看待此书，而是将其视为中国实施变法的一个大纲，所以他才会说"凡中国变法之曲折条理，

---

① 《日本变政考》，蒋贵麟主编《康南海先生遗著汇刊》第 10 册，第 13 页。
② 《日本变政考》，蒋贵麟主编《康南海先生遗著汇刊》第 10 册，第 187 页。
③ 《日本变政考》，蒋贵麟主编《康南海先生遗著汇刊》第 10 册，第 335 页。
④ 关于康有为在《日本变政考》中对史实的篡改，可参看吕万和、吕景琳的《关于康有为的〈日本变政考〉》（《历史教学》1980 年第 6 期）和村田雄二郎的《康有为的日本研究及其特点——〈日本变政考〉〈日本书目志〉管见》（《近代史研究》1993 年第 1 期）。

无不借此书发之"。①

《日本变政考》在近代除了呈递给光绪帝外，并没有对外刊印，但对戊戌维新却产生了巨大的影响。据康有为自称："新政之旨有自上特出者，每一旨下，多出奏折之外，枢臣及朝士皆茫然不知所自来，于是疑上谕皆我所议拟，然本朝安有是事？唯间日进书，上采按语以为谕旨。"② 梁启超也指出："新政来源，真可谓全出我辈。大约南海先生所进《大彼得变政记》、《日本变政记》两书，日日流览，因摩出电力，遂于前月十二间有催总署议复条陈制度局之议。"③ 此说证诸史实，也确有吻合之处。④

自《日本国志》、《日本变政考》后，中国人所著所译的日本维新史著作也大体沿着黄、康二人学习日本的观点，以赞同维新作为共同的价值判断；甚至此种明治维新的叙述也进入了清末教科书中。如丁宝书的《蒙学中国历史教科书》中对明治维新的记载就是："明治维新以后，臣民咸师西法，而其国势亦日有进步。"⑤

正是基于此种明治维新观，日本既成为中国维新派人士论证中国必须实行维新变法的最有力的论据，也成为中国维新变法的榜样。如梁启超在《论不变法之害》中就以印度与日本为例："印度大地最古之国也，守旧不变，夷为英藩矣。……今夫日本幕府专政，诸藩力征，受俄德美大创，国几不国，自明治维新，改弦更张，不三十年，而夺我琉球，割我台湾也。"⑥ 两相对比，来论证中国必须变法。在《论师范》、《论女学》、《论译书》等篇中，梁启超则又将日本作为中国学习的榜样。另一维新人士宋恕在鼓动中国变法时，也以日本为例，认为日本一经维新即可"与俄、英争亚洲之牛耳，兹非最近之明验？"同时又认为

① 《康南海自编年谱》，蒋贵麟主编《康南海先生遗著汇刊》第 22 册，第 54 页。
② 《康南海自编年谱》，蒋贵麟主编《康南海先生遗著汇刊》第 22 册，第 54 页。
③ 丁文江、赵丰田编《梁启超年谱长编》，上海人民出版社，1983，第 121～122 页。
④ 关于百日维新时光绪上谕与《日本变政考》的关联，可参看陈华新的《康有为与〈日本变政考〉的几个问题》，载《论戊戌维新运动及康有为、梁启超》，广东人民出版社，1985，第 277～281 页。
⑤ 丁宝书：《蒙学中国历史教科书》，文明书局，1906，第 66 页。
⑥ 梁启超：《论不变法之害》，《饮冰室合集·文集之一》，第 2～3 页。

"西制骤难全用，日本同文同教，章程概可仿行"。① 从宋恕此言也可看出日本在中国维新话语中的双重作用。

三 从个体主张到政府决策的学习日本

提倡在中国实行变法，在甲午以前即已有之，但当时主要学习的对象是欧美各国。王韬较早就指出：近代以来，"欧洲诸邦，亦渐由印度而南洋，由南洋而东粤"，形成了"合地球东西南朔九万里之遥，胥聚之于一中国之中，此古今之创事，天地之变局"，在此"变局"中中国要"转祸而为福，变弱而为强"只有"一变而已"。② 王韬还专门撰写了《论变法》一文，进一步阐述中国该如何变。在他看来，"至今日而欲办天下事，必自欧洲始，以欧洲诸大国为富强之纲领，制作之枢纽，舍此无以师其长而成一变之道"。③ 换言之，其效法的对象是"欧洲诸大国"。与王韬一样持此类变法观的，在甲午战前还有不少。如薛福成也指出，"今诚取西人器数之学，以卫吾尧、舜、禹、汤、文、武、周、孔之道，俾西人不敢蔑视中华。吾知尧、舜、禹、汤、文、武、周、孔复生，未始不有事乎此"。④ 冯桂芬在《校邠庐抗议》中也认为：今日中国欲"更善"就应该"鉴诸国"。冯氏所言的"鉴诸国"就是"以中国之伦常名教为原本，辅以诸国富之术"。⑤ 尽管各人变法的具体内容、方案不一，但都以西方作为效法对象，这应是一个共识。

甲午战后，中国人重新审视日本，才开始有了转向学习日本的动议。蔡尔康在甲午战败后即提出了"诚使急为改图，效法日本如孔子师郯子故事"。⑥ 宋恕在 1896 年更宣称要"仿行敌国之成法"、"师东方

① 宋恕：《代陈侍御请广学校摺》，胡珠生编《宋恕集》（上册），中华书局，1993，第 250～251 页。
② 王韬：《答强弱论》，《弢园文录外编》，上海书店，2002，第 167 页。
③ 王韬：《变法中》，《弢园文录外编》，第 11 页。
④ 薛福成：《筹洋刍议·变法》，徐素华选注：《筹洋刍议——薛福成集》，辽宁人民出版社，1994，第 90 页。
⑤ 冯桂芬著《校邠庐抗议》，戴扬本评注，中州古籍出版社，1998，第 211 页。
⑥ 转引自王尔敏《中国近代思想史论》，社会科学文献出版社，2003，第 334 页。

强邻之新"，并具体建议："出使（日本）大臣"应"照会彼国外务省，查取文部省大中小学校缕细章程奏呈御览"，然后由皇上"发交户、礼二部，咨行各将军、督抚、府尹立依原数筹费仿行，则自强之基于是乎树，一切善政逐渐可兴，十年之后其可以洗今日之耻矣！"① 但1898年以前效法日本更多只是个别的主张，即便是后来仿日维新的主要倡导者——康有为，也是到了1898年才正式向光绪上书要求学习日本的。

康有为最早注意日本，据其自称是"在圣明御极之时，琉球被灭之际，臣有乡人，商于日本，携示书目，臣托购求，且读且骇，知其变政之勇猛，而成效之已著也"。② 但对于此段记述，已有学者指出不可信，因在其自订年谱中记载：光绪五年（1876年）康有为才"得《西国近事汇编》、李□（圭）《环游地球新录》及西书数种览之。薄游香港，览西人宫室之瑰丽，道路之整洁，巡捕之严密，乃始知西人治国有法度，不得以古旧之夷狄视之。乃复阅《海国图志》、《瀛寰志略》等书，购地球图，渐收西学之书，为讲西学之基矣"。③ 所以康有为接触日本，应是这以后的事。康有为的弟子陆乃翔等人所撰的《南海先生传》则记载："先生于二十八岁（1885年）时，先得日本书而读，知其变法有效，乃欲译日本书以悟国人。"④ 康有为究竟何时才注意到日本，暂且不论，但至少在1887年以前，其对日本的评价不会太高。其写于1886～1887年间的《地势编》就仍以为："以日本为天山、金山之余气出，既后矣，气既薄矣，不能复生圣人，而江河二川长驱东驶，有飞渡之势，水流所趋，染荡自致，此日本所以用中学也。"⑤ 不过到1888年康有为第一次上书时，其对日本的认识应该已有所深入，看到

① 宋恕：《代陈侍御请广学校摺》，胡珠生编《宋恕集》（上册），第247、251页。
② 《进呈日本明治变政考序》，汤志钧编《康有为政论集》（上册），中华书局，1981，第224页。
③ 《康南海自编年谱》，蒋贵麟主编《康南海先生遗著汇刊》第22册，第11页。
④ 陆乃翔等：《南海先生传》，夏晓虹编《追忆康有为》，中国广播电视出版社，1996，第44页。
⑤ 康有为：《地势编》，上海市文物保管委员会编《戊戌变法前后——康有为遗稿》，上海人民出版社，1986，第24～25页。

了"日本虽小，然其君臣自改纪后，日夜谋我，内治兵饷，外购铁舰，大小已三十艘"。但此时康有为还主要是将日本看作中国的一个外患，还没有效法日本的意思，且在此次上书中所言的"变法"主要是"变成法"，强调的是"旧法之害"。对于采用什么新法，康有为只是很笼统地言之为"酌古今之宜，求事理之实，变通尽利，裁制厥中"，并没有什么具体的内容。①

康有为上清帝的第二书、第三书及第四书都集中在甲午战后的1895 年，前后相继，有一定关联。其中第二书就是"公车上书"，第三书同第二书在内容上有一定重复，如其自称"乃上拒和论而增末节"②，第四书则是因为"前书仅言通变之方，未发体要及先后缓急之宜"，所以"再竭愚诚，为我皇上陈之"③。从内容看，因为当时中国刚刚被日本打败，并被迫签订了《马关条约》，所以这三次上书都具有直接应对的色彩。康有为《上清帝第二书》主要提出了"下诏鼓天下之气，迁都定天下之本，练兵强天下之势，变法成天下之治"四条④，其中"变法"是指实行富国、养民、教士的一些措施，第三书主要增加了治兵一项，但具体涉及的内容并不限于此，也不像其自称的那样只是"通变之方"。如在第二书中，康有为即提出"伏乞特诏颁行海内，令士民公举博古今、通中外、明政体、方正直言之士，略分府县，约十万户，而举一人，不论已仕未仕，皆得充选，因用汉制，名曰议郎。……并准其随时请对，上驳诏书，下达民词。凡内外兴革大政，筹饷事宜，皆令会议于太和门，三占从二，下部施行。所有人员，岁一更换"，这已与西方所设议会相仿。⑤康有为所上第四书更是"言变法次第曲折之故，凡万余言，尤详尽矣"。⑥不过尽管康有为在这三次上书中都有"俄日能变法，遂威行东方，是皆前车，可为近鉴"的类似表述，⑦但主要仍

① 《上清帝第一书》，汤志钧编《康有为政论集》（上册），第53～59 页。
② 《康南海自编年谱》，蒋贵麟主编《康南海先生遗著汇刊》第22 册，第32 页。
③ 《上清帝第四书》，汤志钧编《康有为政论集》（上册），第149 页。
④ 《上清帝第二书》，汤志钧编《康有为政论集》（上册），第116 页。
⑤ 《上清帝第二书》，汤志钧编《康有为政论集》（上册），第135 页。
⑥ 《康南海自编年谱》，蒋贵麟主编《康南海先生遗著汇刊》第22 册，第32 页。
⑦ 《上清帝第二书》，汤志钧编《康有为政论集》（上册），第136 页。

是将日本明治维新后的进步作为提倡中国变法的一个例证，是变法的
"明效大验"，还没有学习日本变法之意。这可能也与当时中国新败，
不可能即刻以敌为师有关，当时占舆论主流的应是联俄制日，此点详
后。

到了第五次上书，康有为才正式提出了"以俄国大彼得之心为心
法，以日本明治之政为政法"的变法模式。康有为认为"日本地势近
我，政俗同我，成效最速，条理尤详，取而用之，尤易措手"，并表示
"职尚有《日本变政考》，专明日本变政之次第，若承垂采，当写进
呈"。① 在此，康有为通过上书的方式正式提请光绪学习日本、推行变
法。在第六次上书与第七次上书中，康有为则分别叙述了"政法"与
"心法"。其中康有为在第六次上书中还具体提议光绪仿照日本明治维
新："诏定国是"，设"上书处"与"制度局"，并如"日本之变法也，
先行纸币，立银行"。②

由此可知，康有为在前四次上书中，还没有明确提出仿日维新，
只是到了第五次上书后才提起以日本作为主要的效法对象之一。当然
就康有为个人思想而言，这一转变是在 1898 年以前就完成了，至少
到他编订《日本书目志》时已经将日本作为一个效法对象了，故而他
在《日本书目志》中言及"大地之中，变法而骤强者，惟俄与日也。
俄远而治效不著，文字不同也，吾今取之至近之日本，察其变法之条
理先后，则吾之治效，可三年而成，尤为捷疾也"。③ 同康有为一起有
这一转向的维新派人士，还有不少。如梁启超 1896 年时也说"近师日
本，以考其通便之所由"。④ 尽管梁氏之言主要针对农会而言，但也正
反映了其自身旨趣的变化。同期，唐才常也主张："若夫亲王大臣出
洋学习俄、日，以建维新之治，尤为今日策时第一义。"⑤ 此一阶段维
新派译书重点的转移也印证了这一趋向。1895 年上海强学会成立，以

---

① 《上清帝第五书》，汤志钧编《康有为政论集》（上册），第 208 页。
② 《上清帝第六书》，汤志钧编《康有为政论集》（上册），第 216、217 页。
③ 梁启超：《读〈日本书目志〉书后》，《饮冰室合集·文集之二》，第 53~54 页。
④ 梁启超：《农会报序》，《饮冰室合集·文集之一》，第 131 页。
⑤ 唐才常：《学新法须有次第不可太骤说》，湖南省哲学社会科学研究所编《唐才常
　集》，第 29 页。

"译印图书"、"开大书藏"等作为自己的主要活动，"译印图书"是为了"讲求西学之法"，"欲令天下士人皆通西学"，"开大书藏"也以"西人政教"作为收藏的重点之一。① 但到 1897 年上海大同译书局成立时，已是"以东文为主，而辅以西文"，② 译书重点已悄然发生变。巧合的是，浙江的王式通此时也与蔡元培商量，打算开一间"东文书馆"。③

就清政府而言，甲午战后未始没有推动变法的举动。梁启超 1895 年就观察到"惟日来此间（北京）颇有新政，上每言及国耻，辄顿足流涕，常熟亦日言变法"，但旋即"又束阁矣"。④ 直到德国强占胶州湾、俄国强租旅顺和大连后，变法的呼声才又日益高涨。

1897 年德国强占胶州湾，康有为由沪赴京，于十一月再次上书，即《上清帝第五次书》。尽管这次上书并没有送达到光绪案前，"然京师一时传抄，海上刊刻，诸大臣士人共见之，莫不嗟悚。有给事中高燮曾者，见其书，叹其忠，乃抗疏荐之，请皇上召见"。于是光绪帝在 1898 年 1 月 24 日命"王大臣延康有为于总署，询问天下大计变法之宜。并令如有所见，及有著述论政治者，可由总署进呈"。⑤ 由此康有为仿日维新的主张才得以直接上达光绪，并"进呈《日本变政考》及《俄彼得变政记》"⑥。光绪受《日本变政考》影响，决心仿日维新，于同年 6 月 11 日下诏"明定国是"，开始了百日维新。应该说，百日维新从一开始就是按照日本明治维新的步骤进行的。康有为曾将日本明治维新的关键总结为"一曰大誓群臣以定国是，二曰立对策所以征贤才，三曰开制度局而定宪法"。颁布"明定国是"诏即是光绪对第一点的具体执行。后来光绪颁布的变法上谕都或多或少有着模仿日本明治维新的痕迹。对于此点，不但当时在华的日本人观察得特别清楚，认为"清国维新方针，

---

① 《上海强学会章程》，汤志钧编《康有为政论集》（上），第 173～174 页。
② 丁文江、赵丰田编《梁启超年谱长编》，上海人民出版社，1983，第 71 页。
③ 中国蔡元培研究会编《蔡元培全集》（第 15 卷），浙江教育出版社，1998，第 149 页。
④ 丁文江、赵丰田编《梁启超年谱长编》，第 39～40 页。
⑤ 梁启超：《戊戌政变记》，《饮冰室合集·专集之一》，第 10 页。
⑥ 《康南海自编年谱》，蒋贵麟主编《康南海先生遗著汇刊》第 22 册，第 43 页。

不但大体根据我国，特别是教育一切都仿效我国制度"，① 就是反对变法的守旧人士也意识到"（康有为）事事时时以师法日本为长策"。②

　　虽然戊戌变法最终以失败而结束，但肯定明治维新而学习日本的思潮却蔚为大观，成为朝野一致努力的方向，特别是在晚清新政中更被沿袭了下来。③ 清政府不但直接派遣留日学生与游日官员，东游取经；更邀请或聘请日本教习与顾问，直接参与新政的实施指导。除了这些外，中国更通过大量的日译书籍，来获得源源不断的新学知识。正是通过这些日译书，新思想、新概念以及大量的日本词语进入中国人的知识结构中，为近代中国知识转型提供了必要的养分。由此学习日本也由个体主张成为晚清政府的重要决策，维新派的倡导在这一转变当中起到了重要的作用。

　　需要说明的是，中国学习日本更多的是试图通过日本学习西方，并将此看成是中国学习西方的一个捷径。唐才常就曾指出"日人学术，所得于欧、美者，不过十之七八"，但"譬有百里之路于此，日人已行其八九十里，中人则自半途为其所携而赴之，非独免旁皇歧路之惑，抑且收驾轻就熟之功"。④ 由此可以看出唐才常学习日本更为看重的是可收"驾轻就熟之功"，并不只是"日人学术"自身。即便是提倡国人游学日本的张之洞在历数"游学之国，西洋不如东洋"后，也不忘添上一句"若自欲求精求备，再赴西洋有何不可"。⑤ 言外之意，游学日本只是中国学习西方的一个跳板。对于此点，留学日本者更是心领神会。有过留日经历的任鸿隽就观察到："当前清末年，留学之风盛行，然留学东京者每不以为满足，而必以远历欧西为鹄的。"⑥ 但不论中国人对

---

① 转引自任达著《新政革命与日本——中国，1898～1912》，李仲贤译，江苏人民出版社，1998，第 37 页。

② 文悌：《严参康有为折稿》，中国史学会编《戊戌变法》第 2 册，上海人民出版社，1957，第 484 页

③ 关于晚清新政对于日本的学习，具体可参看任达著《新政革命与日本——中国，1898～1912》，李仲贤译，江苏人民出版社，1998。

④ 唐才常：《日人实心保华论》，湖南省哲学社会科学研究所编《唐才常集》，第 194 页。

⑤ 张之洞：《劝学篇》，上海书店，2002，第 39 页。

⑥ 任鸿隽著，樊洪业、张久春选编《科学救国之梦——任鸿隽文存》，上海科技教育出版社、上海科学技术出版社，2002，第 682 页。

学习日本有何考虑，毕竟在戊戌变法后，日本成为中国上下主要的学习对象，直到"二十一条"提出后才转向"以欧美为榜样"。

第二节　同文同种下的"中日联盟"

西方列强在打破中日两国的锁国体制后，也将中日两国卷入了世界的万国体系中。从此中日的互动关联，往往又与世界局势的变动联系在一起。而且与西方列强不同的是，日本对于中国而言可谓是一旧识。长期的文化关联与贸易往来，加上文字、器物、体貌的类似，使得中日两国人有一种天然的亲切感。近代同受制于西力东侵的类似遭遇，又使得中日两国有了同盟以对抗外力的政治需求，故而"中日联盟"一度成为中国的一个战略方针。

一　西力东侵与《中日修好条规》的签订

在近代以前，中国长期以"天朝上国"的姿态居于东亚朝贡体系的最顶端，但 1840 年的鸦片战争改变了这一传统的东亚格局，使得中国突然暴露在万国的包围中。其实西方来华由来已久，只是当时的中国仍处于领先的地位，故而将其误认为同周边来朝的诸藩一样，无所差异。最典型的就是马嘎尔尼使华就被乾隆理解为英国来朝，而编修于乾隆朝的《皇清职供图》也堂而皇之地将西洋各国都附列于朝贡国当中。但鸦片战争后，西方各国以武力为后盾，强行打开了中国的国门，迫使中国签订了一系列不平等条约，使得中外局势为之一变。应该说还在鸦片战前，伴随着来华通商的西方人增多，已有人意识到了这可能给中国带来危害。包世臣就提到，他的朋友萧枚生在鸦片战前即已指出"（西方各国）十年之后，患必中于江、浙，恐前明倭祸，复见于今日"。[①]事实上，鸦片战争所带来的危害可能更大于"倭祸"，因为这只是西方各国侵略中国的开始，自此之后，西方对中国侵略的程度日益加深，由

---

① 包世臣：《答萧枚生书》，中国史学会编《鸦片战争》第 4 册，神州国光社，1954，第 461 页。

沿海而至内地，由地方而至京师，咄咄逼人。

到第二次鸦片战争时，身处中外交涉旋涡的奕䜣就切身感受到了这一西力东侵所带来的巨大压力，认识到"今日外国逼近于中国都城，而又滨海沿江要害之区，节节盘踞，实为创局"。① 另一洋务重臣李鸿章也意识到了当时侵华的西方各国与历代边患的差异，指出"历代备边多在西北，其强弱之势，客主之形，皆适相埒。且犹有中外界限。今则东南海疆万余里，各国通商传教，来往自如，麇集京师及各省腹地，阳托和好之名，阴怀吞噬之计，一国生事，诸国构煽，实为数千年来未有之变局"，而且西方各国都船坚炮利，"水陆关隘不足限制，又为数千年来未有之强敌"。② 由这两个"数千年来未有"可见李氏对西力东侵感触至深。不但身处朝局中人感受到了西力东侵的压力，就是身在局外的冯桂芬也观察到"观于今日，夷患不已"，并认为"今日之以广运万里地球中第一大国（中国）而受制于小夷"是"有天地开辟以来未有之奇愤"。③ 同期有类似表述的士人还有不少，应该说在第二次鸦片战争之后，朝野上下都意识到了西力东侵给中国所带来的千古变局。④

当然对于这一西力东侵给中国带来的影响，各人因为观察角度不一，所以褒贬各异。王韬即认为"天之聚数十西国于中国，正欲强中国"。⑤ 后来陈炽也认为"西人之通中国也，天为之也，天与中国以复古之机，维新之治，大一统之端倪也"。⑥ 王韬等人之所以做如此判断，主要是看到了西力东侵给中国带来的学习西方、进行变革的机遇。但就中国安全而言，西力东侵带来的更多是一种威胁、挑战。正如丁日昌所

① 沈云龙编《近代中国史料丛刊》第 62 辑，《同治朝筹办夷务始末》卷 50，第 4811 页。
② 李鸿章：《筹议海防折》，《李鸿章全集》第 2 册，第 825 页。
③ 冯桂芬著《校邠庐抗议》，戴扬本评注，第 68、197 页。
④ 关于中国人对近代变局的认识可参看王尔敏的《中国近代思想史论》（社会科学文献出版社，2003），第 325～339 页。
⑤ 王韬：《代上苏抚李宫保书》，汪北平、刘林编校《弢园尺牍》，中华书局，1959，第 80 页。
⑥ 陈炽：《〈盛世危言〉陈序》，郑观应著，陈志良选注《盛世危言》，辽宁人民出版社，1994，第 8 页。

指出的那样：西力东侵后，"法国占据安南之胥江及南天省，既与我广西、云南、贵州之边境毗连；英国占据五印度，既与我云贵、四川之边境毗连；俄国染指新疆，联络回部，已与我甘肃、陕西之边境毗连；其占据黑龙江以北者，又且与我盛京等处边境毗连。至东南七省之逼近海洋，为洋舶所可朝发夕至者，又无论已"，中国实已处在西方列强的"处处环伺"之下，而其目的"志在鲸吞"。① 面对这一西力东侵的巨大威胁，冯桂芬甚至认为"今国家以夷务为第一要政，而剿贼次之"，即外患甚于内忧。② 近代的历史进程也确如丁、冯所观察到的，从第一次鸦片战争开始，英、法、俄等国多次发动入侵中国的战争，直接威胁到了中国的领土与主权。在此局面下，不但中国的"藩属"相继沦为了西方列强的殖民地，直接动摇了中国的"宗藩体制"，就是中国自身也感到难以招架。

与此同时，中国邻邦——日本也受到了西力东侵的威胁，在欧美各国的逼迫下被迫打开国门，并先后签订了一系列不平等条约。日本同中国一样都面临着沦为西方殖民地的威胁。在这样的背景下，日本于1870 年遣使来华，要求订约建交。这使得中国有了与日结盟以对抗西方的念想。

日本在1870 年以前，其实已多次试图与中国建立正式的通商关系，但都没得到清政府的正面回应。③ 明治政府成立后于1870 年又派出外务权大丞柳原前光、外务权少丞藤原义质、文书权正郑永宁等人来华，要求订约通商。但柳原前光来华之时恰好是天津教案交涉正激烈的时候，因此对于日本使团的来意，清政府是存在顾虑的，所以最初总理衙门的意见是：一方面坚决阻止日本使者进京，一方面同意通商，但不允

---

① 丁日昌、李鸿章：《海防要览》（上册），清光绪十年敦怀书屋刻本，第 2 页。
② 冯桂芬著《校邠庐抗议》，戴扬本评注，第 205 页。
③ 据奕䜣回顾："日本国于同治元年（1862），即搭坐荷兰商船，来上海贸易，借口中国商人，曾在该国采办铜斤，欲援上海无约小国章程，在沪通商，设领事官。三年（1864）四月，又以英领事巴夏礼为介，携带货物来沪贸易。七年（1868）三月，又准英领事温思达，函送日本托带文书一匣，大意仍求通商。是该国与中国通商，已非一日。"（沈云龙编《近代中国史料丛刊》第 62 辑，《同治朝筹办夷务始末》卷77，第 7130~7131 页），所以在 1870 年以前，日本至少有三次试图与中国建立通商关系。

立约。① 这跟柳原前光等人重在立约的本意相去甚远。尽管总理衙门已于 10 月 3 日回复了一个"不必更立条约"的照会，但柳原前光等人仍滞留天津，积极游说时任直隶总督的李鸿章和当时在京的两江总督曾国藩，以"促使中国方面觉悟"。② 经过柳原前光等人的活动，李鸿章、曾国藩都转而支持同日本立约，从而使得中日交涉有了转机。总理衙门接受了李鸿章等人的意见，于 10 月 31 日正式照会柳原前光同意日本"特派大臣到津，中国自当奏请钦派大臣，会议章程，明定条约"。③ 次年日本任命伊达宗城为钦差全权代表，来中国展开议约谈判。当时中国方面是以李鸿章作为全权大臣，负责办理"日本通商事宜"。经过一个多月的谈判，中日双方签订了《中日修好条规》及《中日通商章程》，中日两国由此正式建交。

　　清政府在这一中日交涉过程中之所以最终同意与日订约，主要是基于与日结盟以对抗西方的设想。柳原前光打动李鸿章与曾国藩的也是此点。柳原前光等人至天津后就分别拜见了李鸿章与曾国藩，力言"当今欧洲诸国势力，方以压力加诸中日两国之际，两国迫于时势，实有迅速同心协力的必要"，从而使得"李、曾二人都大为动心，遂允愿为斡旋"。④ 李鸿章在柳原前光拜见后的第二天即上书总理衙门，内称"（日本）以英法美诸国强逼该国通商，伊国君民受其欺负，心怀不服，而力难独抗"，故而希望与中国"宜先通好，以冀同心协力"；李鸿章建议"（中国）正可联为外援，勿使西人倚为外府"。⑤ 但总理衙门并未接受其意见，反而认为"不允立约，可无要挟之强"，因此作出了拒绝立约的决定。⑥ 李鸿章显然并不赞同总理衙门的这一做法，因而联络三口大臣成林再次致函总理衙门，指出"日本求约之意，已非一日……

---

① 沈云龙编《近代中国史料丛刊》第 62 辑，《同治朝筹办夷务始末》卷 77，第 7131 ~ 7133 页。

② 东亚同文会编《对华回忆录》，胡锡年译，第 29 页。

③ 沈云龙编《近代中国史料丛刊》第 62 辑，《同治朝筹办夷务始末》卷 78，第 7199 页。

④ 东亚同文会编《对华回忆录》，胡锡年译，第 29 页。

⑤ 李鸿章：《论天津教案》，《李鸿章全集》第 6 册，第 2913 页。

⑥ 沈云龙编《近代中国史料丛刊》第 62 辑，《同治朝筹办夷务始末》卷 77，第 7133 页。

今该差官等意坚词婉，势难再拒"，并分析道："此时坚拒（日本）所请，异日该国复挽英法为介绍，彼时不允则饶舌不休，允之则反为示弱。在彼转声势相联，在我反牢笼失策。与其将来必允，不如此时即明示允意，以安其心。"① 正是在李鸿章等人的一再劝说下，总理衙门才改变了对日态度，同意与日本订约。

尽管总理衙门已同意与日订约，但清政府内部对此还有分歧。安徽巡抚英翰就上奏反对同日本订约。他所持的理由有二：一是日本即明代的倭寇，若"一经纵入腹地，是于英法之外，又添一大患"；二是"海外向未通商之国，如日本者指不胜屈"，如答应了同日本订约，"以后臣服诸国，皆欲援例以求，接踵而至，实于大局有碍"。② 对于英翰这一说法，李鸿章与曾国藩都表示不予赞同。李鸿章一方面指出此时的日本不同于明时的倭寇，已"安心向化"了，因为"庚申、辛酉后，苏浙糜烂，西人胁迫，日本不于此时乘机内寇，又未乘机要求立约"；另一方面认为同日本订约，不但可以"设法联络牵制之，可冀消弭后患，永远相安"，③ 而且"将来情谊日密，耦俱无猜，一旦西国有变，不致为彼族勾结，且可联东方形势"。④ 其实李鸿章更看重的是这后一方面。还在1865年，上海道应宝时向李鸿章报告日本人来华通商时，李鸿章就表示"日本来中国通商乃意中事，中国已开关纳客，无论远近强弱之客均要接待，无例可以拒阻，然未始不为西洋多树一敌"。⑤ 李氏此言实已看到了日本同西方也有冲突的一面。故而当日本要求订约时，他自然而然有了联络日本以对抗西方的设想。对于李鸿章的此种订约企图，不少政府中人也有觉察，赞其为"以东制西"。⑥ 正是在这"可联为外援，勿使西人倚为外府"的思想主导下，由李鸿章负责签订的

---

① 沈云龙编《近代中国史料丛刊》第62辑，《同治朝筹办夷务始末》卷78，第7133页。
② 沈云龙编《近代中国史料丛刊》第62辑，《同治朝筹办夷务始末》卷79，第7252～7254页。
③ 李鸿章：《遵议日本通商事宜片》，《李鸿章全集》第2册，第600页。
④ 李鸿章：《议日本换约》，《李鸿章全集》第6册，第2916～2917页。
⑤ 李鸿章：《致应敏斋观察》，《李鸿章全集》第5册，第2493页。
⑥ 李鸿章：《复王补帆中丞》，《李鸿章全集》第5册，第2591页。

《中日修好条规》中的第二条即："两国既经通好，自必互相关切。若他国偶有不公及轻藐之事，一经知照，必须彼此相助，或从中善为调处，以敦友谊。"①

当然就日本而言，它虽也以中日"同心协力"为说辞，但显然其订约目的并不在此。明治政府成立后不久，日本天皇就颁布了《安抚万民之亲笔诏书》，强调今后放弃攘夷；把"拓万里之波涛，扬国威于四方"作为国家的方针。② 其国策的转向，使得朝鲜成为其最初"扬国威于四方"的主要侵略对象。还在 1869 年初，木户孝允就提出了"征韩"论，认为"可借以确立皇国之国体，以今日宇内之情势推之，在东洋大发光辉，当以此为始"。③ 但当时限于日本的国力，主要还是采取外交的手段，试图同朝鲜"修好"邦交。1869 年 1 月 23 日，奉命同朝鲜修复邦交的对马藩主致信朝鲜政府，表达了日本"修好"的意图。但因信件格式违反前例，朝鲜政府拒绝接受，日朝交涉陷于困局。为解决朝鲜问题，日本外务省提出了一个"向支那方面寻求旧盟，如获成功，则朝鲜问题当无棘手可言"的解决方案。当时日本的算盘是：利用清朝与朝鲜的前近代宗属关系，日本先向清朝派出使节缔结修好条约，如能与清朝建立平等关系，即可位居朝鲜之上，朝鲜就可能接受日本的建立邦交的要求，如果朝鲜不从，再"议及和战问题"。④ 正是在这一背景下日本派遣柳原前光等来华议约。换言之，日本来华议约旨在解决朝鲜问题，所谓的"冀同心合力"只是托词而已。

正因中日订约的出发点不同，中日两国对于《中日修好条规》的期望存在极大的差距。中国试图通过条约确立中日联盟的关系，所以不但将类似中日同盟的条款记入了条规中，而且在条规拟定时也并"不沿袭泰西各国旧套"，以"别开生面"。日本则试图通过条约建立与中国对等的关系甚至取得高于中国的地位，故而在条约谈判中，所争最为

---

① 王铁崖编《中外旧约章汇编》第 1 册，第 317 页。
② 信夫清三郎：《日本外交史》（上册），第 131 页。
③ 东亚同文会编《对华回忆录》，胡锡年译，第 10 页。
④ 信夫清三郎：《日本外交史》（上册），第 131、132 页。

激烈的：一是"条约开首必欲我皇帝与该国天皇并称，章程内载两国国号必欲清国与日本并称"；二是"仿照西约一体均沾"。① 但因为此次订约是日本有求于中国，"中国非有所希冀欲与贵国立约也"，所以在李鸿章的坚持下，大体按照中国的意见定稿。日本政府虽企图事后改约，但都被李鸿章严词拒绝。

需要指出的是，尽管《中日修好条规》大体是按中国的意图拟定的，但中国企图建立中日同盟的目的并没能实现。日本在《中日修好条规》还没签订时，针对中日两国将订立攻守同盟的言论就特意发表了一个声明，指出那些都是"无稽谣言，决不可信"。即便条规签订后，其中有类似中日同盟的条款，日本也并不认可，反而一再声称"（中日）攻守同盟问题，决无此意"，并表示将要展开"删除这一条款的谈判"。② 而中国同日本订约的另一初衷——"消弭后患，永远相安"实质上也没有实现。就在《中日修好条规》换约的第二年，日本就入侵了台湾，"悖义失和"，稍后又强迫朝鲜签订了《江华条约》、吞并了琉球。因为日本并不切实履行，《中日修好条规》成了"好看字面之约"，并无实质约束力。就日本方面观察，其虽对《中日修好条规》颇多不满，但毕竟与中国建立了对等的关系，为其朝鲜问题的解决提供了便利，也正是基于此点考虑，日本政府最终还是接受了这一条约。

二 俄国背影下的东亚格局：联日以制俄

若说在中日建交之初，中国企图与日本订约以对抗西方，其中的西方还只是泛指的话，那么随着俄国在中国侵略的加剧，中国更倾向于联日以制俄。

沙皇俄国本是欧洲东部的一个小国，但随着其不断对外扩张，到17世纪中叶，已成为一个地跨欧亚的大国。在吞并西伯利亚后，其东部的边境向东已直逼中国东北。为了进一步东扩，中俄有了第一次军事

① 李鸿章：《日本约章缮呈底稿折》，《李鸿章全集》第 2 册，第 630 页。
② 王芸生：《六十年来中国与日本》第 1 卷，第 50、52 页。

交锋，即雅克萨战役。中国通过此次交锋挫败了俄国对中国东北的初次侵略，双方签订了《尼布楚条约》，中国暂时遏制了俄国的东进计划。但俄国并没有放弃其东进的念想，只是基于当时中俄的国力对比，加上欧洲事务的牵制，所以暂时放缓了其东进的步伐。进入近代以后，俄国也跟随其他列强重新侵入中国。因其与中国有着漫长的陆地边界，所以不同于其他各国重在对华通商，而是有着强烈的领土要求。通过历次中俄不平等条约，俄国从中国割去了多达一百五十多万平方公里的领土。1871 年，趁新疆阿古柏的叛乱，俄国又占领了伊犁，制造了新疆危机；1880 年代后期俄国又加强了在朝鲜的渗透活动。这一切都使得中国人有理由相信俄国是威胁中国最大的外患，因而在远东的外交棋局中，格外注意防俄。

近代最早注意俄国对中国有危害的应属林则徐，他还在 1850 年代的时候，基于地缘因素就指出："英夷何足深虑，其志不过以鸦片及奇巧之物劫取中国钱帛己耳！予观俄国势日强大，所规画布置，志实不小。英夷由海道犯中国实难，但善守海口，则无如我何！俄夷则西北包我边境，南可由滇入，陆路相通，防不胜防。将来必为大患，是则重可忧也"，① 明确指明了俄国与英国侵略的企图不一样，侵略的途径也不同，俄国才是中国的"大患"。但是林则徐的这一观点并没有得到清政府的重视。在第二次鸦片战争时一部分清政府官员，甚至咸丰帝仍以为"中国与俄夷和好已百余年，并无嫌隙，与英法等夷不同"，甚至希望俄国能够出面"转圜"使"英、法自知悔罪"。②

中俄签订《瑷珲条约》、《北京条约》后，俄国攫取了中国大量的领土和权益，这才引起了国人的警觉。当时主持中国外交事务的奕䜣就认识到"发捻交乘，心腹之害也；俄国壤地相接，有蚕食上国之志，肘腋之忧也；英国志在通商，暴虐无人理，不为限制，则无以自立，肢体之患也。故灭发捻为先，治俄次之，治英又次之"，③ 将俄国摆到了中国外患的首位。自此之后，不论朝野都对俄国的威胁有所申言。如在

① 来新夏：《林则徐年谱》，上海人民出版社，1981，第 438～439 页。
② 贾桢等编《筹办夷务始末（咸丰朝）》（第 2 册），中华书局，1979，第 685、716 页。
③ 贾桢等编《筹办夷务始末（咸丰朝）》（第 8 册），第 2675 页。

海防塞防之争中，王文韶就认为："西洋各国俄为大，去中国又最近。庚申以来，其于英法美诸国，一似相与于无相与者，而其狡焉思逞之心，则因别有深谋积虑，更非英法美诸国可比也。"① 其他督抚丁宝桢、吴元炳等人也持类似的观点。而在士人当中，冯桂芬较早就指出"俄境东自兴安岭，西至科布多，毗连者数千里，近闻俄夷踪迹已及绥芬河一带，距长白吉林不甚远，更可虑也"。② 稍后的王韬、郑观应等也常以"嬴秦"来比附俄国，号召各国合纵以"抗俄"。③ 如何合纵"抗俄"，众说纷纭，但因地缘关系，同处远东的日本进入了中国的视野。在这一背景下，国人提出了联日以制俄的主张。中国近代的联日制俄以俄国强租旅顺、大连为分界点，可分两个阶段。

第一阶段，中国联日制俄还只是在一些具体事件上有所表现，主要是伊犁交收和朝鲜问题。

1871 年俄国非法占领了伊犁，最初俄国承诺只要中国政府收复新疆就将伊犁交回。但 1878 年左宗棠收复新疆后，俄国为了换取中国更多的利益，一直采取拖延的策略。围绕伊犁的交收，中俄形势紧张了起来。与此同时，又发生了琉球之争。1875 年日本先是阻止琉球入贡，后又于 1879 年宣布废琉球置县，这使得中国大为震动，展开了对日的琉球交涉。交涉时间的重迭，使得两案互相影响、互有关联。当时清政府特别担心的是"俄人暗唆日本生事，狼狈为奸"。④ 基于此点考虑，并为了全力应付中俄交涉，一部分官员就提出了联日以制俄的策略。比较典型的就是张之洞，他于 1880 年 1 月 27 日上《详筹边计折》，提出"西委阿里以赐英吉利使之越里海以取土尔扈特旧牧地，东捐台湾山后以赐日本，使之复库页岛以断东海口，激土耳其以宿憾使仇俄，啖日耳曼以重利使绝俄"的计策，认为这样一来，"俄之精锐竭于外，俄之乱

---

① 沈云龙编《近代中国史料丛刊》第 62 辑，《同治朝筹办夷务始末》卷 99，第 9210～9211 页。
② 冯桂芬著《校邠庐抗议》，戴扬本评注，第 206 页。
③ 王韬曾说过："今日之俄其势亦犹夫秦也"（《弢园文录外编》，上海书店，2002，第 94 页）；郑观应也曾说过："俄国地广兵强，志在兼并，方诸列国，无异嬴秦"（夏东元编《郑观应集》上册，第 113 页）。
④ 王彦威、王亮编《清季外交史料》第 1 册，书目文献出版社，1987，第 350 页。

党起于内，恐比得罗堡国都，非俄之有也"。① 在此折中，张之洞还只是专注于中俄交涉，且联合的对象不止日本一国。稍后张之洞又于同年8月15日上了《谨陈海防事宜折》，认为"俄人远来，专恃日本为后路，宜速与联络"，只要"彼国（日本）中立，两不相助，俄势自阻"，为达此目的，"彼所议办商务，可允者早允之"。② 同前折相比，张之洞在此折中不但单独提出了联日的主张，而且将中俄交涉和中日交涉联系了起来，建议可以在对日交涉中稍作让步。除张之洞外，刘坤一也认为：琉球"不如高丽等国，捍我边陲"，日本也"不似俄国占我疆土"，因而日本吞并琉球不如俄国占领伊犁重要，加上"目前俄得日本推波助澜，可以东西牵制"，所以在此情况下中国"曷若与之（日本）讲好释嫌，纵不拒俄，亦不助俄之为愈也"。③ 受到这些联日官员的推动，清政府一度也偏向联日以全力对俄，因而同意日本提出的"分岛"解决琉球的方案，并认为"此举既已存球，并已防俄，未始非计"。④

但是此举受到了李鸿章等人的批评。李鸿章认为"日本外强中干，内变将作，让之不能助我，不让亦不能难我"，而且"日本助俄之说，多出于香港日报及东人恫吓之语"，并不足信。李鸿章还进一步指出"俄事之能了否，实关全局。俄事了，则日本与各国皆戢其戒心；俄事未了，则日本与各国将萌其诡计。与其多让于倭而倭不能助我以拒俄，则我失之于倭，而又失之于俄，何如稍让于俄，而我得借俄以慑倭"。⑤ 实质上李鸿章是主张联俄以"慑倭"，这也延续了其早先偏向承认崇厚所订俄约的主张。经过李鸿章等人的反复辩论后，清政府也意识到"分岛"解决琉球方案的不妥，所以以"所议划分两岛，于中国存球之意未臻妥善"为由，推翻了原案。⑥ 因此张之洞等人联日以制俄的主张实质并没有获得执行。此次联日制俄方案的提出也只是因缘际会，基于两案同时交涉，难以兼顾，而采取的一个权宜之计。

---

① 苑书义主编《张之洞全集》第1册，第41页。
② 苑书义主编《张之洞全集》第1册，第51页。
③ 王彦威、王亮编《清季外交史料》第1册，第447～448页。
④ 王彦威、王亮编《清季外交史料》第1册，第428页。
⑤ 王彦威、王亮编《清季外交史料》第1册，第442页。
⑥ 王彦威、王亮编《清季外交史料》第1册，第458页。

若就日本方面观察，却会发现此事并不简单。日本在此时期对华交涉的一个目标就是要取得和西方同等的地位，此时琉球交涉也是为此展开。日本的算盘是将琉球交涉同修改《中日修好条规》捆绑在一起，通过在琉球问题上的让步，换取中国允许日本人入内地通商及"一体均沾"的条款。日本自身也意识到若循正常途径进行外交交涉的话，日本的要求太高，中国不会同意，所以特意选择了"乘清帝国因伊犁事件而穷蹙无路之时强行提出"，以迫使清政府屈服。① 正因为是日本特意为之，才造成了中国难以兼顾之局，有了暂时联日的动议。

至于在朝鲜问题上，中国主张联日以制俄，这一方面是因为日本人的鼓吹，另一方面也与当时中俄在伊犁的对峙及俄国对朝鲜的渗透有关。1876 年日本强迫朝鲜签订了《江华条约》，开始插手朝鲜事务，但为转移中国的注意力，日本却一再向中国强调俄国对于朝鲜的威胁。就在《江华条约》签订后不久，副岛种臣就拜访李鸿章，说"窃取俄国政府密书"中有"俄与日本生事必先据日本赤马关，以断东西之路"的计划。稍后日本公使森有礼过天津时，又同李鸿章解释："黑龙江东岸，俄人方鸠集蒙古、高丽人民，开拓日广。日本现于土满江置领事府，实虑俄人南侵高、日地界。方欲与中国、高丽并力拒俄，岂肯同室操戈，自开衅隙。"正是这些日本人的言论使得李鸿章产生了日本"防俄之吞噬深切，其愿与中国并力亦属实情"的错觉，从而在朝鲜问题上重在防俄联日。②

当然李鸿章作如此设想，也与中俄在此时期的紧张局势有关，当时不少士人都担心俄国除了在西北外还将在朝鲜有所行动。王韬就曾注意到："俄以精兵三万驻扎吉林界外，用以东压朝鲜，西窥辽地"，③ 而且"俄国师船近多云集于珲春"，并"有索高丽通商之举，示以不许，则当临之以兵，高丽蕞尔弹丸，讵敢逆命。俄若以高丽为北道之逆旅，一旦有事，即可鼓轮飞渡"。④ 尽管王韬所说的这些消息不一定属实，但

① 信夫清三郎：《日本外交史》（上册），第 186 页。
② 李鸿章：《论日本邦交》，《李鸿章全集》第 6 册，第 3065 页。
③ 王韬：《中外合力防俄》，《弢园文录外编》，上海书店，2002，第 95 页。
④ 王韬：《上郑玉轩观察》，汪北平、刘林编校《弢园尺牍》，中华书局，1959，第 171页。

反映了大多数国人对于朝鲜的担心。这种担心也来源于朝鲜对中国的重要性，因为"朝鲜一为俄有，则奉、吉两省患在肘腋之间，登莱一道永无解甲之日矣"。[①]

受到这些因素的影响，加上俄国一向被认为是一个扩张成性的国家，所以一部分国人在朝鲜问题上开始设想联日防俄。黄遵宪于1880年撰写的《朝鲜策略书》即反映了这种取向。《朝鲜策略书》的核心内容就是"防俄"。还在《朝鲜策略书》的开篇，黄遵宪就指出"朝鲜今日之急务，莫急于防俄"，而"防俄"的具体措施包括"亲中国，结日本，联美国，以图自强"。其中"结日本"就是劝说朝鲜"捐小嫌而图大计"，同日本结盟以抗俄国。黄遵宪提出"结日本"的理由有三：一，从地缘看，"自中国以外，最与朝鲜密迩者，日本而已"；二，从地势看，"日本与朝鲜，实有辅车相依之势"；三，两国都面临俄国的威胁，且"日人量其力之不敌，而可与连和"。[②] 其实这三点不仅是朝鲜联日的理由，也可视作中国联日的主要缘由。黄遵宪的《朝鲜策略书》由出使日本的金宏集递交给朝鲜政府后，得到了朝鲜政府的积极响应，但也因一些朝鲜守旧派的反对，在朝鲜国内掀起了轩然大波。[③]

就当时朝鲜的实质形势来看，日本对朝鲜的威胁是远远大于俄国的。俄国直到1884年强迫朝鲜签订《通商条约》后，才获得了开埠设领、治外法权、驻泊军舰、置地建房设厂等特权。而日本早在1876年同朝鲜签订《江华条约》后，就加紧了对朝鲜的渗透。日本先是于1877年在釜山、1880年在元山分别设置了"特别居留地"，后又通过《济物浦条约》、《日朝修好条规续约》获得了日本驻兵警卫使馆的特权。日本在朝鲜的贸易额也不断扩大，出口方面到1885年已占到了82%，进口方面1887年达到了84.9%。[④] 因而此时国人联日防俄，带

---

① 苑书义主编《张之洞全集》第1册，第71页。

② 黄遵宪：《朝鲜策略书》，李庆编注《东瀛遗墨——近代中日文化交流稀见史料辑注》，上海人民出版社，1999，第1~2页。

③ 具体参见杨天石《黄遵宪的〈朝鲜策略〉及其风波》，《近代史研究》1994年第3期。

④ 崔丕：《近代东北亚国际关系史研究》，东北师范大学出版社，1992，第101、106、113页。

有一种臆想的成分，是当时中俄紧张局势下的一个误判。

随着日本在朝鲜势力的增长，中俄关系的缓和，中国很快就意识到了朝鲜的真正威胁来自日本，因而转向了联俄防日或联西防日。

总的来说，在这一阶段中国对联日制俄策略的使用还只是偶尔为之，政策转变极快，没有一定的连贯性，且大多数联日制俄都只是停留在主张上，很少落实到外交实践上。这主要因为当时日本国力有限，中国仍没有真正重视日本，联日常常只是权宜之计。即便是张之洞在伊犁交涉期间主张的联日，也只是希望"中俄有衅，彼不得助俄为寇济饷屯兵"，并"姑悬球案"待"俄事既定，然后与之理论"。[1] 换言之，张氏所言的"联日"也只是暂缓中日琉球交涉的一种手段，并没期待日本能在中俄交涉中发挥多大的作用。而在朝鲜问题中，联日制俄更只是李鸿章、黄遵宪等人一时的想法，于是联俄制日，甚而联西制日成了主要的外交方针。

第二阶段，俄国强租旅大租界地后，对中国威胁大增，清政府为遏制俄国在东北的侵略，联日制俄成为一主要的外交策略。

甲午战后，因为俄国倡导的干涉还辽，赢得了中国朝野上下的信任，一时之间出现了"内而廷臣，外而疆臣，乃无不以联俄拒日为言矣"。[2] 这一联俄策略发展的极致就是"中俄秘约"的签订。1896 年李鸿章为"联络西洋，牵制东洋"，以致贺俄皇加冕为名前往俄国。[3] 在此期间，中俄签署了《中俄密约》，主要内容就是联俄制日，最可注意的是其中规定"第四款，今俄国为将来转运俄兵御敌并接济军火粮食，以期妥速起见，中国国家允于中国黑龙江、吉林地方，接造铁路，以达海参崴。第五款，俄国于第一款御敌时，可用第四条所开之铁路运兵，运粮，运军械，平常无率，俄国亦可在此铁路运过境之兵粮，除因转运暂停外，不得借故停留"。[4] 这为后来俄国修筑中东路，借机入侵东北提供了祸端。但作为经手人的李鸿章却认为：有了此约，"二十年无

---

① 苑书义主编《张之洞全集》第 1 册，第 70～71 页。
② 王芸生：《六十年来中国与日本》第 3 卷，第 96 页。
③ 吴振清整理：《黄遵宪集》（上），第 284 页。
④ 王铁崖编《中外旧约章汇编》第 1 册，第 650～651 页。

事，总可得也"。① 此条约虽说是由李鸿章一手操办的，但应该是当时
清政府联俄制日策略的产物。

　　早在李鸿章出使俄国之前，张之洞、刘坤一等地方督抚乃至中枢重
臣就有了与俄缔结密约，以结强援的共识。就在《马关条约》签订后
不久，刘坤一即上奏：建议"总理衙门及出使诸臣，凡与俄交涉之事，
务须曲为维持，有时意见参差，亦须设法弥缝，不使起衅。中俄邦交永
固，则倭与各国有所顾忌，不至视我蔑如，狡焉思启矣"。② 稍后张之
洞也提出："今日救急要策，莫如立密约以结强援"，而"今欲立约结
援，自惟有俄国最便"，因而也建议"与之订立密约，凡关系俄国之商
务界务，酌与通融。如俄国用兵于东方，水师则助其煤粮，准其兵船入
我坞修理；陆路则许其假道，供其资粮车马一切，视其所资于我者，量
为协济"。③ 这其实已涉及后来《中俄密约》的一些内容了，只不过在
《中俄密约》签订前，还没想到对俄国的"通融"会这么大。

　　就俄国方面而言，其所以赞同与中国订立密约，主要是为了解决在
东北借地筑路问题。1891 年为了加强俄国在远东的力量，俄国开始修
筑西伯利亚铁路。正如维特所指出的那样：这条横贯欧亚的铁路不仅可
以大大缩短从俄国到远东的时间，使俄国成为"东亚和西欧产品贸易
的中介人"、"和东亚各国相距最近的大宗生产者兼消费者"，而且更重
要的是在军事和战略上，它"将保障俄国舰队得到一切必需品，并将
在我们的东方港口为它提供一个坚固的据点"，"随着铁路的通车，这
支舰队可能大大增强，一旦在欧洲或东亚发生政治纠葛，它将控制太平
洋水域的一切商业活动，从而具有极其重要的意义"。④ 为缩短西伯利
亚铁路的路线，俄国拟借道中国东北，直达海参崴。为此，1895 年俄
国政府同清政府相关官员进行了接触，商谈借地筑路。但总理衙门以
"自造铁路"为由，拒绝了俄国的要求。尽管如此，俄国并不死心，

---

　　① 吴振清整理：《黄遵宪集》（上），第 284 页。
　　② 王芸生：《六十年来中国与日本》第 3 卷，第 97 页。
　　③ 苑书义主编《张之洞全集》第 2 册，第 1002 页。
　　④ 鲍里斯·罗曼诺夫：《俄国在满洲（1892～1906）》，商务印书馆，1980，第 56、58
页。

又借李鸿章访俄之际，以联俄制日为饵，诱使中国让步。正因为俄国的真实目的是取得在东北的筑路权，所以其在《中俄密约》中所作出的种种许诺，并不打算真正履行，李鸿章所期待的"二十年无事"也就成了自欺之言。就在《中俄密约》签订的第二年，德国强占胶州湾。在此事件的交涉中，作为盟友的俄国不仅不帮助中国妥善处理，反而趁机提出了租借旅顺、大连的要求。这使得中国认识到联俄并不可靠。

与此同时，日本在甲午战后对华方针有所改变，开始刻意接近中国，将俄国视作其在东亚扩张的主要竞争对手。为改变中国的联俄制日，日本极力向中国鼓吹联日。日本人的主动示好，俄国人对盟约的背离，使得国人逐渐由联俄制日转向联日制俄。

在俄国租借旅顺、大连后，维新派人士梁启超就曾联合各省公车上书都察院，提出"拒俄请以联英、日"的主张，并认为"（英、日）二国并力，既足制乎俄人，返复侵地，更有德于中国。此举人等所以敢决英、日之助我"。① 同维新派比较接近的陈宝箴也上奏认为中国应同英、日"相结"，"三国合纵，势将无敌"。② 不但维新派作如此想，就是早先力主联俄的张之洞此时也转向支持联日。张之洞在 12 月 11 日致总署的电文中指出："日见俄日强，德日横，法将踵起，英亦效尤。海口尽占，中国固危，日四面受邻之迫，彼亦危矣，故今日急欲联英、联中，以抗俄德而图自保。彼既愿助，我乐得用之，盖日不能抗俄德，英水师则能之，联日者所以联英之解体也。日肯出力劝英与我联，则英不能非理要求，而我可借英之援助矣，日人此举利害甚明，于我似甚有益矣。"③ 张之洞主张联日主要是看重可以通过联日以联英。

俄国的趁火打劫对于视其为盟友的中国而言，心理的冲击更甚于实质的利权侵占。巨大的心理落差，使得不少士人由直斥俄国之非，上升到攻击此前的联俄政策。唐才常在俄租旅顺、大连后，就认为"（俄国）狼牙密厉，虺毒潜吹…其阴谋狡毒，券我支那者，所谓司马昭之

---

① 丁文江、赵丰田编《梁启超年谱长编》，第 109 页。
② 丁文江、赵丰田编《梁启超年谱长编》，第 109 页。
③ 王彦威、王亮编《清季外交史料》第 2 册，第 2146 页。

心，路人皆知也"，接着又指责"不知联俄之策，出自何人，涎何利益，而仰鼻息于亡种亡国之大盗而父母之"，对俄国的怨恨之情溢于言表。① 相反，国人对于首开瓜分狂潮的德国却攻击不多，这也反证了俄国作为盟友背信弃义对中国的冲击之深。这一冲击也使得大多数中国人很快就由联俄制日转向联日制俄。当时人就观察到"建议之臣，言联英、日以拒俄者，十之八九，而言和俄以疑英、日者，盖百而不得一焉"。② 联日成了中国外交的首选。当然对于日本对中国的危害，当时人并非没有看到。唐才常就曾坦言："联俄则然眉噬脐，且夕即成异类；联日以联英，则皮肤之癣，犹可补救于将来。夫害，两也；弊，两也，而权之衡之，吾宁取其轻焉耳。"③

联日的具体方式也各有不同。张之洞等地方督抚主要是通过聘请日本顾问、日本教习、派遣留日学生等方式，来加强同日本的联系。维新派联日则主张"联以学"，即学习日本，"以通学者通日，通日者通英，合中、日、英之力，纵横海上，强俄虽狡，必不敢遽肆其东封之志"。④ 清政府中央则试图用外交的方式同日本签订盟约。有研究显示，无论是光绪帝还是慈禧都曾有过同日本缔结盟约的尝试，慈禧甚至在1899年建立了同日本天皇直接沟通的"密码电报"。⑤

进入20世纪后，俄国在义和团运动中侵占中国东北的举动，更加剧了中国联日制俄的倾向。俄国为了达到其长久占领东北的目的，还在义和团运动期间就迫使盛京将军增祺签订了《奉天交地暂且章程》。根据这个章程，俄国解除了中国在东北的武装力量，获得了在"奉天省

① 唐才常：《论中国宜与英日联盟》，湖南省哲学社会科学研究所编《唐才常集》，第149页。
② 《翰林院编修记名御史黄曾源摺》，国家档案局、明清档案馆编《戊戌变法档案史料》，中华书局，1958，第169页。
③ 唐才常：《论中国宜与英日联盟》，湖南省哲学社会科学研究所编《唐才常集》，第152页。
④ 唐才常：《论中国宜与英日联盟》，湖南省哲学社会科学研究所编《唐才常集》，第151页。
⑤ 关于光绪、慈禧联日的具体举措可参见孔祥吉、村田雄二郎的《光绪帝联合日本大举新政外交政策的确立——从林权助致大隈重信机密报告谈起》与《罕为人知的中日结盟闹剧》，两文均载于《罕为人知的中日结盟及其它——晚清中日关系史新探》。

城等处"驻军的权力，而其设置在沈阳的"俄总管"事实上成为东北的最高统治者。若按这个章程将东三省交回，"中国所得者特一空名"。① 义和团运动结束后，俄国为把强占东北的事实合法化，中国为了解决东三省接收问题，双方展开了交涉。

在这一交涉过程中，日本因为俄国强占东三省阻碍了其向东北扩张，所以对清政府施加影响，支持中国对俄谈判。还在中俄交涉开始后不久，日本就向中国表示"我政府及全国人民均愿保全中国领土……凡可相助者无不竭力"。② 在中俄谈判中，俄国提出了苛刻条件，日本又出面劝告清政府"此次议款，中国万不可允各国割地，如允割地与一国或虽未明割，而允其设官置兵，亦是暗让。一经允定，各国必群起效尤，大局将不可问。财政及各种利益亦然。设有一国要挟太重，中国似可答以此次事变关系各国，宜归入各国公约并议，方能牵制，不致吃亏"，阻止中国与俄国单独签约。③ 中国因为自身实力不足，所以在交涉中也特别注意援引外力来制俄。张之洞与刘坤一就曾指出"俄得志东方，日为唇齿，固最受害，即英德亦无安枕之日"，所以应该"联络各国出为排解，倘各国能虚张声势，扬言相助，不必实有其事，当可戢俄骄志，与中国和平办事"。④ 除张刘之外，一些驻外使臣也转达了所在国对中俄交涉的意见。正因为各国的反对，中国最终没有接受俄国所提出的交还东三省的十二条约款。

日本因为在此次交涉中的积极奔走，也进一步赢得了中国的好感。自此以后中国联日的倾向也更加明显，不但新政的实施过程中大量参照了日本各种规章制度，而且所聘请的日本教习、顾问的数量也进一步增长，到 1904 年达到了 234 人。中国联日制俄的倾向在日俄战争中表现得更为明显。

1902 年俄国因为国际形势的变化和中国的强烈要求，同中国签订了《交收东三省条约》，答应在 18 个月之内分三期从中国东北撤出全

---

① 王彦威、王亮编《清季外交史料》第 2 册，第 2380 页。
② 王彦威、王亮编《清季外交史料》第 2 册，第 2370 页。
③ 王芸生：《六十年来中国与日本》第 4 卷，第 92 页。
④ 王芸生：《六十年来中国与日本》第 4 卷，第 94～95 页。

部军队。但在第一期撤军之后，俄国拒不继续撤军，反而提出了中国不得将东三省之地让与他国或租贷与他国、无论欲办何事，不得聘用他国人等七项无理要求，并设立了远东大总督，"实以我东三省为其殖民地"，肆无忌惮地执行侵占东北的策略。① 清政府面对俄国无理的要求，无力应对，于是故意将俄国提出的七项密约泄露给日本驻华公使内田康哉，从而由日本出面活动，引起各国公愤。俄国虽面对各国压力，但仍坚持独霸东北的立场，于是日本以"保全中国"为由同俄国开战。

1904 年日俄战争爆发后，中国采取了"局外中立"的态度。但在具体实施"局外中立"过程中，中国虽名为"中立"，却从政府到民众大多持支持日本的立场。

还在日俄战前，中国民众当中就掀起了拒俄运动。在 1903 年俄国提出新的七项无理要求后，中国的留日生甚至组织了"拒俄义勇队"。拒俄、反俄的主张也一直充斥在 1901～1905 年中国的各报刊当中，其中包括《俄事警闻》、《警钟日报》、《浙江潮》、《苏报》等。② 因而反俄在日俄战前一直是中国舆论的主要倾向，在日俄战争爆发后，更是一致看好日本，希望日本获胜。

就中国政府而言，不少官员在战前也是与舆论相一致，偏向联日制俄的。如张之洞就主张：中国"可借助于日本以御之，以日本之将校率我之兵，庶几可与俄人一战"，事后虽然"（日本）必欲要索利益，然总远胜于俄国之信义全无公然吞噬者"。③ 云南督抚丁振铎、林绍年也称赞日本是"仗义执言"，偏向于"联日拒俄，力图血战"。④ 尽管有这些联日制俄的言论，清政府还是选择在日俄战争中"局外中立"。这一是基于自身国力的考虑，且战争胜负难料，若"附俄则日以海军扰我东南，附日则俄分陆军扰我西北。不但中国立危，且恐牵动全球"，⑤ 另一方面缘于日本的劝说。还在日俄战局未开之时，日本政府

---

① 王芸生：《六十年来中国与日本》第 4 卷，第 161～162 页。
② 具体可翻阅杨天石编《拒俄运动（1901～1905）》，中国社会科学出版社，1979。
③ 苑书义主编《张之洞全集》第 3 册，河北人民出版社，1998，第 1651 页。
④ 王彦威、王亮编《清季外交史料》第 3 册，第 2839～2840 页。
⑤ 王彦威、王亮编《清季外交史料》第 3 册，第 2817 页。

已转告当时中国驻日公使杨枢"望贵国中立，以免他国藉口"，后又解释"因恐战局一开，贵国内地难免震动。查贵国通商口岸之商务，以英、美为最大，若不于未战之先妥为贵国筹划，则英、美以有碍各国商务为词出而干预，事多掣肘"。① 当然这只是日本的一种托词，最主要的还在于日本害怕中国也加入战端的话，不利其战后对东北的侵占。除日本外，其他各国也基于自身利益的考虑，都赞同中国"局外中立"。

清政府虽然宣布了"局外中立"，暗地却偏向日本。就是力主"局外中立"的袁世凯，也早在 1902 年就与日本达成了一个"秘密协定"，决定"中日两国应共同加以监视（俄国在满洲的军事行动），经常充分侦探，以防万一"。为此，袁世凯不但极力给予日本种种情报收集的方便，还指使了自己的心腹将校暗中"援助日本特务班的活动"。② 另外清政府还纵容日本招募东北的马贼参与对俄作战。俄国就曾指责清政府任"日军在局外地统胡匪，给饷项"。③ 甚至在一些地方，俄国还发现有中国地方团练帮助日本作战的情况。1904 年 12 月 28 日，俄国公使就向清政府外务部发出照会，声称"十一月十八日在太平岭有日军二百名并华人二百与俄军攻击，该华人……身穿号衣，上有中国团练第一、二、三之百人队字样，并在战场留尸七具为证"。④

中国政府之所以中立不中，除了将俄国视为侵略者外，也与日本对华的外交欺骗有关。战争开始后，日本政府就一再宣称"日本政府于战事结局，毫无占领大清国土地之意"。⑤ 这使得清政府对日本战胜后可顺利收回东北抱有一丝幻想，因而在战争过程中采取了暗地偏向日本的策略。

但是战争结束后，日本并未像其战前宣称的那样"保全中国"，而是通过《朴茨茅斯条约》获得了俄国在南满的权力，事实上同俄国一起瓜分了中国东北。其实对于这一结局，早在战争结束前，已有人意识

---

① 中国第一历史档案馆：《日俄战争期间杨枢致外务部密函（一）》，《历史档案》1987 年第 2 期，第 54 页。
② 东亚同文会编《对华回忆录》，胡锡年译，第 282~283 页。
③ 王彦威、王亮编《清季外交史料》第 3 册，第 2912 页。
④ 辽宁省档案馆：《日俄战争档案史料》，辽宁古籍出版社，1995，第 196~197 页。
⑤ 王芸生：《六十年来中国与日本》第 4 卷，第 188 页。

到了战后东三省的收回不会太过顺利。安徽巡抚诚勋就曾指出"无论日胜俄退，俄胜日退，欲彼一胜退敌之后，举东三省拱手奉我，坐享其成，固必不可得，万一有此义举，其所索偿之权利必非意想所及"。[①]稍后盛宣怀也意识到"日俄交战关系全球大局，俄胜白种愈骄竟无办法，日胜东方振兴，但恐玩视中国，派兵代守。甲午所索辽东之地及旅大海口仍未必能还我。至不占上地之权口头言语，强国与弱国交际，往往如此，然此时兵力不足，自当一意承认。将来战局结束，仍赖各国互相牵制方能真正保全"。[②]盛氏此言其实也提示了日俄战后，清政府外交政策的大致转向。战后，为遏制日本及俄国在中国东北的扩张，清政府就采取了联西以制日俄的策略，将东北开放，造成各国在东北的均势。日俄战后，历任东三省督抚大致都秉承了这一方针。如锡良上任后针对"日俄竞争以来，久成南北分据之局"，提出了借款筑路的计划，以"厚集洋债、互均势力"。[③]

　　总的说来，在这一阶段，由于俄国对中国的侵略表现得异常突出，日俄在远东争夺的加剧，使得俄国成为中日两国共同的敌人。中国为了制俄常常借重日本，联日制俄已有一定的连贯性；日本则为了自身的利益需求对于中国的联日制俄表现得更为主动、积极，有时甚至是不请自来。同前一阶段相比，日本国力的增强，英日同盟的签订，使得中国联日更具实质性，不仅看重日本本身，也注意到通过联日以联英。而且此一阶段联日的方式、主体也日益多样，中央、地方及民间人士都展开了不同层次、不同方面的联日活动，联日成为中国朝野上下一致努力方向。且这一阶段联日，也包含有学习日本的内容，明显不同于以往。

　　不可否认，中国联日制俄策略的应用虽已有一些近代外交的形式，但大致仍偏重于"以夷制夷"的思路。正如梁启超所指出的那样："天下未有徒恃人而可以自存者。泰西外交家，亦尝汲汲焉与他国联盟，然必有我可以自立之道，然后可以致人而不致于人，若今日之中国，而言联某国联某国，无论人未必联我，即使联我，亦不啻为其国之奴隶而已

---

① 王彦威、王亮编《清季外交史料》第3册，第2842页。
② 夏东元：《盛宣怀年谱长编（下）》，上海交通大学出版社，2004，第805页。
③ 王芸生：《六十年来中国与日本》第5卷，第243页。

矣，鱼肉而已矣。"① 换言之，必须立足于本身自强，才有可联之道。从近代中国联日最后的结局可以发现，其非但不能制俄，反而还进一步促使了日本在中国势力的膨胀，为后来的日本全面侵华打开了方便之门。

三 日本的"支那保全论"

近代以来，中国之所以采取联日的策略，原因是多方面的，但日本主动对中国的拉拢是起到重要作用的。特别是甲午战后，三国干涉还辽使得日本认识到其实力的不足，故而转向"先保全中国，以待时机"的方针。这一方针背后的思想基础就是"支那保全论"。

"支那保全论"实质是日本大亚细亚主义全盛时期的一种理论。其思想渊源可追溯到明治维新前的"日清提携论"。"日清提携论"主要由会泽安、平野国臣、佐藤信渊等人提出。如佐藤信渊在《存华挫狄论》中就"力主必须保全、强化支那，挫败英国，日支提携，抑制西方各国对东亚的侵略"。②"日清提携论"的实质就是：在西力东侵的背景下，东洋各国应该"合纵同盟"以抵御西方。这种言论在明治维新后被曾根俊虎等兴亚论者所继承。随着兴亚论影响的扩大，日本兴亚论者还成立了兴亚组织。1877 年在大久保利通的倡导下，日本成立了第一个兴亚组织——振亚会，两年后又成立了兴亚会。在兴亚会的发起人、赞助人当中有锅岛直大、长冈护美、大久保利和、柳原前光、宫岛诚一郎，甚至何如璋等。③ 随着日本明治维新的进行，中日两国距离的拉大，越来越多的兴亚论者意识到了中日之间已不能简单地靠"提携"、"合纵"来达到共存共兴，于是又出现了"清朝改造论"，主张在"文明开化"基础上再进行高一级的联合。从"日清提携论"到"清朝改造论"，这一时期被视为日本大亚细亚主义的酝酿期。19 世纪 80 年代中叶以后，日本大亚细亚主义才进入形成期。形成期阶段的代表人物

---

① 梁启超：《中国四十年来大事记》，《饮冰室合集·专集之三》，第 67 页。
② 王屏：《近代日本亚细亚主义研究》，中国社会科学院 2001 年博士论文，未刊稿，第 18 页。
③ 东亚同文会编《对华回忆录》，胡锡年译，第 466 页。

就是樽井藤吉，他于 1893 年发表了《大东合邦论》，提出了日韩"合邦"、清国合纵的主张。甲午战后，"支那保全论"的出现则标志着日本大亚细亚主义进入了全盛时期。①

"支那保全论"的首倡者是近卫笃麿。近卫笃麿在 1898 年 10 月东亚同文会成立时提出了"支那保全论"，并把这作为东亚同文会的主要宗旨。"支那保全论"的具体主张也可从东亚同文会的宗旨书中窥其大概，其主要主张为："日中韩三国之交往已久，文化相通，风教相同，情同唇齿，玉帛往来，自古不渝，是诚出于天理之公，发乎人道之正，岂与彼环宇列强朝婚夕寇，互相攘夺者可同日而语耶！何意前年旻天不吊，兄弟阋墙，而列国遂乘间蹑瑕，时局日艰矣。呜呼！忘怨弃嫌，共防外侮，岂非今日之急图耶！"东亚同文会的纲领包括：保全中国、协助中国及朝鲜改革、研究中国及朝鲜的时事、唤起日本国内舆论四条。② 从这宗旨和纲领可以看出，"支那保全论"的实质就是从中日两国"同文同种"、"唇齿辅车"的关系出发，以"保全支那"、"助成支那之改善"相号召，提出中日联合，共同反对列强的侵略。与此前的日清提携论、大东合邦论相比，"支那保全论"产生的影响更大，更能获得当时正处于被瓜分狂潮中的中国人的认同。

但是从日本提出"支那保全论"的目的来看，并不是如其声称的那样为"支那"而"保全支那"，而是"夫保全清国，护持韩国，实为自卫我（日本）之国权国利，保持东洋之和平"。③ 这一目的也可从支那保全论出现的时机，看出端倪。1897 年德国强租胶州湾，掀起了瓜分中国的狂潮。在此局势下，日本是该趁机瓜分中国、灭亡中国，还是保全中国，成为日本朝野都不得不思考的一个问题。尽管在甲午战争中，日本击败了中国，成为列强中的一员加入对中国的争夺；但随之而来的三国干涉还辽使得日本意识到自身力量的局限，仍无法同欧美各国抗衡。如果在此时瓜分中国，无疑对日本不利。正是基于这种权衡，日

---

① 关于日本大亚细亚主义的发展过程，可参见赵军《辛亥革命与大陆浪人》，中国大百科全书出版社，1991。
② 东亚同文会编《对华回忆录》，胡锡年译，第 470~471 页。
③ 转引自赵军《辛亥革命与大陆浪人》，第 72 页。

本为避免中国过早遭到瓜分，采取了先"保全中国"的策略，与此策略相应的就是"支那保全论"的出台。

"支那保全论"之所以主张保全中国，除了时局的因素外，主要是基于中日"同文同种"与"唇齿辅车"两方面的考虑。所谓"同文同种"，其实是基于黄白人种竞争的思维框架，将中国与日本联系到一起，而与欧美等白种人相对立。"支那保全论"的提出者近卫笃麿就认为："东亚将不可免地成为未来人种竞争地舞台。……我们注定有一场白种人与黄种人之间的竞争，在这场竞争中，支那人和日本人都将被白人视为盟敌。"因为人种竞争的缘故，作为黄种人的日本保全同为黄种人的支那也就理所应当了。而"唇齿辅车"主要是从中日两国形势关联而言，隐含在这背后的就是一种中日连带论，所谓"支那的存亡对所有日本国民自家的安危有切实的关系"。[①] 若联系在此之前山县有朋所提出的"利益线"理论及近代远东的多边互动局势，则对此点可理解得更为明白。1890 年山县有朋提出：日本必须在领土疆域的"主权线"之外，再划一条"利益线"；因为在列强纷争的时代，仅守"主权线"已不足以维护国家的独立，必须进而保证"利益线"。[②] 当时山县有朋所指的"利益线"主要指朝鲜，而在甲午之后，中国的东北则成为日本下一步"利益线"的焦点。中日由此也就有了某种关联性。近代远东的多边局势，各国列强在此的利益交错，更使得中国的局势变迁，直接牵动各方的势力消长变化，若没有中国作为缓冲带的话，将会对日本造成更直接的冲击。正是基于这些认识，近卫笃麿等人提出了"支那保全论"。

与"支那保全论"互为表里的，就是当时日本对华的外交策略。"支那保全论"提出的时间正是大隈内阁时期。1898 年 6 月 30 日第一次大隈重信内阁组成，大隈重信兼任首相及外相。大隈重信本身应该是比较认同"支那保全论"的。东亚会与同文会合并为东亚同文会就是由其一手促成，而且东亚同文会成立后，又是在大隈重信的直接关照下，获得了外务省机密费的资助。大隈重信自己也曾宣称要"维持东

---

① 转引自任达著《新政革命与日本——中国，1898～1912)》，李仲贤译，第 12、32页。

② 信夫清三郎：《日本外交史》（上册），第 237 页。

方之和平，不使支那灭亡"。① 大隈上台之后主要的对华方针就是推动
日清同盟，并主张利用顾问来达到目的。②

正是在这一日清同盟的外交政策指引下，日本朝野上下刻意亲近中
国。其实还在大隈重信上台前这一趋向已经开始。1897 年日本驻天津
领事向直隶总督兼北洋大臣王文韶传话，邀请中国派军事观察团参观日
本的军事演习，从而向中国传达了日本试图改善中日关系的信号。同年
12 月日本进一步推动对中国的联合，派出了神尾光臣、宇都宫太郎等
人前往中国进行游说活动。神尾光臣、宇都宫太郎等人在华期间不仅拜
访了张之洞、刘坤一等封疆大吏，也同谭嗣同、郑观应等士林中人多有
接触，表示了日本希望联合中国的意愿。神尾光臣拜见张之洞的时候，
就声称："前年之战，彼此俱误。今日西洋白人日炽，中东日危。中东
系同种、同文、同教之国，深愿与中国联络。"③ 同谭嗣同接触时也表
示"贵国亡必及我，我不联贵国，将谁联？"④ 在上海，日本人还曾联
络郑观应准备"襄办亚洲协会于沪上"。⑤ 日本推动中日同盟的另一方
式，就是主动向中国表示愿意接纳中国的留学生。正是在当时日本驻华
公使矢野文雄的推动下，中国开始向日本派遣留学生，形成了近代史上
最大规模的一次留学潮。

正是日本的这些活动，促使了中国联日趋势的增强，日本对中国的
影响力也日益增加，以至于当时一些在华的西方人称之为"中国的日
本化"。日本在华联络的重点，在中国政府内主要是张之洞、刘坤一等
南方督抚，在民间人士中包括了维新派及革命派。据蒋方震回忆：
"（甲午战后）日既怀还辽之恨，而感于孤立，而设法以交欢于我。当
时之时，已隐然有南北新旧形成两大潮流之势：大约北派则偏于旧，主

---

① 转引自野村浩一著《近代日本的中国认识》，张学锋译，中央编译出版社，1999，第
9 页。
② 关于大隈重信内阁向中国派遣军事顾问的具体过程，参见李廷江《戊戌维新前后的
中日关系——日本军事顾问与清末军事改革》，《历史研究》1999 年第 2 期。
③ 张之洞：《致总署》，苑书义主编《张之洞全集》第 3 册，第 2112 页。
④ 唐才常：《论中国宜与英日联盟》，湖南省哲学社会科学研究所编《唐才常集》，第
152 页。
⑤ 夏东元编《郑观应集》（上册），第 811 页。

联俄；南派则偏于新，主联英日。日人得其机，而同文同种之说，大倡于一般社会间。光绪二十五年，福岛来中国，说张之洞而动之，更及南北洋。"① 蒋氏此言也提示了日本当时联络的重点是在南方，影响则及于"一般社会间"。

这些日本人在从事这些联络活动时，其说辞无不披着"支那保全论"的外衣，以同文同种论相号召，如前述神尾光臣之言。另一策动张之洞联日的关键人物——汉口日报社社长冈幸七郎递交给张之洞的《联文私议》也充满了同文同种的论调："若敝国者，同洲同种同文同教而同仇同舟，诚为同心一体。……而开甲午一役者，何也，呜呼，甲午之役昊天不吊，以致兄弟阋墙，亦有二不得已者焉。"② 不少中国士人因为受到日本同文同种论、支那保全论的影响，在自己的言论或行文中也自觉或不自觉地流露出类似的腔调。梁启超就认为"自此以往，百年之中，实黄种与白种人玄黄血战之时也"。③ 这与近卫笃磨的种族论如出一辙。康有为则比梁启超还要更进一步，甚至接受了日本的合邦论，有与矢野文雄约好举行中日两国"合邦大会议"的计划。革命派领袖——孙中山也接受了日本的大亚细亚主义，形成了大亚洲主义的观点。

对于日本人提倡同文同种论、支那保全论，国人不是没有怀疑，但在初期常惑于日本人的"甘言"，不自觉落入彀中。比较典型的就是郑观应，他虽然注意到"（甲午战前）倭当日设兴亚会令人钦羡不已，不知特欲懈我中国之防耳……兴亚之会言犹在耳，而为朝鲜一役陵侮我上国，侵轶我边疆"，但甲午战后在其笔端却也有"东邻本系同文、同种，近来力图富强，国有人焉，甲午役竣，彼亦深悔自伤同气，徒为他族藉口侵占之端，又深知中国若遭割裂，彼孤立无助，独防东南太平洋浩瀚无垠之海面，苦不足以支柱强俄及法、德各邦，故年来弃瑕释嫌，出肺肝以与华人相语，颇愿联络我豪杰之士，欲为异日缓急之图。此诚

---

① 蒋方震：《中国五十年来军事变迁史》，来新夏主编《北洋军阀》第 1 册，上海人民出版社，1988，第 1048 页。

② 转引自陶德民《戊戌变法前夜日本参谋本部的张之洞工作》，王晓秋主编《戊戌维新与近代中国的改革》，社会科学文献出版社，2000，第 413 页。

③ 梁启超：《论变法必自平满汉之界始》，《饮冰室合集·文集之一》，第 83 页。

不可再失之机缄，所以兴东亚而御西欧，存黄种而敌白种者，全在今兹一举也"的表示，甚至有与日本人一起组织亚洲协会的打算。①

应该说日本的支那保全论，在刚提出来的时候，很有迷惑性，对于饱受列强欺凌、时有亡国之危的国人来说，有很大的吸引力，加上当时启嚣于欧洲的黄白冲突论的影响，使得同文同种的日本对于中国来说，显得更为可亲、更为可信。但毕竟事实胜于雄辩，无论日本如何口绽莲花，随着其侵华政策的逐步推行，在日俄战后国人已对支那保全论有了一个比较清醒的认识。陈天华就在其《绝命辞》中指出"同盟为利害关系相同之故，而不由于同文同种"，"利害相冲突，则虽同文同种，而亦相仇雠"，如今"中国之与日本"因为"势力苟不相等"，所以日本是借"同盟"之名而行"保护"之实。② 陈氏的临终之言可谓中肯，认识到了近代国家利益优先的外交原则，看到了中日的同文同种对于中日同盟与否实质上没有多大约束力。与此同时，1905 年 12 月《醒狮》也刊登了《夫己氏之支那观》一文，揭露日本之提倡保全中国、"反对瓜分"，主要是因为一方面"自国（日本）之实力，尚未充足，不能与列强逐鹿中原也"，另一方面因为"欲将某国（日本）势力渐渐侵入中国，偌大土地，全归己有，而不容他国染指也"；日本人所倡导的"同种同文同门之说"则更是包藏祸心，是要使中国"将为某国（日本）之中国"。该文也进一步指出"（近代国家）自有一定之国界，国界划而竞争以起，虽同种同文，不稍退让"的事实。③ 这些言论对于迷惑于日本支那保全论的国人来说不啻于当头棒喝。后来即便是亲日派对于日本所提倡的"中日亲善"也有了猜忌之心。④ 早年周作人更直斥"日本

① 夏东元编《郑观应集》（上册），第 825～826、807 页。
② 郅志选注：《猛回头——陈天华、邹容集》，辽宁人民出版社，1994，175 页。
③ 张枬、王忍之编《辛亥革命前十年间时论选集（第二卷）》（上册），三联书店，1978，第 73～80 页。
④ 西原龟三就曾记载 1916 年其向曹汝霖鼓吹寺内内阁所推行的"中日亲善"外交政策时，曹汝霖马上就质疑"（日本）是否还准备了第二套政策"，并认为"寺内首相的第二种政策是吞并东三省吧"（王芸生：《六十年来中国与日本》第 6 卷，第 197 页）。当然曹汝霖此时之所以反应如此激烈可能更多还是出于对上一年"二十一条"交涉的记忆犹新，但也从侧面印证了随着日本侵华政策的日益推行，国人对日本所谓的"中日亲善"越来越不抱任何期待。

借了他的黄色面皮以及借用的汉字，对中国人盛称'同文同种'，鼓吹什么中日亲善，中日共存共荣。有好些人都上了他的当，其实这全是靠不住的"。①

第三节　作为敌对者的日本解读

就在中国将日本作为榜样、联盟对象的同时，视日本为敌对者的防日论也时常出现，到了日本提出"二十一条"之后，防日甚或反日成了中国对日本的基本态度。

一　近在肘腋的"中土之患"

从近代日本接触中国时开始，中国人就对日本的到来持保留的态度。这倒不是因为中国人有先见之明，早已预见到了日本日后的危害，而是此时大多数中国人对日本的认知仍停留在明代倭寇的印象中。之所以造成如此局面，除了明代倭寇之患让国人心有余悸外，很重要的一个原因就是明清鼎革后中日两国的先后闭关锁国，使得中国人对日本的认识在近代以前并没有什么进展，以至于出现了在乾隆年间因满朝文武不识日本的"宽永通宝"铜钱而四处严查的闹剧。② 同样编于乾隆年间的《皇清职贡图》在日本条目下记载的仍是"（日本）夷性狡黠，时掠沿海州县，叛服无常"，③ 延续的还是明代倭寇的看法。

进入近代后，这一情况在初期也没多大改变。像徐继畬 1848 年所编的《瀛环志略》在叙述日本时，开篇就是："日本，古称倭奴，其国在东海中，平列三大岛，北曰对马岛，……明季关白为乱者是也；中曰长崎，土较大，与浙海普陀山相直，内地商船互市于此；南曰萨马，……明嘉靖年间扰闽、浙之倭寇，萨马也"，即三岛中有两岛都曾

① 周作人：《中日文化事业委员会为甚还不解散》，钟书河编《周作人文类编·日本管窥》，湖南文艺出版社，1998，第 661 页。

② 关于乾隆年间严查"宽永通宝"一事详见王晓秋《近代中国人日本观的变迁》，北京大学日本研究中心编《日本学》（第 3 辑），北京大学出版社，1991，第 66 页。

③ 《皇清职贡图》卷一，影印文渊阁《四库全书》本（第 594 册），台湾商务印书馆，1983，第 429 页。

在明代时为祸中国。①　徐氏此种记述虽是实情，但也反映了他的日本认知仍重在明代的那段倭寇记忆。中国近代最早的防日，即是基于此种倭寇观而产生的。

日本开国后，就逐渐引起了清政府的注意。1863 年日本长州藩、萨摩藩同英、美等国发生了冲突，清政府对于此事表现了高度的关注。因为奕䜣等人认为：日本战败的话，只是"英法等国益强"，但日本战胜的话，"则患在肘腋，更为切近"。换言之，日本在奕䜣等人看来，远比"英法等国"危险得多。导致奕䜣等人作出如此判断的依据就是日本"滨处东海，距中国海口不远"，也就是基于地缘关系，日本将会是中国的主要敌人。②　但除了地缘因素外，奕䜣等人可能更多的还是出于明时倭患的忧虑。次年李鸿章的一封上奏就提示了此点。在这封奏折中，李鸿章谈到日本时就用了"今之日本即明之倭寇"一语。③　初看此语，似平平无奇。无独有偶，几年后丁日昌上书言及日本时也有"今之日本，即明之倭寇"的表述。④　就是后来反对中日订约的英翰也言道"日本即倭国也。有明二百年以市舶受倭之患"。⑤　众多"日本即明之倭寇"的表述，其实正道破了当时大多数中国人对日本的一个基本印象，即将日本等同于倭寇。正是有了这一定见，所以奕䜣等人才会在日本处于西方列强入侵自顾不暇的情况下，仍将其视为中国的最大外患之一，防日也就成为近代中国最早的一个对日策略。日本初期历次通商的要求也因此遭到了中国的"随宜拒却"。⑥

1867 年"八户顺叔事件"也体现了中国当时防日的心态。同治六年二月十五日（1867 年 3 月 20 日），总理衙门接获总税务司赫德报告，

---

①　徐继畬：《瀛环志略》，上海书店出版社，2001，第 7 页。
②　《清季中日韩关系史料》第 2 卷，"中央研究院"近代史研究所，第 54 页。
③　沈云龙编《近代中国史料丛刊》第 62 辑，《同治朝筹办夷务始末》卷 25，第 2493 页。
④　沈云龙编《近代中国史料丛刊》第 62 辑，《同治朝筹办夷务始末》卷 55，第 5181 页。
⑤　沈云龙编《近代中国史料丛刊》第 62 辑，《同治朝筹办夷务始末》卷 79，第 7252 ~ 7253 页。
⑥　沈云龙编《近代中国史料丛刊》第 62 辑，《同治朝筹办夷务始末》卷 80，第 7376 页。

日人八户顺叔投书新闻纸，称日本计划攻击朝鲜。这使得清政府大为紧张，认为"设朝鲜为日本所据，则与中国相邻，患更切肤"，因而在消息仍未确定的情况下就急忙提请朝鲜注意。① 事后这被证明是一误传，但中国对日本的警觉也由此可见一斑。同年已对日本开国后情形有所了解的丁日昌也上奏表达了类似的担心。丁日昌首先指出"日本自与西人通商之后，立意自强，训练士卒，并设局精造船炮。现在驾驶轮船，自船主、管炉以至水手，皆无须雇用西人"，接着丁日昌就质疑日本"自强"的动机，认为日本若是针对"欧米各部"，则"鞭长莫及"，而"其于我也，可以朝发夕至"，因而有可能对中国造成威胁。由此丁日昌建议中国应"与为联络，阳为之好，而阴为之备"，也就是要加强对日本的防备。②

就当时实质情况而言，中国这一防日的心态是过虑了。事实上在明治政府上台之前，日本正内有"王政复古"的动荡，外有各国列强的入侵，根本无心也无力对中国造成威胁。所以此一时期中国的防日更多是基于明代倭寇观的惯性思维，不自觉地带有偏见去看待日本，当然一些误传的信息也对中国人倾向防日起到了推波助澜的作用。

1870 年，中日开始关于通商订约的交涉。在这一交涉过程中，明代倭寇观的影响也至为明显。当时反对中日订约的一个重要理据就是：日本即是明代的倭寇，若"一经纵入腹地，是于英法之外，又添一大患"。③ 对此，当时李鸿章予以了驳斥，但在后续的订约谈判中，就是李氏自身也不时受到明代倭寇观的影响。就在李鸿章筹备对日条约的过程中，忽有美国联同日本出兵朝鲜的传闻，李鸿章马上由此联想到了"日本欲吞朝鲜已久，查该国政纪中历次用武三韩，未能深入，往往中道罢兵"，而现在"日本与西国情好渐密，与朝鲜猜衅较深"，从而迅速推断出"日本尤为朝鲜之近患"的结论。④ 从这推论的过程，可以明

---

① 《清季中日韩关系史料》第 2 卷，第 54 页。
② 沈云龙编《近代中国史料丛刊》第 62 辑，《同治朝筹办夷务始末》卷 55，第 5181 页。
③ 沈云龙编《近代中国史料丛刊》第 62 辑，《同治朝筹办夷务始末》卷 79，第 7253 页。
④ 李鸿章：《条列五事》，《李鸿章全集》第 6 册，第 2918 页。

显看到李鸿章很大程度是基于过去日本为祸朝鲜的历史经验，再加上对现实日本局势的判断而得出的这样一个结论，明时倭寇观的影响也正隐伏其中，从而在条约中李鸿章对于日本也多加防范。后来李鸿章自己也承认"（中日修好条规）第一条……隐为朝鲜等国预留地步。第十三条……隐为前明倭寇故事预设防范"。① 换言之，李鸿章此时虽以"联日"为主，但也不乏"防日"的考虑，而他的防日思想，相当大程度仍是基于过去倭寇观的认识，重在预防前明故事重演。

尽管还在中日订约的过程中，李鸿章等人就已感觉到了日本的潜在威胁，甚至有"日本近在肘腋，永为中土之患"的表述，但在订约后的一段时期内，清政府并没将防日作为对日的主要策略，而是接受了李鸿章"联日"的建议。直到 1874 年日本入侵台湾，防日论才再次抬头。日本在《中日修好条规》换约的次年即发动了对台侵略，这使得李鸿章试图通过订约来"消弭后患，永远相安"的愿望破灭，清政府也开始重新思考对日策略。就在台事专条签订后的第 5 天，1874 年 11月 5 日奕訢等人就上奏了海防亟宜切筹的条陈，对过去的洋务运动进行了反省，认为"人人有自强之心，亦人人有自强之言，而迄今仍并无自强之实"，以至于"以一小国之不驯，而备御已苦无策"，因而建议清政府"饬下南北洋大臣，滨海沿江各督抚将军，详加筹议"。② 由此掀起了海防塞防的大讨论，而对日政策的调整也包含其中。

作为中枢重臣文祥首先表态，认为"目前所难缓者，惟防日本为尤亟"，从而明确提出了"防日"的主张。文祥主张防日主要基于三点：其一是"日本与闽浙一苇可航"；其二是"倭人习惯食言，此番退兵，即无中变，不能保其必无后患"；其三是"尤可虑者，彼国今年改变旧制，大失人心，叛藩乱民，一旦崩溃，则我沿海各口，岌岌堪虞"，并认为"明季倭患，可鉴前车"。③ 文祥此论虽仍留有倭寇观的痕

---

① 李鸿章：《日本约章缮呈底稿》，《李鸿章全集》第 2 册，第 631 页。
② 沈云龙编《近代中国史料丛刊》第 62 辑，《同治朝筹办夷务始末》卷 98，第 9030 ~9031 页。
③ 沈云龙编《近代中国史料丛刊》第 62 辑，《同治朝筹办夷务始末》卷 98，第 9072页。

迹，但通过历次交涉，对日认识已有所深化，意识到日本将是中国的一大"后患"，并隐约感觉到了日本"改变旧制"同其侵略中国存在某些关联。稍后李鸿章也附和文祥的主张，认为"文祥虑及日本距闽杭太近，难保必无后患，目前惟防日本为亟，洵属老成远见"，接着李鸿章又进一步指出"泰西虽强，尚在七万里以外，日本则近在户闼，伺我虚实，诚为中国永远大患"。① 尽管李鸿章同文祥一样将日本看作"大患"，但李鸿章"防日"的出发点与文祥有所差异，他真正赞同的只是文祥防日的第一点理由，即地缘因素，而对后两个理由李鸿章都有不同程度的辩解。这其实也延续了李鸿章此前关于"日本近在肘腋，永为中土之患"的逻辑，即从地缘政治的角度出发，认识到日本的强大会对中国造成威胁。与文祥、李鸿章持类似看法的，还包括原江苏巡抚丁日昌、浙江巡抚杨昌浚、两江总督李宗羲等人，都将日本看作中国最大的敌人，主张防日。

经过 1874 年海防大讨论后，中国虽对"防日"已有一定程度的共识，但是依旧没把此作为主要的对日方针。这一方面是由于中俄交涉的牵制，但更在于此时大多数国人虽认识到了日本对中国的威胁，却仍然以"蕞尔小国"视之。如主持对日交涉的李鸿章此时仍认为日本"所以矫强之由，不过该国近来拾人牙慧，能用后门枪炮，能开铁路煤矿，能学洋语洋书，能借国债，能制洋银数事耳"，中国"又何畏此小国"，"今彼虽与西洋合好，尚无如朝鲜何，岂遽能强压我国耶！"② 对日本的轻视之情溢于言表。由此可见，李鸿章实质上并没有将日本作为一个真正值得重视的对手来看待。在海防讨论中，作为制日利器的"铁甲舰"也因此一直没有购买。1875 年江华岛事件发生后，李鸿章也仍以"我们一洲自生疑衅，岂不被欧罗巴笑话"来劝导日本"息事宁人"。③

但事隔数年，日本再一次作出了挑衅中国的举动，于 1879 年吞并了琉球。正是这件事才使得清政府深切感觉到防日已刻不容缓，从而转

---

① 李鸿章：《筹办铁甲兼请遣使片》，《李鸿章全集》第 2 册，第 833 页。
② 李鸿章：《复孙竹堂观察》，《李鸿章全集》第 5 册，第 2630 页。
③ 李鸿章：《日本使臣森有礼署使郑永宁来署晤谈节略》，《李鸿章全集》第 6 册，第 3017 页。

变到积极防日的策略中来。在日本吞并琉球后，丁日昌立即上奏指出：日本下一步侵略目标将是"不南犯台湾，必将北图高丽"。① 稍后福州将军庆春等也上折认为日本"欲得而甘心者，意岂在琉球哉"，中国"筹防不得不预"。② 正是在这些地方督抚的一再推动下，清政府于1879 年 7 月 6 日、29 日接连颁布上谕命令李鸿章与沈葆桢"刻意讲求海防"以防日。琉球之事也彻底改变了李鸿章过去联日的思路，因而对于筹划海防的上谕积极响应，迅速致函驻德大使李凤苞，委托其调查"须购用何项铁甲，与中国海口相宜，能制日本之船"，准备购置铁甲舰。③ 为加快购舰的进程，李鸿章又一再向清政府指出购置铁甲舰的重要，认为日本之所以"敢藐视中国，耀武海滨，至有台湾之役，琉球之废"就是因为"有铁甲三艘"，因此为"防日"中国也必须购买铁甲舰，使"日本闻我有利器，当亦稍戢狡谋"。④ 正是在李鸿章的坚持下，清政府加快了海军的建设，于 1880 年、1881 年向德国定造了"定远"、"镇远"两艘铁甲舰，后来又订购了"致远"、"靖远"、"经远"、"来远"四艘新式巡洋舰，形成了后来北洋海军的骨干力量。北洋海军的兴建正如李鸿章所说是"大半为制驭日本起见"。⑤ 防日在琉球事件后成为了中国对日的主要方针，当然这一策略的真正落实是在中俄伊犁交涉后。

需要指出的是，中国之所以在琉球事件后迅速转向防日，很大程度上是基于朝鲜问题的考虑，害怕日本将朝鲜变成第二个琉球。如前所述丁日昌、庆春等人力主防日，其着眼点并非已被吞并的琉球，而是日本下一步侵略的目标——朝鲜。丁日昌更为如何应对日本侵朝，提出了"（朝鲜）不如统与泰西各国立约。日本有吞噬朝鲜之心，泰西无灭人国之例，将来两国启衅，有约之国皆得起而议其非，日本不致无所忌

---

① 《光绪五年四月二十五日前福建巡抚丁日昌奏》，中国史学会编《洋务运动》第 2 册，第 394 页。
② 《光绪五年五月十三日福州将军庆春等奏折》，中国史学会编《洋务运动》第 2 册，第 398 ~ 399 页。
③ 李鸿章：《复李丹崖星使》，《李鸿章全集》第 5 册，第 2747 页。
④ 李鸿章：《议购铁甲船折》，《李鸿章全集》第 2 册，第 1128 页。
⑤ 李鸿章：《议覆梅启照条陈折》，《李鸿章全集》第 3 册，第 1220 页。

惮"的方案。① 后来清政府在朝鲜防日的布置大致就按丁日昌的方案进行。作为具体主持对日外交事务的李鸿章更是从中日订约开始，就一直对日本染指朝鲜抱有高度的警惕。在日本吞并琉球后，李鸿章就致函朝鲜的李裕元，指出："日本比年以来，宗尚西法，营造百端……其于中国与贵国，难保将来不伺隙以逞"，"贵国既不得已而与日本立约，通商之事，已开其端"，"为今之计，似宜以毒攻毒，以敌制敌之策，乘机次第亦与泰西各国立约，藉以牵制日本"。② 李鸿章在此提出了"联西制日"的主张，而其属意的西国最初是美国，认为"美国直接大东洋，向无侵人土地之心"，朝鲜先与美国订约的话"既可杜东邻觊觎，即他国续谈通商，亦得有所据依"。③ 由于李鸿章的极力游说，朝鲜于1882 年同美国签订了《朝美通商条约》。相继英、德、俄等国也与朝鲜签订了类似条约。由于西方各国的进入，朝鲜的局势更为复杂。1886年在巨文岛事件的处理过程中，俄国作出不侵占朝鲜领土的承诺，这使得李鸿章对于俄国更为放心，也更偏向于"联俄制日"，认为"韩虽可虑，有俄在旁，日断不遽生心。我当一意联络俄人，使不侵占韩地，则日亦必缩手"。④

因而当时中国对防日的布置主要有两点：一是建立北洋舰队，二是在朝鲜"联西制日"。正是清政府在琉球事件后的积极防日，使得日本在朝鲜一时之间难以得手，而中日海军力量的对比在1891 年以前也一直是中国优于日本。这在一定程度上压制了日本对外扩张的势头。

但是这一积极防日的方针并没有一直继续下去。在中日签订《天津条约》后，李鸿章就转而认为："大约十年内外，日本富强必有可观。此中土之远患，而非目前之近忧"，虽然李氏在此语之后又紧接着补了一句"尚祈当轴诸公及早留意"。⑤ 但实质上无论是李鸿章本人，还是清政府的"当轴诸公"，更为留意的只是前半句。既然日本已非

① 《光绪五年四月二十五日前福建巡抚丁日昌奏》，中国史学会编《洋务运动》第 2 册，第 394 页。
② 王彦威、王亮编《清季外交史料》第 1 册，第 304～305 页。
③ 李鸿章：《覆朝鲜总理机务李兴寅君》，《李鸿章全集》第 6 册，第 3233 页。
④ 李鸿章：《论俄日窥韩》，《李鸿章全集》第 5 册，第 2863 页。
⑤ 李鸿章：《密陈伊藤有治国之才》，《李鸿章全集》第 6 册，第 3323～3324 页。

"近忧"，清政府自然而然也就放松了对日本的警觉。这一态度转变所带来的一个直接后果就是：作为制日的主要军事力量——北洋舰队，自1886年以后就再也没有添购一艘新舰。与此相应，作为中国在朝鲜的政策执行者——袁世凯，到1886年也转而将俄国看作朝鲜的大患，认为"俄人久欲在亚洲占据海口，屯驻水师，以遂其鲸吞之计。如不取诸韩，将焉取之"，日本则被看作"疆域与朝鲜等，徒以改用西法，侈言功利，外强中干，党祸迭起，……此可与连和"的对象。① 袁世凯的这一认识既是秉承清政府放松防日方针的一个结果，但反过来又一定程度上影响了清政府对甲午战前朝鲜局势的判断，为甲午战败埋下了伏笔。

　　清政府之所以在《天津条约》后转变防日方针，一个重要的因素就是：日本对中国的外交欺骗，使中国没能察觉其对中国的真正意图。事实上早在朝鲜壬午兵变后，日本就以中国作为自己的假想敌，并为此制订了一个"八年内建造四十八艘（军舰）"的计划。② 但为了麻痹中国，放松中国对日本的警惕，日本对中国采取了"与之和好"的策略。袁世凯后来回忆中也指出"倭人十数年来，外示联合，内蓄叵测，其甘言愉色使我略不猜防"。③

　　甲午战后虽有一段时期，清政府采取了联俄防日策略，但这主要是延续甲午战时的敌对思维，当日本采取"保全中国"的对华策略后，中日两国又迅速接近。实藤惠秀甚至认为1896～1905年间是中国"纯粹的亲日时代"。④ 中国再次防日出现在日俄战后，随着日本接收了俄国在中国东北南部的势力，中国也日益认清了日本侵略东北的野心。自此中国在东北展开了持续的防日活动，即便是后来亲日的张作霖，无论是基于自己的地位还是基于民族利益的权衡，也不得不对于日本在东北的活动进行了或明或暗的抵制。日本最终选择炸死张作霖，也反证了张

---

①　中国第一历史档案馆：《袁世凯驻节朝鲜期间函牍选辑》，《历史档案》1992年第3期。

②　信夫清三郎：《日本外交史》（上册），第195～196页。

③　中国史学会编《中日战争》第5册，上海人民出版社，1957，第217页。

④　转引自任达著《新政革命与日本——中国，1898～1912》，李仲贤译，第9页。

氏有防日活动。

1915 年日本"二十一条"提出后，更加深了中国人对日本的防范，"从此以后，不论日本说什么，中国总是满腹怀疑，不敢置信；不论日本做什么，中国总是怀着恐惧的心情加以警戒"。①

纵观近代中国的防日，主要受到了三个因素的支配：一是明代倭寇观的影响，使得大多数国人对于日本有一种自发的抵触。直到民国年间，江浙沿海等地还有"倭倭来，鬃鬃来，阿拉团团睏熟来"的民谣流传，即反映了这一事实。② 二是对地缘政治的考虑，使得国人较早就意识到了"日本近在肘腋，永为中土之患"，从而开始了最初的自觉防日。三是日本近代侵华政策的逐渐暴露，中日冲突日益加剧，决定了中国最终以防日作为主要的对日策略，而日本近代侵华政策也是中日必然走向对抗的主要原因。

二　帝国主义话语谱系中的日本

进入 20 世纪后，中国人对于日本侵略中国又有了一种解释，那就是将其看做是日本帝国主义的产物。

19 世纪后半期各主要资本主义国家先后向垄断资本主义阶段过渡，成为了帝国主义国家。不过日本向帝国主义国家转变是在甲午战后。日本通过中日甲午战争获得了巨额的战争赔款，并割占了台湾，事实上初步控制了朝鲜；这使得其在战后无论是在政治上还是经济上，甚至思想上都出现了向帝国主义过渡的变化。

首先在政治上，日本还在 1894 年 7 月就同英国签订了《通商航海条约》，废除了英国在日本的领事裁判权，收回了部分被侵占的权利。战后，日本又借着甲午战胜的余威，同美、德等国签订了类似的条约，初步建立了同西方各国对等交往的关系，改变了在战前处于不平等条约之下的屈辱状况。而日本对台湾的割占、朝鲜的殖民统治，也使其变成了名副其实的殖民者。1900 年，日本被邀请加入了八国联军，这被视

---

① 蒋梦麟：《西潮》，辽宁教育出版社，1997，第 83 页。
② 王勇：《中日关系史考》，中央编译出版社，1995，第 200 页。

为"从世界史的角度来看，可以说日本自这时起也成了帝国主义"。①

其次，从经济上看，由于获得了巨额的战争赔款，日本在甲午战后确立了金本位制，并使其资本主义经济有了一个飞速的发展。据统计，到1903年，日本企业的资本额同1893年相比增加了3.8倍，贸易出口额增加了3.23倍。② 在这当中又以那些与日本政府有密切关系的企业资本发展得最为迅速，形成了一批带有垄断性质的财阀。尽管这些财阀不是真正的垄断资本，却有了向外进行资本输出的要求。当然日本大规模的资本输出还是在获得庚子赔款后开始的，不过在此之前已经有了对外进行资本输出的尝试。

最后，从日本思想界来看，战后日本不少知识分子转变为帝国主义论者，出现了美化帝国主义的倾向。最突出的一个例子就是德富苏峰，他在回顾这段转变时就坦承："吾之观点由和平主义发展为帝国主义乃彰明较著之事实，但切莫忘记，此种发展（第一）与甲午战争前后日本之地位有所不同，（第二）与世界之大势日益趋向帝国主义此二事实紧密相关。"③ 而当时思想转向帝国主义论者的绝不止德富苏峰一人，1898年东渡日本的梁启超就观察到，"近者帝国主义之声，洋溢（日本）国中，自政府之大臣，政党之论客，学校之教师，报馆之笔员，乃至新学小生，市井贩贾，莫不口其名而艳羡之，讲其法而实行之。"④ 可见甲午战后日本出现了一股鼓吹、提倡帝国主义的潮流。

正是有了这些政治、经济、思想上的转变，日本在此之后的对外扩张明显带有帝国主义的色彩，而日本的这一变化也逐渐被中国人所注意。

尽管在中国"帝国"一词古已有之，但主要含义：一是指称地理意义上的中国范围和帝王治下的国家的结合体，二是指称以德治为特征的五帝之制；⑤ 都不同于现代意义的"帝国"，且将"帝国"同"主

---

① 井上清著《日本帝国主义的形成》，人民出版社，1984，第77页。
② 井上清著《日本帝国主义的形成》，第82页。
③ 井上清著《日本帝国主义的形成》，第137页。
④ 梁启超：《论民族竞争之大势》，《饮冰室合集·文集之十》，第26页。
⑤ 汪晖：《现代中国思想的兴起·上卷·第一部》，三联书店，2004，第23~24页。

义"一起连用的更是绝无仅有。其实现代意义的"帝国主义"一词最先出现是在西方，时间大概是 19 世纪 70 年代，到 19 世纪 90 年代后则变为一般用语，"成为政治和新闻词汇的一部分"。① 这也与近代各主要资本主义国家先后向垄断阶段过渡相一致。而其由日本传入中国大致是在 19 世纪 90 年代。有研究者指出，还在 1895 年中国人就翻译了日本人浮田和民的《帝国主义》一书，到 1902 年幸德秋水的《二十世纪之怪物帝国主义》也被翻译成中文。② 这两本书成为中国帝国主义理论的一个重要源头。

浮田和民主要认为"现今之帝国主义，是民族膨胀的自然之结果，并不单单是富于侵略的帝国主义"，从帝国主义表现方式来看，可以分为两种："其一为侵略之帝国主义也，其二为伦理帝国主义也"，"侵略之帝国主义"主要"带有政府和军事之性质"，"伦理帝国主义"则带有"人民及经济的性质"。③ 浮田和民赞同提倡的是伦理帝国主义。从浮田和民的表述，我们可以看出，他是试图美化帝国主义的。与此相对，幸德秋水却对帝国主义大加批判。幸德秋水指出"所谓帝国主义者，即欲建设大帝国之意味。建设大帝国者，即欲大扩张其领属版图之意味"，而要扩大版图自然就要对外扩张。因而他断言：在二十世纪"吾人欲世界之平和，而帝国主义则扰乱之也。吾人欲自由与平等，而帝国主义则破坏之也。吾人欲生产分配之公平，而帝国主义则激成之而是不公平也。文明之危险，实莫大焉！"④ 从浮田和民和幸德秋水的论述可以发现，日本传入中国的"帝国主义"从一开始就充满歧义，褒贬不一，这也直接影响了中国人对"帝国主义"的判断。

---

① 艾瑞克·霍布斯鲍姆：《帝国的年代》，江苏人民出版社，1999，第 64～65 页。另据井上清考察："帝国主义一词原是一种政治运动的口号，它始于（英国）政治家迪斯累里——原是自由主义者，对占有殖民地表示明显冷淡——一八七二年在伦敦郊外的娱乐场所水晶宫的演说。"（井上清著《日本帝国主义的形成》，第 15 页。）
② 史扶邻：《孙中山与中国革命的起源》，中国社会科学出版社，1981，第 247 页。
③ 转引自郑匡民《梁启超启蒙思想的东学背景》，上海书店出版社，2003，第 189 页。
④ 幸德秋水口述，赵必振译：《帝国主义》，上海国耻宣传部发行，1925，第 59、85 页。该版本据曹聚仁的序言可知，实是 1902 年版的再版。

　　中国人自己最早系统论述"帝国主义"的应属梁启超。他在1898年戊戌变法失败后，就东渡日本，在此期间就注意到了日本思想界所流行的各种帝国主义理论，从而对其有比较集中的阐发与论述。

　　梁启超对帝国主义的基本看法包括三点：一是将帝国主义看做是历史发展的必然，认为"近世列强之政策，由世界主义而变为民族主义，由民族主义而变为民族帝国主义，皆迫于事理不得不然，非一二人之力所能为，亦非一二人之力所能抗也"①。中国现在虽仍处于民族主义的阶段，但"若夫帝国主义之一阶级，吾中国终必有达之之一日"，② 也就是将帝国主义看作中国未来的发展方向。二是指出了现在的"民族帝国主义"与"古代之帝国主义"不同。"古代之帝国主义"不过是"由于一人之雄心"、"为权威之所役"，所以那时的侵略"不过一时，所谓暴风疾雨，不崇朝而息矣"；而"民族帝国主义"则是"由于民族之涨力"，"为时势之所趋"，所以"此之进取，则在久远，日扩而日大，日入而日深"。③ 相应的，"民族帝国主义"的侵略方式也不一样，"今日之竞争，不在腕力而在脑力，不在沙场而在市场"，"其所施于中国者，则以殖民政略为本营，以铁路政略为游击队，以传教政略为侦探队，而一以工商政略为中坚也"，不再是以前那样吞疆夺土，赤裸裸地进行武装侵略。④ 在这一情况下，要抵御"民族帝国主义"的侵略就必须"速养成我所固有之民族主义以抵制之"。⑤ 三是认为"帝国主义"的产生缘于"其国民之实力，充于内而不得不溢于外，于是汲汲焉求扩张权力于他地，以为我尾闾"，⑥ 这实质沿袭了浮田和民所谓的"民族膨胀的自然之结果"的说法。

　　梁启超的这些论述一方面反映了他注意到世纪之交各主要资本主义国家向帝国主义阶段过渡的这一变化，并认识到这将带来更为激烈的竞争，而提倡发扬本国民族主义才是正确的应对之道；另一方面也

---

①　梁启超：《论民族竞争之大势》，《饮冰室合集·文集之十》，第26页。
②　梁启超：《答某君问法国禁止民权自由说》，《饮冰室合集·文集之十四》，第31页。
③　梁启超：《新民说》，《饮冰室合集·专集之四》，第4页。
④　梁启超：《论民族竞争之大势》，《饮冰室合集·文集之十》，第26页。
⑤　梁启超：《国家思想变迁异同论》，《饮冰室合集·文集之六》，第22页。
⑥　梁启超：《新民说》，《饮冰室合集·专集之四》，第4页。

表明他虽然看到了帝国主义将"陷于侵略主义，蹂躏世界之和平"的弊端，① 却又因为认同这是历史必然而不免带有为帝国主义侵略开脱的嫌疑。

在当时注意到这一帝国主义发展新趋向的中国人并不只梁启超一人。1901 年《开智录》刊登的《论帝国主义之发达及二十世纪世界之前途》一文也指出"今日之世界，是帝国主义最盛，而自由败灭之时代也"。与梁启超不同的是，该文直接将帝国主义斥责为"膨胀主义也，扩张版图主义也，侵略主义也"，并认为中国将会是帝国主义首要的侵略对象。② 不过该文同样也承认帝国主义的出现主要是因为经济的因素与人口的增长。

1902 年《新民丛报》另一篇题为《论世界经济竞争之大势》的文章也认为"帝国主义，质言之，则强盗主义也"。不过它对帝国主义产生缘由的解析与梁启超类似，将"帝国主义"看成是"民族膨胀之结果"，"民族何以膨胀，则全属经济上之问题。帝国主义，因经济之竞争而行于列国也"。该文还进一步指出"今日欧洲列国之所以如饥鹰如饿虎汲汲然求逞其欲于世界者……非政治家之野心，军事家之野心，而商工业家之野心也。其所谓商工业家，非多数之劳动者迫于求食之念，乃少数之资本家求资本之繁殖也"，这实质已看到了帝国主义扩张背后的经济动因。从经济因素认识帝国主义，这应该是当时大多数中国人的一个共同取向。事实上过渡到帝国主义的垄断资本主义的一个重要特征就是资本输出，所以当时人认为"帝国主义之盛行，其目的不在领地之开拓，而在贸易之扩张"大致有一定根由。③

对于"帝国主义"另一个比较一致的看法就是，大多数论及帝国主义的文章都意识到，并特别强调帝国主义对中国进行经济侵略、政治侵略，乃至军事侵略所带来的危害。如陈天华在那本流传甚广的小册子——《猛回头》中就用通俗的说法解释了这一危害性：

① 梁启超：《国家思想变迁异同论》，《饮冰室合集·文集之六》，第 22 页。
② 张枬、王忍之编《辛亥革命前十年间时论选集（第 1 卷）》（上册），三联书店，1978，第 53 页。
③ 张枬、王忍之编《辛亥革命前十年间时论选集（第 1 卷）》（上册），第 200 页。

　　列位！你道如今灭国，仍是从前一样吗？从前灭国，不过是把那国的帝王换了坐位，于民间仍是无损。如今就大大的不相同了，灭国的名词，叫做"民族帝国主义"。这民族帝国怎么讲的？因其国的人数太多，本地不能安插，撞着某国的人民本领抵挡他不住的，他就乘势占了。久而久之，必将其人灭尽，他方可全得一块地方。非是归服于他，就可无事，这一国的人种不灭尽，总不放手。那灭种的法子，也是不一：或先假通商，把你国的财源如海关等一手揽住，这国的人，渐渐穷了，不能娶妻生子，其种自然是要灭；或先将利债借与你国，子息积多，其国永远不能还清，拱手归其掌握；或修铁路于你国中，全国死命皆制在他手；或将你国的矿产尽行霸占，本国的人倒没有份。且西洋人凡灭了一国，不准你的国人学习政治、法律、军事，只准学些最粗浅的工艺，初则以为牛马，终则草芥不如。其尤毒者，则使某国的人自相残杀。①

　　陈天华因为《猛回头》的读者主要定位为普通百姓，所以特意将帝国主义同普通百姓的日常生活联结到一起，指出"帝国主义"所带来的影响已危及"民间"。这虽是一宣传策略，却表明当时一部分人已注意到帝国主义给中国带来的危害可以涉及各个层面，不仅中国的政治问题可以归咎于帝国主义，经济问题、社会问题同样可以归咎于帝国主义。

　　值得注意的是，当时不少国人认为中国之所以受到帝国主义的侵略，关键不在于各帝国主义国家，而在中国自身，是中国自身不强，才引来了各帝国主义的觊觎。梁启超就明确指出"患之有无，不在外而在内"，只要"使吾四万万人之民德、民智、民力，皆可与彼相埒，则外自不能为患，吾何为而患之"。② 同样陈天华也认为"吾不能禁彼之不亡我，彼亦不能禁我之自强，使吾亦如彼之所以治其国者，则彼将亲我之不暇，遑敢亡我乎？"③ 沿袭的还是以往"反求诸己"的思路来解

---

① 郅志选注《猛回头——陈天华、邹容集》，第19~20页。
② 梁启超：《新民说》，《饮冰室合集·专集之四》，第5页。
③ 郅志选注《猛回头——陈天华、邹容集》，第174页。

决中国所面临的帝国主义威胁。正是在这一思路下，帝国主义一词在初期使用时并不具有明确的贬义色彩。

最早将日本同帝国主义联系到一起的也是梁启超。如前所引，他在《论民族竞争之大势》中已指出"日本者，世界后起之秀，而东方先进之雄也。近者帝国主义之声，洋溢于国中"，将日本也归入了帝国主义行列当中，并认为"试问今日茫茫大地，何处有可容日本人行其帝国主义之余地？非行之于中国而谁行之？"① 应该说梁启超在 20 世纪初即敏锐地观察到日本基于帝国主义的经济扩张性，将成为中国的威胁者。不过此时梁启超所指的主要是经济的侵略、日本资本的输出。创办于横滨的留日刊物《译书汇编》在 1902 年也指出"近世帝国主义之出现，实由此无餍足之欲望逼迫而生……欧美日诸强国，群奉此主义"。②

若对照同期日本方面的言论，则表现得更为清楚。伊藤博文在甲午战后就指出：和"仅仅为了侵吞国土或荣誉"的"昔日之战争"不同，以后竞争瓜分东亚的目的"在于消除向国外扩充工商业利益时的外来障碍，或主动地向世界扩展工商业"，即"必须带来资本主义利益"。③这一侵略目的的转移正反映了当时日本向帝国主义过渡后急于向外进行资本扩张的企图。作为伦理帝国主义的倡导者，浮田和民更进一步指明日本帝国主义同中国的关系："吾国之利益在于将来逐渐确保朝鲜之独立与中国之安全，与此同时启发中国、朝鲜之改革与教育，并将吾日本之实力及资本投放于此，待使之经济及政治关系亲密无间时，避开吞并他国领土之不利政治责任，而得到与之相同之利益与效果。此乃予所谓之帝国主义也。"④ 换言之，日本的帝国主义，就是要将中国、朝鲜变为它的资本输出地、产品销售场，以期获得与占领中国、朝鲜同等的利益。吞并朝鲜后，中国更成为日本帝国主义的主要侵略对象。

当然就当时的实质情况看，日本虽然通过参加镇压义和团运动的八国联军，加入近代帝国主义的"同盟"、"伙伴"中，但从其经济发展

---

① 梁启超：《论民族竞争之大势》，《饮冰室合集·文集之十》，第 26 页。
② 转引自丁守和编《辛亥革命时期期刊介绍》，人民出版社，1982，第 60 页。
③ 井上清著《日本帝国主义的形成》，第 131 页。
④ 井上清著《日本帝国主义的形成》，第 146 页。

程度而言，"尚远未发展到体现近代帝国主义经济实质的垄断资本主义阶段"。[1] 到1902年日本在华的投资额才100万美元，仅占外人在华投资总额的0.1%，所以日本帝国主义当时在华势力表现得并不突出。此时中国人在分析各主要帝国主义国家时，也更多关注英、美、俄、德等国，对于日本并不太注意。[2]

尽管在20世纪初期，梁启超就将日本同帝国主义联系到一起，但此后相当长一段时间里，国人使用日本帝国主义一词的很少。即便是在二辰丸事件、五四运动等中日激烈对抗的局面中，中国人仍没有打出反对日本帝国主义的口号。原因在于直到1919年以前，不少人仍沿袭浮田和民的看法，将帝国主义看作历史发展潮流，是民族主义发展到一定阶段的产物，而对于幸德秋水批判帝国主义的观点赞同的还不多。曹聚仁在1925年再版幸德秋水所著的《帝国主义》时即指出："二十五年前，中国学术界已有人来译述这一类的读物……可是这书在那时思想界不曾有过什么影响，虽然它本身这么伟大。二十五年来，这书已在一般人记忆线之外了。"[3] 曹聚仁此言其实提示了两点：第一，幸德秋水的观点在初版时，也就是1902年时，没有什么影响，第二，事隔25年（实质上是23年）再版此书，并认为"它本身这么伟大"，其实反映了中国人对"帝国主义"的观感已发生变化，转向赞同幸德秋水的观点。

事实上也的确如此，"帝国主义"成为一个明确的批判对象是在共产党成立后，经过我党的广泛宣传才实现的。"日本帝国主义"也随之在20世纪20年代后被广泛应用，成为日本对外侵略、对外扩张的一个代名词。1921年张太雷在共产国际"三大"发言中就指出"日本帝国主义在远东是必须尽速予以解决的一个紧迫而重大的课题。只要这个课题未获解决，对于苏维埃俄国，日本帝国主义便将是经常的威胁，它也

---

[1]　井上清著《日本帝国主义的形成》，第77页。

[2]　如《论帝国主义之发达及二十世纪世界之前途》一文就直接认为："日本之政策是唯欧洲之趋势是视，故以下不论此三国（另两国是俄、法），所言者只美、英、德三国耳。"[《辛亥革命前十年间时论选集》第一卷（上册），第53页]梁启超论述帝国主义的一篇重要文献《论民族竞争之大势》重点探讨的就是英、德、俄、美四国，认为"此四国者，今日世界第一等国，而帝国主义之代表也"。

[3]　曹聚仁：《与读者》，幸德秋水口述，赵必振译《帝国主义》，第1页。

不会容忍远东各国走向共产主义。"① 这表明中国共产党成立后不久就将反对日本帝国主义作为其一项重要的任务。后来中国主要反对的帝国主义国家虽时有变化，但随着日本侵华的日益加剧，不论是共产党还是国民政府都越来越将日本帝国主义看成了中国的最大威胁，日本也日益等同于日本帝国主义。到 1926 年，连游离于政治之外的周作人也认为"日本是真正帝国主义的帝国。我们现在的工作是在广播不信托日本之种子，使大多数人民的心里都长出根深蒂固的排日思想，养成反抗日本以及一切内外迫压的力量"。② 日本帝国主义的深入人心由此可见一斑。

总体看来，在 1871~1915 年间，从政治层面而言，中国对于日本既存在联日、防日的不同方针，又在甲午战后逐渐确立了学习日本的倾向。至于对日究竟是联还是防，既是中国政府基于国家利益而作出的不同判断，也是日本政府不断发挥其影响的结果。但在这一决策的过程中，绝不仅是中日双方的互动较量，还常常羼杂有第三国甚至多国势力的博弈，中日关系的调整往往是在整个远东国际格局的变迁下进行。由于日本在明治维新后不久即确立了对华扩张的基本国策，这使得中国无论如何进行对日的外交调适，都无法摆脱中日两国必然走向对抗的总体趋向。而中国政府采取学习日本的策略，则是对日本认识不断深化的一个结果。当然在此过程中，也不乏日本的主动"迎合"，维新派的积极推动，光绪帝的固权考量，正是多方参与，才促使学习日本成为清末政府的一个重要的决策。

---

① 《张太雷在第二十三次会议上的发言（1921 年 7 月 12 日）》，中共中央党史研究室第一研究部编《共产国际、联共（布）与中国革命文献资料选辑（1917~1925）》，北京图书馆出版社，1997，第 182 页。

② 周作人：《中日文化事业委员会为甚还不解散》，钟书河编《周作人文类编·日本管窥》，第 662 页。

第三章 | **形塑和变形：媒体视角下的日本形象**

　　如前所述，进入近代，中国境内出现了大量的报纸、杂志等新式媒体，据统计到 1895 年在中国创办的报刊已达 77 种[①]，到 1912 年，"即以京师论，已逾百家"[②]，发展得极为迅速。在这些新式媒体的报道中，正如有研究者所指出的那样，日本报道占据了独特的地位。因为在欧战前，中国的报纸"向来只注重东亚一隅"，对其他列强，不过是"聊备一格而已"。[③] 但这些媒体所呈现的日本面相却各有差异，从而影响了读者对于日本的认识和观感。

　　需要说明的是，本章之所以选取《申报》、《点石斋画报》与《盛京时报》三家媒体作为分析的对象，主要因为这三家媒体都在中国近代史上产生了广泛的影响。《申报》在中国报刊史中的地位及当时在全国的影响这已是学界的一个共识，不须笔者赘言。同属申报馆的《点石斋画报》被王尔敏誉为"中国知识分子以至市井平民，获得国内外时事要闻、创新发明、海外风俗民情，除同时代《申报》、《万国公报》外，（《点石斋画报》）当为第三个重要来源"，[④] 其重要性也可见一斑。至于《盛京时报》则是日本在东北最重要的媒体，也是当地影响最大

[①] 李提摩太：《中国各报馆始末》，杨光辉、熊尚厚等编《中国近代报刊发展概况》，新华出版社，1986，第 1 页。

[②] 梁启超：《中国报馆之沿革及其价值》，杨光辉、熊尚厚等编《中国近代报刊发展概况》，第 27 页。

[③] 郑翔贵：《晚清传媒视野中的日本》，第 30 页。

[④] 王尔敏：《近代文化生态及其变迁》，百花洲文艺出版社，2001，第 390 页。

的报纸，长期"执东北各报之牛耳"，其影响也不容小觑。① 分析这三家媒体对日本报道的差异，正可探讨是哪些因素影响了媒体的报道。

第一节　公众视野中的"甲午战争"

甲午战争是近代日本对中国发动的最重要的一次侵略战争，直接改变了中日以后的关系走向，也影响了远东的国际格局。这样一件军国要事，从战争一开始就吸引了中国公众的眼球，中国众多的媒体也都予以及时的报道。不少国人正是通过这些大量刊载中日战事的传媒来认识中日甲午战争的。

一　公众获知甲午战讯的管道

中国公众了解国事，在近代以前主要通过宫门抄等官方途径、私人函件和口耳相传等方式，但毕竟信息传递的速度、流动圈有限。近代以后，信息交通的发展和新式报刊媒体的出现，使得这一局限被突破。当然，在传统向近代转换的过程中，旧有的信息渠道仍然还在使用。下面以甲午战争为例，来观察当时中国公众获知信息的渠道。

不同个体因为社会地位不同，掌握信息资源的多寡不一，总的说来越处于社会上层，了解、获得信息的渠道越多。

最先获知甲午战讯的应属当时直接参与对日决策的中央官员，如翁同龢即属此类。他们对于战讯的获悉主要基于参与朝政事务时直接接触了各类关于战事的电报、奏折，从而及时地了解了甲午战争的最新动态。

翁同龢在日本击沉"高升号"两天后，即"得樵野（张荫桓）信，始知倭在牙山潜击我船，有英商载我兵船一只击沉，济远尚自顾，广乙则败"，从而获知了中日战争爆发的消息。三天后，翁同龢又通过张荫桓函告，得知了中日在成欢驿交战的情况。稍后（8 月 1 日）翁同龢又"夜得樵野书，北洋电雇英轮探仁川，知廿五、六牙军又捷，杀敌二千

① 黄福庆：《近代日本在华文化及社会事业之研究》，第 235 页。

余，进扎距汉城八十里"。① 从翁同龢这些记载可以发现，翁关于甲午战事的消息不少是由张荫桓通过信函告知的。张荫桓之所以得知讯息要比翁同龢快，主要因为他此时正以户部左侍郎担任总理衙门大臣，而总理衙门负责接收各方电报，可以及时得知朝鲜的战时动态。翁同龢则因已于7月15日"奉派会议朝鲜事"，② 得以直接参与对日决策，所以张荫桓无论于公于私都有责任将甲午战讯传达给翁同龢。而无论是翁还是张，其实他们信息的主要来源就是北洋电报。除了通过其他人函告电报消息外，翁同龢自己也经常阅读电报以获知战争信息。如8月4日，翁"至军机处，看摺四件、电报，无牙山真信"。8月11日，"议事看摺，并电报，威海告警"。8月13日，"得盛电三件。一、调兵；一、报叶、聂先后出险；一、丁汝昌船回威海"。③ 正是通过这些电报，翁同龢迅速获知了甲午战争的大致情况。但是由于近代中国电报的管理主要由李鸿章、盛宣怀等人负责，因此，电报信息的及时性、准确性很大程度上掌握在李、盛等人手中。而李鸿章等人出于自身派系利益的考虑，往往故意拖延发电时间，甚至"不电"，致使电报传递的战讯也出现不确或延误的情况。④ 在此情况下，一些私人密报、信函等就成为补充电报缺失、传递战讯的重要渠道。翁同龢正是于8月10日得其门生刘可毅面告，方才得知"叶军廿八日覆没，韩人死者二万人，汉京死亦如之，日兵仅死千余人"的消息，并且了解到"此事津早知，而北洋不电"。⑤ 随着战事逐渐转移至中国境内，翁同龢等中枢中人除了通过电报外，也可通过交战地官员的奏折、信函，甚至来人得知战事的实质情况。如1895年1月16日，宋庆就遣王光宸给翁同龢送信，翁同龢趁机当面询问"倭人情状"。3月28日翁同龢"夜得柳门书，云澎竟失守，厅镇不

① 陈义杰整理：《翁同龢日记》第5册，中华书局，1997，第2712～2714页。
② 陈义杰整理：《翁同龢日记》第5册，第2708页。
③ 陈义杰整理：《翁同龢日记》第5册，第2716～2718页。
④ 关于李鸿章在甲午战争中控制电报信息事可参看林文仁《派系分合与晚清政治（1885～1898）——以"帝后党争"为中心的探讨》，台北"国立政治大学"历史学系研究所部博士论文，2003。
⑤ 陈义杰整理：《翁同龢日记》第5册，第2717页。

知下落"，从而误导了其对台湾局势的判断。① 但基于战事的紧急，翁同龢等人主要还是依赖电报来随时掌握战事进程。

当然能直接通过接触各类关于战事的电报、奏折，了解甲午战讯的毕竟只是少数中枢要员。除此之外的政府官员们，他们获知甲午战讯主要是通过官方的上谕、文牍等，不过为了尽快获知战争情况，他们也往往透过各种私人关系，探听战争消息。像张謇1894年中状元后，留京参与政务，按其职别并不能接触到最新的战事报告。但张謇却通过同翁同龢的师生关系，还在7月12日就知道了成欢驿清军战败的消息，而这一消息在当时仍"官电无一字也"。② 之后为借重张謇曾在朝鲜直接与日本有过交锋的经验，翁同龢常常主动将甲午战事的最新情况告知张謇，张謇由此也及时获知了甲午战讯。作为帝师的门生，张謇有此便利理属应当。另一在京官员孙宝瑄则无此际遇，他虽身处京师，但因与中枢要人关联不深，所以其甲午战讯多得自友人的耳闻。如1894年12月12日，孙听其友李梅孙所言，方才知道邓世昌在大东沟之战的英勇事迹；12月26日，孙又"在新吾处，闻日本攻威海可危"。③ 孙宝瑄的战讯获得明显迟于张謇。

同样身处朝局外围的郑孝胥则又是另一种情况，他对甲午战事的了解主要是通过报纸。还在1894年6月20日郑孝胥就通过"阅《申》、《沪》报"，知道"朝鲜乱益炽"。7月18日，郑又通过《申报》，知道"日本商人接到国电，令其停止贸易"，感觉到了中日关系的紧张。7月28日，在日本击沉"高升号"的第三天，郑孝胥通过阅读号外报即已确证了这一消息。10月29日郑又通过《申报》知道"倭人佐藤率兵渡鸭绿江"；11月2日"阅《申报》，《沪报》"知道"九连城已失，旅顺亦告急"。④ 由此记录可以发现，在这几个月中，郑孝胥获得甲午战讯的主要途径就是阅读报纸，包括《申报》、《沪报》及日本号外报。郑

① 陈义杰整理：《翁同龢日记》第5册，第2716、2789页。
② 常熟市人民政府、中国史学会编《甲午战争与翁同龢》，中国人民大学出版社，1995，第262页。
③ 孙宝瑄著《忘山庐日记》（上册），上海古籍出版社，1983，第62、66页。
④ 郑孝胥著，劳祖德整理：《郑孝胥日记》第1册，第2717页。

孝胥之所以主要通过报纸才得知战况，这与他自日本归国后，赋闲在家，一时游离于官场之外有关。而当郑孝胥被纳入张之洞幕府后，他基本就是通过官方途径包括函电往来，及与张之洞等政要人物的往来来获知甲午战讯。

总体来说，官员主要通过政治事务的参与、电报的获取、私人交游和媒体等途径来获得甲午信息，与其他群体相比，他们所得的消息更为直接、快捷和真实。也因此他们往往成为向其他阶层和群体散布战讯的一个重要信息源，其他群体也常通过向他们打听来获知或证实战局的动态。

在官员之外，另一特别留心甲午战事的人群是各地士绅，他们对于甲午战讯的获得，既有传统的信息来源途径，如阅读官方的邸报和私人交往，也有新的获取战事信息的方式，那就是报刊媒体。

以蔡元培为例。1894 年蔡元培虽在 6 月被光绪帝授予壬辰科散馆编修，却于同月应李莼客的邀请，担任其子李承侯的塾师，每天讲授《春秋左氏传》，并代李阅天津问津书院课卷。[①] 因此，在甲午战争时期，蔡元培基本上是以士绅的身份观察战局。蔡元培对于甲午战讯的了解，主要通过阅读官方的邸报和上海的报纸。还在开战之前，蔡元培通过阅读上海的《新闻报》得悉中日在朝鲜交恶的消息，7 月初蔡元培又通过邸报获知光绪帝宣战的上谕，从而得知了中日开战的确信。自此之后，蔡元培阅读报纸的次数明显增多，甚至逐日翻阅。如 9 月 13 日"阅九月二日沪报"知道俄国有干涉朝鲜局势的企图。9 月 17 日又通过阅读"四日沪报"、"五日沪报"获知中国军队退守九连城。9 月 25 日又通过初九的沪报知道日本国内的一些情况。[②] 可见，甲午期间，阅读报刊成为蔡元培了解战事进程的主要途径。

与蔡元培不同，当时已退居湖南、致力于讲学活动的王闿运属于守旧一派，其了解甲午战事还是通过传统的途径，主要是通过私人交往获得信息。8 月 1 日王闿运通过庄叔胜的告知，知道"李鸿章夺太

---

① 王世儒编撰《蔡元培先生年谱》（上册），北京大学出版社，1998，第 21 页。
② 中国蔡元培研究会编《蔡元培全集》（第 15 卷），第 6、16～17、36、39 页。

傅马褂花翎"，从而接触到甲午战争的一些情况。8 月 22 日，王又通过黄德营知道"吴抚几为倭人搜捉"、"日本至威海断道"等消息。9月 17 日"陈华甫来，报恭王复用，李相出师，朝发饷三百万，济军需"。①王闿运正是通过这些门生故吏的告知，断断续续得到了这些甲午战争的消息。

正因为蔡元培是通过报刊连续的报道获得战讯，而王闿运是透过私人交往才被告知，所以两人得到的甲午消息的信息量是有明显差别的，前者可以比较完整、及时地了解战局的进程，后者只能获知战事的片鳞碎羽。

若从整个士绅层来观察，毕竟蔡元培、王闿运尚属上层士绅，且身居都市之中，同那些地处乡村的士绅相比，消息的获得相对比较容易。而那些地处乡村的士绅，更多的是通过战时身边兵源的征集、军队调动的变化、异地乡人回乡带来的外界消息等，才得知若干局部或零散的战况。他们获得的信息相对于官员和城市士绅来说，不但滞后，而且真假难辨，只能依靠个人对于时局的敏感来加以判断。这点可在刘大鹏和朱峙三身上得到体现。

刘大鹏，清末山西省太原县赤桥村人。幼年从师受业，读四书五经求取功名，1878 年考取秀才，1881 年进太原桐封书院，次年又到省城太原的崇修书院读书，1884 年中举人。自 1886 年起，刘在山西省太谷县南席村票号商人武佑卿家塾中任塾师近二十年。可以说刘氏虽有功名在身，但甲午战前其主要活动区域是在乡村。刘一心想通过科举博取功名，所以感觉外界的变化相对迟钝。直到 11 月 11 日甲午战争爆发 4 个月后，刘大鹏才从省城回乡的人口中得知"军务吃紧，去日由省起一千兵赴通州，丁道台带领前往"，由此知道中日交战的消息。而后政府频频调动军队途经山西，也使得他能够间接感受到战事的发展。11 月17 日，有人从徐沟来，告诉他"徐沟每日过兵，自西南而来，向东北去。马队、步队滔滔不绝，谓是到京师听用"。12 月 19 日，刘坐馆中，听到外面"鸣锣击钟声势甚乱"，后得知"乃是东官路上过兵"。这些

---

① 王闿运：《湘绮楼日记》，岳麓书社，1997，第 1947、1953、1958 页。

军队的频繁调动，使他隐约感觉到了战事的不利。①

刘大鹏对甲午战事的感知还来源于政府对乡间物资的征用。12 月 23 日，刘记载：因为过兵，政府要求百姓支差，吾邑支三匹马，大车四十辆，骑马二十匹，到寿阳县太安驿听用……每日一辆车价费二千文钱，所费多寡，阖邑百姓公摊"，刘大鹏家"摊一千余钱"。后来其亲友告知，早在 12 月 19 日，其乡就"去寿阳支应一十八日，车费、马费及一切人役所费，共花二千余吊钱，皆是阖邑百姓公摊，四路总约及各村庄乡地又于此中渔利，百姓皆苦之"，后来又自 1895 年 1 月 21 日"起了数十辆大车，又到寿阳县支差"，到 2 月 1 日"尚未归"。正是应付这些差役，使得身处乡间的刘大鹏等人得出了"辽东军务吃紧"的判断。刘大鹏的这一记载也提示了：乡间民众对于甲午战讯的获取，主要来源于政府对于军队的调动、差役的征派。这些对于民众来说直接关乎自身利益，消息传播得比较快，他们也主要通过这些切身感受到战事的发生及大致的趋向。②

1895 年 2 月 16 日，刘大鹏赴京赶考。空间的转换，使得刘大鹏从消息闭塞的乡间社会走向了信息集中的京师，其获取甲午战讯的方式也随之有了改变，主要来源于赶考的同人和京中人士的告知。3 月 4 日，刘到达北京。3 月 11 日刘即从长班口中得知"因倭人犯边，水路不通，东南诸省皆不能来"的消息。3 月 19 日，刘又得以拜读了御史安维峻弹劾李鸿章的奏章。5 月 9 日，刘又从参与"公车上书"的谷书堂口中得知"目下和议已成"的消息。这同刘大鹏此前间接获知甲午战讯相比，不仅确切而且及时，刘也通过这些信息得出了"和议之成，天下率皆不愿"的印象。③

与刘大鹏稍有不同，甲午战争发生时，朱峙三处于湖北鄂城县县城当中，当时朱虽仍属年幼，却也通过道听途说和亲身感受获知了甲午战争的消息。

朱峙三对于甲午战事的获悉，最早来源于私塾学友的告知。1894

---

① 刘大鹏遗著《退想斋日记》，乔志强标注，山西人民出版社，1990，第 35~36 页。

② 刘大鹏遗著《退想斋日记》，乔志强标注，第 36~38 页。

③ 刘大鹏遗著《退想斋日记》，乔志强标注，第 38~43 页。

年 9 月 24 日，朱在私塾中得知"中国与日本海战失败"，归途中听商人也在议论此事，回家后，朱求证于父亲，"父亲亦如此说"。此后数日"县中上下人等喧传中国与日本战大败，中国海舰战毁矣"。一直持续到 10 月 8 日，"巷议街谈，皆为此事"。并且都谣传"我们是中华大国，何被日本打败，由于李鸿章是汉奸"。① 正是这些居民的纷纷议论，使得朱峙三对于甲午战争有了初步的了解。10 月 31 日，有一队调赴前线的湖南绿营兵经过朱峙三的乡邑，并在其家旁边的周家祠堂暂时停留，朱峙三趁机前去观看，见到"戏台前有数兵，头缠青包头，穿短马褂，两腿披铠甲，执方蓝旗。旗约高六尺，宽八尺，有一主帅姓，红字。该两兵执此旗乱舞，谓为操法。杆尖上有白铁尖，长约一尺，有红毛缨，执旗者笨，其舞旗者而气力促"。正是通过这次观察，朱峙三产生了如此之兵"能打仗耶"的疑问，而其他乡人也得出了"此等兵去打日本，必无胜理"的判断。② 次年 4 月 10 日，朱又通过"县中人士"之口，知道"李鸿章到日本，与日相伊藤博文在马关订停战赔款割地条约，李相为日人枪伤其左眼"的消息。③

由此观之，朱峙三对于甲午战讯的获得也与刘大鹏相似，更多来自乡人的告知和对过路军队的观察。由朱峙三和刘大鹏的记载中，也可侧面观察到当时的普通民众并非对甲午战争一无所知，但因为信息不准确，所以谣言很多。当然这也与无论是刘大鹏所处的太原县还是朱峙三所处的鄂城县因为军队的经过，已经被一定程度动员到战争当中来有关。对于更为广阔的没有受到战争触动的地域来讲，民众对战争的感知还是有限的。蒋廷黻就曾回忆道："邵阳乡下的老百姓若干年后才知道中日之间发生了战争"；蒋廷黻接着又解释道，是"因为当时邵阳没有报纸，也没有邮政电信设施"。④ 换言之，蒋

---

① 中南地区辛亥革命史研究会武昌辛亥革命研究中心编《朱峙三日记》，《辛亥革命史丛刊》（第 10 辑），湖北人民出版社，1999，第 249 页。

② 中南地区辛亥革命史研究会武昌辛亥革命研究中心编《朱峙三日记》，《辛亥革命史丛刊》（第 10 辑），第 250 页。

③ 中南地区辛亥革命史研究会武昌辛亥革命研究中心编《朱峙三日记》，《辛亥革命史丛刊》（第 10 辑），第 253 页。

④ 蒋廷黻：《蒋廷黻回忆录》，岳麓书社，2003，第 10 页。

廷黻认为若有报纸、邮政电信等新式的信息传递载体的话，情况则会大不一样，这也从另一个角度印证了报纸等新式媒体对传播信息的重要。但是由于各媒体面向的受众不一，所以呈现给读者的甲午战争也不一样。

二　《申报》概况及对日本的报道

《申报》是由英国人美查创办的。美查全名是安纳斯脱·美查（Ernest Major），他于同治初年同其兄腓尔特力克·美查（Fredredruck Major）来到上海，最初经营茶叶和棉布生意。但是因为太平天国运动的冲击，美查兄弟二人的生意出现了亏损，所以打算改行。这时他的买办江西人陈庚莘建议他创办一家中文报纸，认为有利可图。美查听从了陈的建议后，开始筹划办报，并于 1872 年 4 月 30 日出版了《申报》的创刊号。从这一创办过程可以发现，作为商人的美查办报的目的非常明确：就是图利，但就是他这一图利的举动，却给他带来了名利双收。他去世后，被当时的中国人誉为"识事务、开风气，振兴实业为己任"，有报馆"开幕之伟功"，评价极高。[1]

在创刊号上，《申报》坦承其办报宗旨是为了"使人不出户庭而能知天下之事"。[2] 稍后美查又在《申江新报缘起》一文中进行了进一步的申说，表示"仆尝念中华为天下第一大邦。其间才力智巧之士，稀奇怪异之事，几乎日异而岁不同。而声名文物从古又称极盛。其中纪事之详明，议论之精实，当必大有可观者。惜乎闻于朝而不闻于野；闻于此而不闻于彼。虽有新闻而未能传之天下。尤可异者，朝廷以每日所下之训谕、所上之章奏咸登《京报》，为民表率，而民无一事一闻上达于君，所谓上行下效者其果何心乎"，所以他才创办了《申报》。[3] 美查这番表白虽不无自我抬高之嫌，却也透露了《申报》与以前官报不同的办报取向，其关注点主要在于：一方面传播新闻，另一方面提供一个能民情上达的空间或渠道。从后来《申报》登载的内容来看，也大致与

---

① 《报馆开幕伟人美查事略》，《申报》1908 年 3 月 29 日。

② 《本馆告白》，《申报》1872 年 4 月 30 日。

③ 《申江新报缘起》，《申报》1872 年 5 月 6 日。

此吻合。

《申报》创办后不久，日发行量就达到了 6000 份，人们"对它发布的消息和抨击官僚的议论已显示出了浓厚的兴趣"，① 到 1890 年，据《申报》自称日销量达到了 2 万份，"上海各士绅无不按日买阅"。② 当然这一数据有点偏高。另有资料显示，到 1881 年，《申报》的日销量应该是二千份左右，1897 年才达到七八千份。③ 即便按这一数据，在当时应该也算销量不菲。《申报》初创时还只是一地方报刊，只在上海一地销售，但过了半年之后，就在杭州设立了第一个分销处。以后又在宁波、苏州、南京、扬州等地设分销处。到 1881 年 2 月，《申报》在全国范围内共设有 17 个分销处，到 1887 年，分销处又扩大到 32 个。甚至在日本、欧洲也可以看到《申报》，最明显的例子就是郑孝胥、郭嵩焘两人在海外都阅读过《申报》。1907 年，《申报》又在桂林、哈尔滨、海参崴以及日本、英国、法国等地设立分销处，《申报》由此也走出了国门，在国际上也产生了一定的影响。④

从读者群来看，《申报》从一开始创刊即将读者群定位为"不只为士大夫所赏，亦为工农商贾所通晓"，涵盖了士大夫及普通民众。但实质上直到 1877 年，《申报》读者仍以"草茅之士、间阎之人居多，不但未达于朝廷，且未达于士宦"。⑤ 姚公鹤后来也指出：《申报》开始时"常年定阅之家……盖大率洋商开设之洋行公司及与洋商有关系之各商店为多"。⑥ 但这一情况到 19 世纪 80 年代中叶已有所改变，欧阳昱就曾记载：中法战争时"闽省大吏皆看《申报》"。⑦ 这表明《申报》此时已吸引了不少"士宦"的注意。到甲午战争的时候，《申报》的读者群有了更大的改观，有资料显示此时"看《申报》的多为官绅"，为了

---

① 郑曦原等编译《帝国的回忆：〈纽约时报〉晚清观察记》，三联书店，2001，第 103 页。
② 《新闻纸缘始说》，《申报》1890 年 1 月 26 日。
③ 徐载平、徐瑞芳著《清末四十年申报史料》，新华出版社，1988，第 73 页。
④ 徐载平、徐瑞芳著《清末四十年申报史料》，第 73 页。
⑤ 《论本报销数》，《申报》1877 年 2 月 10 日。
⑥ 姚公鹤：《上海闲话》，上海古籍出版社，1989，第 127～128 页。
⑦ 欧阳昱：《见闻琐录》，岳麓书社，1986，第 29 页。

迎合这些阅报的"官绅"，《申报》在此时也更注重"文字的修饰"。①

再从版面、内容来看。在 1905 年以前，《申报》的版面大致由论说、新闻、京报转录、广告四部分组成，其内容包括"凡国家之政治，风俗之变迁，中外交涉之要务，商贾贸易之利弊，与夫一切可警可愕可喜之事足以新人听闻者，靡不毕载"。② 从这版面和内容可以发现，《申报》为了吸引不同的读者是做了特意的安排的。如京报转录、"国家之政治"、"中外交涉之要务"主要是为了吸引官绅阶层，而"风俗之变迁"、"商贾贸易之利弊，与夫一切可警可愕可喜之事足以新人听闻者"主要是满足商人及普通民众的阅读需要。张默后来也指出当时《申报》的版面内容："一为谕旨宫门抄等，以备官场之浏览；一为大小考试文章题目，以备学子之揣摩；一为诗词歌曲，以备名流文士之推敲，一为各地盗命火警及一切狐怪异闻，以备一般人茶余酒后之谈助"，③ 都是有所针对的。

作为一家新闻媒体，《申报》也特别注意新闻的时效性与真实性，因此在其创刊不久就开始建立自己的新闻采集网。一方面《申报》通过公开征集读者来稿，扩大自己的新闻来源。在第 11 号上，《申报》就刊登了第一次征求稿件的启事："所冀博览鸿儒，通时硕彦，或得之于阅历，沿革参稽。或证之以史书，讲求切实。或事可资夫鉴戒，不徒夸干室搜神。或言实妙夫新奇，竟可拆虞初作志，惠来杰构，固篇幅之咸登，领到清谈，亦语言之必录。尚各赐夫雅教，庶可广乎新知。跂余望之，弗我吝也。"④ 此时征求稿件的范围比较广，并不限于新闻，要求也比较宽松，只要符合"讲求切实"、"可资夫鉴戒"、"妙夫新奇"中的一条即可。稍后《申报》又特意对新闻类的稿件做了明确的规定，要求"近事贵详其颠末"，"犹据事直书之旨"。⑤ 这实质上就是强调新闻的完整性与真实性。从后来的反响来看，读者对于投稿是比较踊跃、

① 胡道静：《上海的日报》，杨光辉、熊尚厚等编《中国近代报刊发展概况》，第 314 页。

② 《本馆告白》，《申报》1872 年 4 月 30 日。

③ 张默：《六十年来之申报》，申报馆编印：《申报概况》，1935。

④ 《本馆告白》，《申报》1872 年 4 月 8 日（农历）。

⑤ 《探访新闻启》，《申报》1872 年 4 月 22 日（农历）。

积极的，以至《申报》不得不做出"来稿过多，限于篇幅，未能遽登，拟来春再行发刊"的声明。① 各地读者的来稿也成为《申报》比较重要的一个新闻来源。另一方面，因为读者来稿毕竟不太稳定，且真实性难以保证，所以《申报》主要通过招聘访员，来建立自己固定的新闻来源。1875 年 7 月 7 日，《申报》首次刊登招聘访员的告白，规定应聘担任访员的条件是："必须学识兼长，通达世务；并人品端方，实事求是者"，并称"薪金当从丰酬送，愿者来馆面议"。不久《申报》就在北京、南京、苏州、杭州、武昌、汉口、宁波、扬州等处都招聘有访员，负责当地的新闻收集，初步建立了一个遍及全国的新闻采集网。② 后来随着《申报》业务的扩充，销售区域的扩大，《申报》也随时补充、扩大访员的规模。《申报》招聘的这些访员一般都在当地有着一定的社会关系，能够接触到较多的信息来源和较早地获得当地发生事件的信息，这也就保证了《申报》信息来源的广泛性和及时性。除了在国内设置访员外，《申报》还在国外，主要是日本、朝鲜也设置有访员。《申报》就曾自承"本馆延请友人在东洋采访时事……已历有年"。③ 因而《申报》的国际报道除了转译外文报刊外，不少也是由其驻外访员发回来的。此外，为了更为及时地刊布消息，《申报》还在津沪有线电报架设完成后，就"将每日京报上谕由中国新设之电报局传示"，以使读者能"先睹为快"。④《申报》正是通过遍及各地的访员网络和利用征稿方式建立起来的新闻网，加上利用电报传递新闻，使得该报在新闻报道上不仅内容丰富，而且消息灵通、信息准确，明显优于清末其他报纸。

尽管《申报》是由美查出资创办，但它毕竟是一中文报纸，面向的读者主要是中国人。所以为了使报纸适合中国人的阅读口味，美查从一开始就确立了依靠中国人来担任主笔的方针，并给予主笔极大的自主权。最初担任《申报》主笔的为浙江人蒋芷湘，1884 年

---

① 《本馆告白》，《申报》1872 年 12 月 16 日（农历）。
② 孙恩霖：《早期〈申报〉的新闻搜集者》，上海书店《申报》影印组编《〈申报〉介绍》，上海书店，1983，第 82 页。
③ 《送信参差》，《申报》1886 年 9 月 4 日。
④ 《本馆告白》，《申报》1881 年 12 月 24 日。

蒋考中进士后离开了《申报》。代替蒋的为钱昕伯，而后何桂笙、黄协埙都曾担任《申报》主笔。正是在这些中国主笔的主持下，《申报》的业务才日益拓展，成为中国近代史上创办最久、最富影响力的报纸之一。

值得注意的是，在 1889 年，美查因年事已高，急于回国，就将《申报》股份出让给了履泰行经理埃皮诺脱、麦边洋行经理麦边（Geo Mcbain）、隆茂洋行经理麦根治（Robert Mackenzie）与中国人梁金池。尔后《申报》产权又几经转手，到 1912 年的时候才由史量才正式接手。在史量才的主持下，《申报》进行了大幅度的改革，迎来了其最为鼎盛的时期。1932 年《申报》的销量甚至突破了 190000 份。① 读者对《申报》的信赖也日益增强，认为："申报是六十年来言必有中，四万万人至少有两万万人信仰着他，任何报纸所说的消息，所主张的策论，一经传播人口，总说申报上这样说呢，万一那消息是不确的，那主张是不对的，就有人说，到底是申报不曾这样说过呢。所以申报对于民众的地位，凡有指导，就仿佛是父诏其子，兄诏其弟。"② 《申报》在当时中国社会的影响由此可见一斑。

若就甲午以前《申报》对日本的报道来看，主要有以下几个特点③：一是关注得比较早。还在《申报》创刊后的第 5 号即出现了关于日本的报道，而在其创办后的第一个月中，总共刊发了 27 篇论说，其中专门论述日本的就占了 2 篇。可见在《申报》创办后不久，有关日本的报道即已进入《申报》的视野，并取得了一定的地位。二是数量比较多，且涉及日本的各个方面。据郑翔贵统计：在甲午战前，日本的报道占到了《申报》全部国际时事报道的 80%。从报道内容来看，以有关日本社会新闻的报道最多，占到了日本报道的 1/3，接下来依次为中日关系类报道 2377 条、对外关系类报道 2163 条、经济类报道 1352

①　《申报十年来销量比较图》，申报馆编印：《申报概况》，1935。
②　天虚我生：《我于申报之感想》，《申报》1932 年 4 月 30 日。
③　关于《申报》甲午以前对日本的报道，郑翔贵在《晚清传媒视野中的日本》一书中有专门的论述，不但统计得比较详细，而且总结得也比较到位，所以此处不再详细展开。

条、军事类报道 1130 条、政法类报道 1126 条、文教类报道 412 条。①
三是总体来说，《申报》对日本的报道仍主要停留在器物层面，对于日
本近代观念、制度层面的报道较少，由此得出来的对日观，仍没超出
"轻日"的范畴。故而直到日本击沉"高升号"的第二天，《申报》依
旧认为中国无论兵力还是财力都优于日本，日本对抗中国"乌足以螳
臂相当哉?"② 这与当时大多数中国人对日的看法相符。尽管如此，《申
报》对日本的报道还是丰富了当时中国人对日本的认识，特别是在当
时专门介绍日本书籍不多的情况下，更显难能可贵。

三 《点石斋画报》中的"日本"

《点石斋画报》出刊于 1884 年 5 月 8 日，同《申报》一样，由美
查创办，同属于申报馆，由申报馆附属的点石斋负责印刷，"选择新
闻中可惊可喜之事，绘成图并附事略"，"由送报者随报出售"，每期
仅售银洋五分。③ 画报为旬刊，每月三期，每期八图，截至 1898 年 8
月终刊为止，共出版了 528 期，绘图四千余幅。该画报前后延续了 14
年，依托《申报》的销售网点，流传地域并不止于上海而是遍及全
国。据瓦格纳统计，《点石斋画报》最初每号出售 3000 ~ 4000 份，到
1890 年达到约 7000 份。④ 这个销售业绩，在当时可谓不俗。作为过来
人的鲁迅曾谈到"这画报的势力，当时是很大的，流行各省"。⑤ 此言
也旁证了《点石斋画报》在当时的流传地域之广。再就《点石斋画
报》的受众而言，它从开始即有明确的定位，宣称"本馆印行画
报……其事信而有征，其文浅而易晓，故士夫可读也，下而贩夫牧竖，
亦可助科头跣足之倾谈。男子可观也，内而蠕首娥眉，自必添妆罢针

① 郑翔贵：《晚清传媒视野中的日本》，第 30 ~ 61 页。
② 《和战两权说》，《申报》1894 年 7 月 26 日。
③ 申报馆主：《画报出售》，《申报》1884 年 5 月 8 日。
④ 鲁道夫·G. 瓦格纳：《进入全球想象图景：上海的〈点石斋画报〉》，《中国学术》
2001 年第 4 期。
⑤ 鲁迅：《上海文艺之一瞥——八月十二日在社会科学研究会讲》，《鲁迅全集》第 4
卷，人民文学出版社，2005，第 300 页。

馀之雅谑"。① 易言之，其潜在的受众不但包括了能识文断字的"士夫"，也涵盖了不甚识字的"贩夫牧竖"，从男到女都可阅读。观其后来的流布实效，也大致不离此言。像吴趼人的《二十年目睹之怪现状》，就描写有男读报纸、女看《点石斋画报》的场景。包天笑本人则是《点石斋画报》的孩童读者之一。②

《点石斋画报》能吸引如此多的受众，与其内容的丰富、题材的庞杂密不可分。翻检其内容，可以发现：其中既有引介新知，描绘"制度之新奇与器械之精利者"，也有不少"寓果报于书画"的荒诞怪异之作；新旧杂呈，中外互现。这正是其编辑策略的高明之处。一方面，其对外来新知的介绍与时事的报道，固然吸引了众多趋新人士的青睐，充当了当时"算是要知道'时务'——这名称在那时就如现在之所谓'新学'——的人们的耳目"③；另一方面，那些因果报应、神鬼之说、异域想象，则更容易被市井小民、无知妇孺所接纳，切合了其作为面向大众的城市通俗读物的定位。无论是其"事必征信"的时闻实录，还是为"茗余酒后，展卷玩赏"的无稽之作，都是其所处时空历史世态的一种呈现。按郑振铎所言，"乃是中国近百年很好的'画史'"。④

《点石斋画报》中有关日本的图像也不少。据笔者统计共有165幅，并且每年都有，从未间断。按其内容，大致可分为：中日战事、日本社会、日本奇闻三大类。

其中数量最多的为中日战事类，有92幅，约占日本图像总数的56%。以战事作为自己图像的主题，是《点石斋画报》向来的传统。还在中法战争时，有"好事者绘为战捷之图，市井购观，恣为谈助"，⑤使《申报》馆主美查看到了以画报叙述时事的有利可图，从而催生了《点石斋画报》。不但其发刊号以中法战争的《力攻北宁》（甲一·一）

---

① 申报馆主：《第六号画报出售》，《申报》1884年6月26日。

② 包天笑：《钏影楼回忆录》，香港大华出版社，1971，第112～113页。

③ 鲁迅：《上海文艺之一瞥——八月十二日在社会科学研究会讲》，《鲁迅全集》第4卷，第300页。

④ 郑振铎：《近百年来中国绘画的发展》，《郑振铎艺术考古文集》，文物出版社，1988，第193页。

⑤ 尊闻阁主人：《点石斋画报缘启》，《点石斋画报》第1号。

作为其开篇，甚至第三号更直接以"绘有李傅相与法使福尼儿议立和约图"作为其推销的卖点。① 到 1884 年年底，中国藩属国——朝鲜在日本的策动下，发生了甲申政变，又给了《点石斋画报》新的战事热点。就在事变发生后不久，《点石斋画报》即迅速推出了《朝鲜乱略》专号，以连环画的形式，详细叙述了清军挫败甲申政变的全过程，并以"昭法戒"、"惩首恶"作为此号主旨。② 这也开启了《点石斋画报》对中日战事的首轮报道。对而后的中日甲午战争，《点石斋画报》也延续了对这一战事主题的热情，画报对甲午的历次战役以及相关的台湾人民的抗日斗争，都有连续追踪，为民众及时了解甲午战事的具体过程提供了一条直观便捷的途径。

紧随其后的，是描绘日本社会类的题材，有 44 幅，约占其日本图像总数的四分之一强。涉及了日本社会的各个方面。上自日本皇后的例祭靖国神社，下到日本劳州岛的婚俗习惯，甚至东洋来沪的马戏表演，都有绝佳的描绘。进入《点石斋画报》视野的各色日本人物更是多样。既有"事母以孝"的东瀛孝子、"联翩衣鲜，发挽高髻"的东洋妓女，也有因"贫窘益甚"而被迫卖刀的日本武士，以及能使"听者忘倦"的日本乐工和"有公输子之巧"的日本巧匠等。③ 这群像当中不乏历史上或现实中确有其人其事的。如"创设日中贸易研求所"的寓沪日人——荒尾精即是一例。1890 年荒尾精在上海创办了日清贸易研究所，在其设立的次日，《申报》即以《东塾宏开》为题，报道了其开塾典礼。④ 几周后，《点石斋画报》也以同样的标题，通过图像重现了当日日清贸易研究所开塾典礼的场景，并着力渲染了典礼上学徒夺旗竞赛的踊跃热闹，使得读者有身临其境之感。⑤

《点石斋画报》对日本奇闻异事的报道共有 29 幅，约占其日本图像总数的 17%。若单观这 29 幅，就会发现，大多为奇珍异兽、神怪之

---

① 申报馆主：《第三号画报出售》，《申报》1884 年 5 月 28 日。
② 尊闻阁主人：《〈朝鲜乱略〉跋》，《点石斋画报》第 31 号。
③ 《东瀛孝子》，《点石斋画报》，末十·七十三；《日妓歌舞》，壬一·二；《宝刀变价》，丝十一·八十一；《东方之乐》，戊五·三十四；《巧夺天工》，金四·二十七。
④ 《东塾宏开》，《申报》1890 年 9 月 21 日。
⑤ 《东塾宏开》，《点石斋画报》，戊一·五。

说，活脱脱一日本版的聊斋。像三足鸡、四头兽、奇男子，更是山经尔雅所未载之物，《点石斋画报》之所以录入，理由是为了"以质博物君子"。① 在传统"志异"的内容上，冠以"博物"的现代术语，让受众在猎奇之余，有了趋新的虚荣，倍添吊诡的意味。当然其与本土神怪还有所区别，那就是：无一例外地在这些图像中纳入了日本元素，增添了东瀛的异域风情。以《东瀛巨蟹》为例。其图像中心为"一壳也而大如圆台面，一足也而大如人腿"的巨蟹，围观的则是身穿和服、脚踏木屐、束发、剃去脑信一方的日本民众；再加上图上文字，不但以"日本北松浦郡志佑村"作了地域空间的特有限定，更补上了"日人于蟹，都不喜食"的异俗介绍；从而制造出与中国图景绝然有异的东瀛氛围，让受众切身感受到日本的在场。② 另一《大龟善饮》则更为明显。本来"可容四五人在背"的大龟，在中国古籍中也时有所见，但该龟的特异处却在其"酷嗜日本沙基酒"，并能一饮数斤。③ 此处对"日本沙基酒"的强调正表明了构图者的关注所在。

《点石斋画报》通过上述三类日本题材的图像，向受众传达了如万花筒般的日本镜像。但让读者印象最深的可能有三个方面：首先是日人的风流。虽说从比重看，中日战事占据了《点石斋画报》所载日本图像的首位，但最先映入读者眼帘的却是日人的风流。

《点石斋画报》第 7 号刊登了吴友如为王韬《淞隐漫录》一书所作的插画——《日本阿传》。这是《点石斋画报》首张描述日本图像的作品，图像的主题是配合王韬所述的《纪日本女子阿传事》。图像重心描画的是一身和服的妖艳女子提剑欲刺一醉卧的日本男子。再对照王韬的叙事，可知画中的女性正是那"貌美而性荡"的日本农家女阿传，描述的场景正是阿传情杀吉藏的一幕。④ 情欲与暴力的主题，在此表露无遗。《嘉偶怨偶》（丁五·三十七）与《因爱成仇》（壬十二·九十七）两则描述的主题也类似，都是日人因情变而发生的谋杀。

① 《蟾蜍志巨》，《点石斋画报》，匏五·三十六。
② 《东瀛巨蟹》，《点石斋画报》，匏十·七十二。
③ 《大龟善饮》，《点石斋画报》，石一·八。
④ 王韬：《纪日本女子阿传事》，《点石斋画报》第 7 号。

虽说此类题材与其注文都隐含有以此为戒的意味，但其反复出现也向国人提示了日人风流的品性。若再加上众多东洋妓女的描绘，更让国人的这一印象定格。

《日妓歌舞》虽是介绍日本天长节的场景，图像主角却是那群"联翩衣鲜，发挽高髻如盘云，面傅白粉，……极视听之娱"的东洋妓女，给受众一个强烈的视觉印象。① 《以身报国》则更直言："倭人妇女尽无廉耻，男女同浴而不避。……曾结队来中国，在沪地开东洋堂子，以及设茶馆为女堂倌者，几于遍处皆是。……故东洋妓女最多亦最贱。"② 这些虽为过激之论，却也道破国人认为"日人风流"的两个基本缘由。一是因为日人"男女同浴"，这在国人"男女有别"的道德审视下，当然是日俗性荡的表现。早年游日的李筱圃对此也有反映："板屋之中，砌石作池，方径六七尺，水深一尺余，男女同浴于中，诚为陋俗。"③但这实为中日习俗不同所造成的偏见。而且明治维新后，日本政府对其有所注意，下令禁止男女混浴。二是日妓的大批来华，导致国人对日本女性印象不佳。《点石斋画报》此点观察，应是实情。据同期黄式权的记载："东洋茶社者，彼中之行乐也，初惟三盛楼一家，远在白大桥北，裙屐少年之喜评花事者，祇偶一至焉，继英法二租界，几于无地不有。"④ 与中国妓女相比，日本妓女不但所费"钞费无多"，并更肆无忌惮，连和尚光顾，都可接纳。⑤ 且早年寓沪日人，有三分之二为女性，而这部分女性又绝大多数为妓女或外妾。这自然诱导国人误将日本女性都一概妓女化。正是以上两点让国人将风流与日人联系到了一起，风流成为普通民众对日本的一个基本看法。⑥

---

① 《日妓歌舞》，《点石斋画报》，壬一·二。

② 《以身报国》，《点石斋画报》，射二·十四。

③ 李筱圃：《日本纪游》，钟叔河编《走向世界丛书：日本日记·甲午以前日本游记五种·扶桑日记·日本杂事诗》，第 165 页。

④ 黄式权：《淞南梦影录》，《沪游杂记·淞南梦影录·沪游梦影》，上海古籍出版社，1989，第 100 页。

⑤ 《和尚寻欢》，《点石斋画报》，丁六·四十六。

⑥ 如 1920 年夏衍留日前，其母亲就特意叮嘱："日本的风气坏得很。你说小不小，说大不大，这件事特别要留心。"（夏衍：《懒寻旧梦录（增补本）》，三联书店，2000，第 40 页）可见直到 20 世纪 20 年代一般中国人都留有日本性文化比较开放的印象。

　　其次，对于日本明治维新以后的风俗变化，《点石斋画报》也有传神的表达，反映了日本文明西化的形象。

　　《点石斋画报》创刊不久，即注意到日本服饰的变化。《日人送葬》中描画的日本兵弁，就是"装束皆从西派"。① 而《日后巡行》中的日本皇后，也是身"御浅鼠洋服"。② 这与清初国人所认识的"男髡顶跣足，方领，衣束以布带，出入配刀剑。妇挽髻插簪，宽衣长裙，朱履"的日人装束有了显然的差别，③ 应是日本易服色后的实况写真。从画报中还可以发现，日兵、日警等公职人员的服饰变化最为彻底、迅速，日本普通民众更多的还是以传统服饰的面貌出现。和服、木屐是画报中最常出现的两个日本意象。日民最多也就是添上一顶西帽。在听审中国水兵长崎遇害案的日本民众中，就出现了头戴礼帽、身着和服、脚踏木屐的。④ 当然至甲午战后，画报中也出现了日民完全着西式服装的，但不多见。《鼠能复仇》（元四·二十五）中的谷由太郎即是如此。《点石斋画报》这一对日民服饰变迁的描绘，也大体吻合了日本易服色过程中，"顷改西制，在上者毡服革履，民不尽从也"的情形。⑤

　　日本趋西的风尚，也表现在他们的餐桌上。《日使宴宾》图就描绘了中外使臣分桌而坐，"筵帷中西参半"的情景。⑥ 若再对照何如璋在日本赴宴的记载，就可以知道：维新后，日宴的菜肴不但改为西式，连"奏乐亦仿欧洲"。⑦

　　除器物的西化外，《点石斋画报》对日本一些制度的革新也有所描绘。《女立大学》就反映了维新后日本"男女同权"，设立女子大学校，

---

① 《日人送葬》，《点石斋画报》，乙一·五。
② 《日后巡行》，《点石斋画报》，行六·四十三。
③ 《日本国夷人、夷妇》，《皇清职贡图》卷一，影印文渊阁《四库全书》本（第594册），台湾商务印书馆，1983年，第429页。
④ 《开膛相验》，《点石斋画报》，辛十二·九十一。
⑤ 何如璋：《使东述略》，钟叔河编《走向世界丛书：日本日记·甲午以前日本游记五种·扶桑日记·日本杂事诗》，第92页。
⑥ 《日使宴宾》，《点石斋画报》，乙十一·八十二。
⑦ 何如璋：《使东述略》，钟叔河编《走向世界丛书：日本日记·甲午以前日本游记五种·扶桑日记·日本杂事诗》，第102页。

以培养新式女性的变化。① 女权的解放，向来是社会进步的一个指针。明治维新后设立女子学校，正是其文明西化的一个重要举措。《点石斋画报》能对之进行客观的描述，也反映了国人心态的日益开化。当然也有一些革新的制度，在《点石斋画报》的笔下，却成了一出扰民的闹剧。《日人防疫》即是一例。日本在借鉴西方的防疫方法后，对患病者采取隔离、消毒的措施，这本是一种进步。但图中描绘的却是一日本巡捕正用一瓶消毒药水，粗暴地向一日民头上挥洒，旁边的两名日民正向另一日本巡捕哀求，其他旁观者都纷纷抱头躲避。整个画面突出的恰是日本巡捕的蛮横，其图上的注文虽对日人的防疫新法有所介绍，但最后却点明：此法"滋扰纷纷，已不免怨声载道矣"。② 绘图者的负面评价显而易见。但不管如何，《点石斋画报》对日本明治维新的多方描绘，都在受众心中埋下了近代日本日趋西化的整体印象。

再次，《点石斋画报》中大量中日战事的描绘，又为受众刻画出了一个战时倭寇的形象。

日本侵略中国，在国人心中并不是一件新鲜事。元明的倭寇侵扰，早在民众心中留下了深刻的印记。晚明日用类书中描绘的日人图像，就是"仅以些许布缕包裹臀部，手拿长刀，睥睨之姿，令人害怕"的盗贼之象。③ 直到清乾隆年间，官书对日本的记载还是："夷性狡黠，时剽掠沿海州县，叛服无常。"④ 可见国人对倭寇的印象之深。朝鲜的甲申政变与甲午战争中，中日两国再次交锋，日本的倭寇形象又在《点石斋画报》的笔下再次复活。

朝鲜的甲申政变，中日双方都还有所克制，幕后的较量更大于台面的冲突。与此相应，《点石斋画报》此时对日本的刻画也有所保留，甚至以"日使惑于贼党之言"为其开脱。⑤ 到甲午中日正式开战后，《点

---

① 《女立大学》，《点石斋画报》，卯八·三十二。

② 《日人防疫》，《点石斋画报》，辛一·四。

③ 王正华：《生活、知识与文化商品：晚明福建版"日用类书"与其书画门》，蒲慕州主编《生活与文化》，中国大百科全书出版社，2005。

④ 《日本国夷人、夷妇》，《皇清职贡图》卷一，影印文渊阁《四库全书》本（第594册），第429页。

⑤ 《云屯雾沛大帅鹰扬海阔天空藩王豹隐》，《点石斋画报》，丙七·五十三。

石斋画报》在传递甲午战讯的同时，也全面描绘了侵略者——倭寇的形象，关于此点将在下一节详叙。

《点石斋画报》正是通过这些日本图像向当时普通民众传递了这些日本形象。需要特别指出的是，尽管在《点石斋画报》创办前，已有少数国人能往日本一游，并留下了珍贵的游日记录。但这些文字能真正被普通大众所看到的，绝无仅有。近代最早的游日记述，应是罗森的《日本日记》，但这部日记最初却连载在香港"英华书院"发行的中文月刊《遐迩贯珍》上，连国内的士大夫们都难得一见。何如璋、张斯桂等人的记述，虽在士林之中有所传阅，但流传圈毕竟有限。到 19 世纪 80 年代，老幼白丁皆能阅读的，可能只有《点石斋画报》上所载的日本图像了。这也是《点石斋画报》最为可贵之处。

四　《申报》与《点石斋画报》中的"甲午战争"

1894 年中日甲午战争爆发，《申报》与《点石斋画报》都对这一战事进行了集中的报道。

《申报》还在甲午战前就已开始关注当时中日在朝鲜的紧张对峙，并刊发了大量论说对时局加以分析。1894 年 1 月 27 日《申报》首先刊发了题为《闻朝鲜乱耗书后》的论说，指出"日本人（对朝鲜）已屡生觊觎，大有以琉球相待之意"，并认为日本"维新之后，政治为之一新，且其效法西人也，专而且速"，反观"朝鲜地瘠而民贫，非日本之可比"，因而"朝鲜之乱，亦中国之忧"，提请中国政府多加注意。① 随着朝鲜局势的日益紧张，《申报》对日本的相关报道也日益增多，据统计在甲午战争爆发前夕，仅 7 月份，《申报》就发表了 23 篇有关中日战争分析的论说，相关新闻报道更多。1894 年 7 月 25 日日本击沉中国运兵的"高升号"，中日战争正式打响，由此《申报》对甲午战争的报道进入一新的阶段。7 月 28 日，就在高升号被击沉后的第三天，《申报》刊载了"（日本在）仁川口一百五十里之海面，围截华船。适北洋各轮船运兵至，突被日人开炮阻截，有数艘略受损伤"的消息，但此

---

① 《闻朝鲜乱耗书后》，《申报》1894 年 1 月 27 日。

时《申报》仍不敢肯定，故紧接其后添上了一句"可见传言之非确"，并认为"日人决不敢以螳臂轻当"。① 直到 7 月 30 日，《申报》才确信日本已袭击中国运兵船，于是又登载了《详纪日人拦截师船事》，并于同日报道了"华兵之驻扎高丽牙山者，与日本兵开仗"。② 其实此日《申报》所得消息仍不准确，虽大致确定了中日已经开战，但在具体报道中，还存在较大误差。其对日本袭击中国运兵船的报道，就误认为当时负责护送中国运兵船的舰只是"中国镇远铁甲船、操江兵轮船及广东所派某战船"，遇袭后"镇远力不能支，驶回中国海面，广东某战船避至牙山，操江则被日人劫去，载兵轮击沉其一，余皆四散"。③ 这实将济远误认为镇远，并且此时还不知被击沉的是"高升号"。到了次日，消息才进一步明确，知道了日本击沉的运兵船是"高升号"，并详细记叙了日军残杀中国士兵的暴行与法国兵轮救援落水中国士兵的义举。④ 之后对于中日在甲午战争中的历次重大战役，《申报》无不详细报道。中日战事的报道也成为此时期《申报》的主要关注点，每日关于甲午战讯的报道都占据了其相当的版面，而且主要集中在第一版。以 9 月 6 日《申报》为例，第一版包括论说在内，与中日战事相关的报道就有 12 条，而其他的报道仅有 3 条。《申报》频繁的对中日战事的报道，一直延续到台湾战事结束后，方才告一段落。

在对甲午战争的报道中，《申报》也延续了其以往注重时效性的特点，力求迅速及时。如上文所述，在日本袭击中国运兵船的第三天，《申报》就对其有所反映，比翁同龢得知此消息仅晚一天。牙山战役则是在两天后《申报》上就有报道。后来的平壤战役、黄海海战及中日签订《马关条约》等甲午战争中的重大事件也都控制在三天内见报。这在当时电报已被限制的情况下，尤属难得。《申报》之所以能及时获得甲午战争的最新消息，一方面是得力于其自身在日本、高丽所设置的访员，如《牙山确信》就说"昨日接高丽友人来信，述及某日曾至牙

---

① 《拦截师船》，《申报》1894 年 7 月 28 日。
② 《开仗电音》，《申报》1894 年 7 月 30 日。
③ 《详纪日人拦截师船事》，《申报》1894 年 7 月 30 日。
④ 《沉船详述》，《申报》1894 年 7 月 31 日。

山……"，同日的《诡报胜仗》则说"昨日日本东京来电云……"，此处的"高丽友人"及"东京来电"的发电人应该属于《申报》在当地的访员。① 但此时更多的战事信息来自对外文报纸及其他报纸的转载。姚公鹤曾指出："上海报纸，于不受政治暴力之外，尤得有一大助力，则取材于本埠外报是也……华报所得紧要消息，十八九均自外报译录……转登外报，既得消息之灵便，又不负法律之责任，其为华报之助力者大矣。"② 证诸《申报》此时段对甲午战事的报道，表现得极为明显。如 1894 年 9 月 19 日的《东电照译》、《倭败纪闻》与《倭败续闻》三则新闻，前一则是转自"西字报"，后两则则录自"香港中外新报"。③ 除了上述两条途径外，《申报》还秉承"有闻必录"的原则，对于其他来源的消息也都及时刊登，以追求时效。1894 年 8 月 5 日，《申报》就刊登了一则关于"中国兵船与日本人战于高丽海面"的"上海传闻"，因为得自"传闻"，所以《申报》特意在这条消息后面解释道"本馆未接确实之信，惟援有闻必录之例，记其大略情形"。④

　　当然在战争的非常状态下，《申报》对甲午战事的报道常常不甚准确，但一方面，"有闻必录"的原则，使得《申报》可以通过几种不同来源的消息，互相加以印证。如对平壤战役的报道即是如此。1894 年 9 月 16 日日军攻占了平壤，但直到 9 月 19 日，消息仍十分混乱，既有中国战败的消息，也有日本战败的传闻，于是当日《申报》既转引香港中外新报"纪日本兵败之事"，报道了日本战败，又通过转述"西字报"，说"华兵守平壤者二万余，死伤约一万，逃出不多"。⑤ 这两种不同报道的同时登载，实质上已向读者表明了战事不同发展的可能，并给了读者自己判断的机会。9 月 20 日，"西字报录登（平壤战役）详细情形"后，《申报》才确认了平壤失守。⑥ 另一方面，《申报》又通过不断补充前述新闻，使得以前不实的消息逐渐得以纠正。如前述日本击沉

① 《牙山确信》、《诡报胜仗》，《申报》1894 年 9 月 16 日。
② 姚公鹤：《上海闲话》，上海古籍出版社，1989，第 130 页。
③ 《东电照译》、《倭败纪闻》、《倭败续闻》，《申报》1894 年 9 月 16 日。
④ 《胜日传闻》，《申报》1894 年 8 月 5 日。
⑤ 《倭败续闻》、《东电照译》，《申报》1894 年 9 月 19 日。
⑥ 《平壤失守》，《申报》1894 年 9 月 20 日。

中国运兵船的消息，在《申报》1894 年 7 月 28 日的报道中还比较模糊，但通过 7 月 30 日的《详纪日人拦截师船事》、7 月 31 日的《沉船详述》、8 月 2 日的《形同海盗》和 8 月 3 日的《不幸之幸》四次补充，日本击沉"高升号"及法国兵轮进行救援的事实才逐渐清楚。后来《申报》关于马关条约的报道也是如此。

同《申报》相比，《点石斋画报》因为是旬刊，所以对甲午中日战事的报道稍显滞后，但也从 1894 年 8 月 16 日画报的第 382 号，也就是中日正式宣战后出版的第一期画报开始，即将中日甲午战事作为自己的绘图主题。据统计《点石斋画报》中有关甲午战争的图共有 84 幅，主要集中在画报的第 382 号至 431 号。如画报的第 382 号主要描绘的就是牙山战役与丰岛海战。点石斋在介绍该期画报时，也侧重强调"（日本）欲与中国为难，至效海盗行径，谋害英国高升商轮，迨至兵连祸结"，却"一败于海面，再败于牙山。其在高士兵又以水土不服，死亡枕藉，生者更剖腹自裁，而犹不自悔悟。欲骗国中小民，编入营伍。强者自杀，弱者致拘，乃至妇女皆拘去"，将中日战事作为其主要看点。[①]点石斋自己也承认："本斋自中倭构衅以来，凡于战事无不留心"，并意图将战事"一一绘而出之。"[②]因而《点石斋画报》也同《申报》一样，对于甲午战争进行了连续的集中报道。总体而言《点石斋画报》主要是通过这些图像描绘了日本战时倭寇的形象。

一是倭寇的凶残。中日还未宣战，日军就袭击了运载清兵的"高升号"轮船。《点石斋画报》在得知这一信息后，迅速绘出《形同海盗》图，向国人揭露了日寇的这一暴行。图上只见"高升号"已舰体倾斜，清兵纷纷落入水中；而围在四周的四只日舰，正对落水清兵或枪击或炮轰，甚至还有日兵坐着小艇，用船桨直接拍打我国士兵。日军的蓄意屠杀，"全无人性"，跃然纸上。[③]日军的凶残不只针对清军，对占领区的中国民众更肆意凌辱。在牛庄失陷后，日军即强迫中国的小脚妇

---

① 《三百八十二号画报告白》，《申报》1894 年 8 月 16 日。
② 《三百八十五号画报出售》，《申报》1894 年 9 月 15 日。
③ 《形同海盗》，《点石斋画报》，乐十·七十六。

女，"解下缠帛，跣足工作"，以资取乐。① 在台湾，则令"华人在路行
走，如遇日兵，务须脱帽为礼"。② 日军的种种野蛮骄矜举动，都不难
激起国人对日寇的同仇敌忾。

二是倭寇的丑态。与战场上清军节节败退的实情恰恰相反，表现在
《点石斋画报》上的往往是日军的抱头鼠窜，落荒而逃。本为谎报的牙
山大捷，在图像的诠释下，表现得更活灵活现。图中的日军在清兵的手
起刀落下，个个不是"自相践踏"，就是"长跪乞哀"，丑态百出。③
日兵也都士无斗志，有"不服水土"得病的，也有焦虑而"剖腹自裁
者"。④ 更为离奇的是山东荣城之战，竟有三个日兵逃到一孝廉家中，
请求藏匿，因为这三名日兵"非雄飞而雌伏"，即是女子，并"袒胸示
之"。⑤ 显然这些情形多为传闻，但画报为迎合国人求胜心理却一一照
录。

三是倭寇的愚蠢。《点石斋画报》描画日军的愚蠢是与清军的奇谋
联系在一起的。从早期左宝贵的火牛阵，到刘永福的草人退敌，⑥ 每次
都是奇谋迭起，日军无不中计，伤亡惨重。事实上，虽偶有日军中计的
情况，如据当时侵台日军记载："当我军困顿路上，正在徘徊踌躇时，
忽然枪声四起，响彻山中。眼看假装农民的人们，三三五五，不知从何
而来，拿起预先藏好的步枪，四面齐向我军乱射"；⑦ 但决不会如画报
所描绘的那样，"号炮一声，突出台兵数万"，将日军团团围住。⑧ 这只
能是画报画师们的书生意气。

若对照《申报》同《点石斋画报》关于甲午战争的报道，就可以
发现，两者存在一定的关联性。这主要是因为《点石斋画报》的新闻
大部分源于《申报》，"选择新闻中可惊可喜之事，绘成图并附事略"，

① 《莲瓣罹殃》，《点石斋画报》，书三·二十一。
② 《日兵狂妄》，《点石斋画报》，数四·二十八。
③ 《牙山大胜》，《点石斋画报》，乐十·七十四。
④ 《倭兵无状》，《点石斋画报》，乐十·七十八。
⑤ 《倭兵乔装》，《点石斋画报》，书四·二十五。
⑥ 《计本火牛》，《点石斋画报》，射一·二；《疑兵却敌》，《点石斋画报》，数四·二十
六。
⑦ 中国史学会编《中日战争》第6册，上海人民出版社，1957，第469页。
⑧ 《狗阵破敌》，《点石斋画报》，书八·五十九。

所以画报中报道的甲午战讯几乎都能在《申报》中找到影子，甚至一些画报的标题都直接取自《申报》。如《计本火牛》（射一·二）、《破竹成势》（乐十二·九十）就分别取自《申报》1894 年 8 月 28 日《奇计破倭》与 8 月 31 日《倭奴夺气》两则新闻，前者主要叙述左宝贵的火牛阵，后者是报道了清军在大同江大胜日军。而画报的《形同海盗》（乐十·七十六）、《以身报国》（射二·十四）则分别来源于 1894 年 8 月 2 日与 21 日《申报》的同题报道。

但若仔细比对两者，却又会察觉两者对于甲午战争的报道还存在不少的差异。其中表现最突出的一点就是，《点石斋画报》采取了极端民族主义的立场，刻意夸耀自己而丑化日本。《申报》尽管也是站在中国人的立场报道甲午战事，但基本上还是注重实事求是的新闻原则，即便有时报道不实，在后续报道中也大多予以纠正。如牙山之战，《申报》最初报道时也认为是"日兵力不能支，纷纷败北，伤亡甚多"，① 但至 1894 年 8 月 15 日语气已有所转变，说"叶军门已由牙山进抵水原，本冀寸尺进逼，力争上游，不料日人设伏，我军猝不及防，颇受夷伤"。② 8 月 21 日《申报》更通过转述高丽来信，说出了"该华军统领知日兵有七八千名之多，进攻牙山，众寡之势悬殊，必不能敌，遂设计只留兵二三百守牙山，藉以牵制日兵，而率大队往北，欲与中国陆兵之渡鸭绿江而来者会合一处，故仅留兵少许守牙山"的这一实情，尽管这一说法也与史实有不合之处，但变相承认了并无牙山大捷之事，实质是日军"偶得小胜"。③ 而牙山之战在 8 月 16 日出版的《点石斋画报》中，却如前所述成了一场彻底的胜利。当然《点石斋画报》将牙山之战描绘成一场大捷，还情有可原，毕竟叶志超的谎报曾一度使清政府都对其大加褒奖。但《点石斋画报》自此之后却一路报捷，连中日的烟台换约、战败求和，也被其描绘成日本在中、俄、德、法、英、美诸国的威逼下，被迫签署合约。如此枉顾实情，实耐人寻味。

《赞同和局》就是《点石斋画报》所描画的烟台换约的情形图。图

---

① 《录烟台访事人信述中日交兵事》，《申报》1894 年 8 月 3 日。
② 《同仇敌忾》，《申报》1894 年 8 月 15 日。
③ 《高丽军事来信》，《申报》1894 年 8 月 21 日。

中日舰被围在中央，周围则是中国的炮台及俄、德、法等国舰只，炮口遥对，一副日本稍有不从就将联合各国对日开战的态势。图中所配文字更是突出了这一并非事实的"中强日弱"，说："日人无礼扰我中土，幸有李傅相大度包容，重申和议，乃犹多方要挟赔费而外，兼索割地。泰西各国闻而不平，遂于四月十四日中日换约之期，各派兵舰赴烟观看。迨日使伊藤（东）美久治坐八重山兵船赍约至烟。海关道刘含芳观察及中国所派伍纶雨观察率兵数十名在江干迎迓。其时烟台口内泊有俄国大小兵船十二艘，德、法、英、美诸国亦有兵船数艘泊于口外。因李傅相所主之和约，有须重行更改者，如还地加费等事须行改定方可签字，时在下午四点钟，炮台及泊在海面之各兵船均放炮为礼。当未签字之前。俄兵船严阵以待，似将开仗者。日使知众怒难犯，不得不降心相从，乃于夜分时换约而去，而中日之和局遂成。"① 此段话实质仍没有脱离中国天朝上国的骄矜心态，不但将中国战败求和解释成了"幸有李傅相大度包容，重申和议"，而且连烟台换约也被说成了"日使知众怒难犯，不得不降心相从，乃于夜分时换约而去"，似乎签订城下之盟的是日本而非中国。《点石斋画报》这则新闻应该来源于 1895 年 5 月 10 日《申报》所刊载的《详纪烟台换约情形》，但两者无论是在语气还是在陈述上都存在极大的分别。

据《详纪烟台换约情形》所记："烟台西友昨日来电云：日本所派换约之伊藤（东）美久治携带随员四人，于十四日正午坐八重山兵船，行抵烟台，既下碇，由关道刘含芳观察及中国所派之伍纶雨观察率兵数十名，在江干迎接。烟台口内泊有俄国大小兵船十二艘，德、法、英、美诸国亦有兵船数艘泊于口外。因李傅相所立之和约有须重行更改者，即行改定，方可签字。时在下午四时，□炮台及泊在海面之各兵船均放炮为礼。……当未签字之前，俄国所泊兵船均严阵以待，似将开仗。□中日两国使臣电奏朝廷，请决机宜，往来络绎，直至夜分时，始互换和约，至十五日曙色初明伊藤美久治仍坐八重山兵船驶回日本。"② 将两

---

① 《赞同和局》，《点石斋画报》，书二·十。
② 《详纪烟台换约情形》，《申报》1894 年 5 月 10 日。

段话对比后，就可发现，《申报》基于新闻报道的原则，只是客观陈述了当时烟台换约的实质情形，并没有任何感情的偏向，也没有作出价值判断，语气平和；《点石斋画报》虽主要引用了《申报》这段报道，但在开始和结尾都进行了自己的修改与申说，从而使得两者所呈现出来的烟台换约截然不同。

若再对照当时烟台换约的实情，则看得更为清晰。1895 年 4 月 17 日李鸿章同伊藤博文签订了《马关条约》，并约定经两国政府批准后，双方于 5 月 8 日在烟台换约。但 4 月 23 日俄、德、法三国基于各自利益的考虑出面进行干涉，分别向日本政府提交了照会，要求日本不得割让中国辽东。正因三国干涉还辽，清政府试图修订《马关条约》，所以一再请求日本政府暂缓换约。但日本政府担心夜长梦多，坚持按期换约。5 月 7 日，中日双方换约代表都抵达烟台，中方代表是伍廷芳与联芳，日方代表是伊东美久治。伍廷芳秉承清政府的意旨，再次请求日方缓期，但伊东美久治却扬言"至时不换，即当回国"。[①] 在此压力下，中国不得不同意按期换约。因而从《马关条约》的签订到中日烟台换约，日本都处于强势，相反中国只能被动接受，苦苦哀求日方让步，绝不会出现《点石斋画报》所描绘的"日使知众怒难犯，不得不降心相从"的局面。

《点石斋画报》之所以同《申报》出现如此大的差别，一个重要原因就是《申报》主要是从新闻报道的角度出发，强调消息的真实、准确，因而即便在当时"军情秘密，侦探良难，道路谣传，未足深信，加以电线中断，不能消息通灵"的情况下，仍坚持"遍设刺事之人，必侦得真确情形始得登诸报牍，断不敢凭空摹绘，致贻讥于吠影吠声，亦不敢故作危词从人闻听，薄海内外谅所深知"。[②]《点石斋画报》则如其自述"日报所载之事，不必其果确也，而事属离奇，姑图之以供阅者之谈笑"。[③] 换言之，《点石斋画报》看重的并不是消息的真实与否，

---

① 王芸生：《六十年来中国与日本》第 2 卷，第 328～329 页。

② 《录日本访事人函述高丽事》，《申报》1894 年 7 月 4 日。

③ 转引自俞月亭《我国画报的始祖——点石斋画报初探》，《新闻与传播研究》1981 年第 5 期。

而以能否取悦读者为取舍标准。当时读者爱看的是何种甲午战事呢？这可以从《新闻报》对甲午战争的报道中看出端倪。《新闻报》在甲午战争之时，为同《申报》竞争，就"（大造）夜壶阵、大纸炮制战事新闻，络绎不绝于纸"，而这种伪造战讯的行为不仅没有损害《新闻报》的声誉，反而"社会之信用乃以此大增"，因为普通大众喜欢看的就是此类中胜日败、富于戏剧性的战事新闻，所以报纸也"不得不投合时好"。①《点石斋画报》也正是基于此点，对于"（中国）大将之威严，军士之雄武"、清军的"制胜出奇"等等，不惜浓墨重彩，"至于倭奴之授首丧躯，心惊胆落，亦不能曲为之掩"，通过这一中日对比的落差来使"阅者所称快者也"。②

　　当然盼望中胜日败的心态是大多数中国读者所期望的，不仅《点石斋画报》的读者如此。《申报》也曾注意到，当时阅报者"闻某处得一胜仗，……曲诵三百，拍掌高呼，兴奋不可遏抑；及闻某处打一败仗，则无不发指眦裂，神骇色怒，誓食其肉而寝其皮"，③ 偏向性表现十分明显。

　　值得强调的是，《申报》此时的读者主要是"官绅"，他们虽也希望听到中胜日败的消息，但相对比较理性，更多是想从《申报》中了解战事的真实进展情况，所以看重的是新闻。《点石斋画报》的读者更偏向下层普通民众，他们除了也期待中国战胜外，还希望从画报中得到谈资、消遣，娱乐性是他们阅读画报的一个重要缘由。像中法战争之时，"市井购观"战胜图主要是为了"恣为谈助"。④《点石斋画报》对于读者的这一心态应该是深有体会，所以除了一路报捷外，还不惜花费极大的篇幅描绘甲午战事中的戏剧化情景。如前述画报所绘左宝贵的火牛阵、刘永福的草人退敌，甚至画报中还出现了左宝贵夫人为夫报仇的娘子军⑤，这些其实都是过去在戏剧、小说中才会出现的场景，现在却

---

① 姚公鹤：《上海闲话》，第 129 页。
② 《三百八十五号画报出售》，《申报》1894 年 9 月 15 日。
③ 《读旅顺失守事》，《申报》1894 年 11 月 30 日。
④ 尊闻阁主人：《点石斋画报缘启》，《点石斋画报》第 1 号。
⑤ 《别树一帜》，《点石斋画报》，御十二·九十二。

在《点石斋画报》的笔端一一呈现了出来。当然这些戏剧化的场景在甲午战事中应该都属子虚乌有，但在《点石斋画报》中却堂而皇之地反复出现，只能说明是画报的画师们为了提供看点、卖点而刻意为之。

尽管画报中的中日战事与历史的真实存在不小的差距。但普通民众喜欢的却正是这些，如此的对阵搏杀、横刀跃马、伏兵四起，才是他们可以理解的战争图景。直到甲午战败后数年，民间流传的渤海海战图，还画的是"日本舰队中的一艘军舰已被几罐装满火药的大瓦罐击中起火，军舰正在下沉"，而这瓦罐正是"民间所通用的夜壶"。① 这也提示了此点。

此外，《申报》除了报道甲午战事的过程外，还伴有论说、评价。据统计在 1894 年 7 月 1 日至 1895 年 5 月 31 日 11 个月内，《申报》总共刊发了 254 篇有关甲午战争的论说。② 随着中国的节节战败，《申报》也由最初的盲目乐观转而对甲午战败进行了一定程度的反思，提倡在中国进行变革。如还在 1895 年 1 月 7 日《申报》即指出："追咎于偾事之由，知其所失有三：一失于因循，不能自占先著；再失于粉饰，讳败而为胜；三失于将帅无人，兵士解体，而事遂不可为矣"，③ 开始反省清军连连败北的缘由。3 月 22 日《申报》又指出：现在的"善后之计"就是"变通旧俗，振兴新政"。④ 5 月 20 日《论中国强邻逼处一图变计》一文更进一步认为：中国应"变法自强"，具体举措就是"用人无中外之分，行政以君民共治"。正是这些论说，与战后维新派的主张相应和，逐渐推动中国走向了变法自强的道路。反观《点石斋画报》，则除了对甲午战事进行了"直观"的描述外，基本上没有任何深度的分析，而且即便是这"直观"的描述也是片面的，刻意有所取舍的。

所以我们可以说，正是因为《申报》与《点石斋画报》针对的读

---

① 蒋梦麟：《西潮》，辽宁教育出版社，1997，第 29 页。
② 李坚：《甲午战争时期报刊舆论与社会变迁》，《华东师范大学学报（哲学社会科学版）》1997 年第 2 期。
③ 《论用兵谋国当先审几料敌》，《申报》1895 年 1 月 7 日。
④ 《善后刍言》，《申报》1895 年 3 月 22 日。

者群体不同，所以报道的甲午战争也呈现极大的差异。《申报》重在新闻的实录，相对客观报道了甲午战争的实时进程，并通过其本身的论说分析，促使读者从更深层次的角度认识反思甲午战争。与此相对，若单观《点石斋画报》，读者能看到的只是中国的一路报捷，想象的胜利虽一定程度上满足了读者的阅读快感，却丝毫不能改变中国战败的事实，反而只能变相地强化中国人的自大心理。因而戈公振评价《点石斋画报》"描写未必与真相相符，犹是一病耳"，并非无因。① 《申报》与《点石斋画报》所呈现的两种不同的甲午战争的图景，也表明了媒体基于报道的可选择性，对于事件的反映具有极大的可塑性。这种可塑性反过来又影响到了读者对事实的判断。读者选择不同媒体的同时，实质上也接受了媒体所"塑造"的不同"事实"。《申报》与《点石斋画报》对甲午战争的不同"塑造"即是一例证。

第二节　多元的日本：《盛京时报》与《申报》的一个比较

媒体对报道的选择性，除了受到其读者对象的制约外，很大程度上还取决于它是谁的媒体，不同背景的媒体发出的声音也往往不一样。本节即以《盛京时报》与《申报》为例，分析不同背景的媒体看待日本有何差别。

一　《盛京时报》的日人背景与日本报道

据郑翔贵考证，日本人在中国创办报刊，始于1882年。② 虽晚于泰西各国，却发展得十分迅速，特别是日俄战后，仅在1905～1919年间，日本人就在中国创办了50家报纸。《盛京时报》也是在此期间创办的，创办人就是东亚同文会的重要骨干——中岛真雄。

中岛真雄是近代著名的大陆浪人，出生于日本山口县萩市。山口县是幕府时期长州藩的领地，吉田松荫、三浦梧楼、儿玉源太郎、山县有

---

① 戈公振：《中国报学史》，商务印书馆，1935，第263页。
② 郑翔贵：《晚清传媒视野中的日本》，第229页。

朋、田中义一等近代日本的重要人物都诞生于此。三浦梧楼更是中岛真雄的伯父。正因为有这样的家庭背景及乡缘因素，中岛真雄与当时日本政界、军界和财界的众多要人，有着一定的关联。资料显示，还在1890 年，中岛真雄就来到了中国，后来进入"日清贸易研究所"学习。1898 年，东亚同文会成立，中岛真雄作为其重要骨干被派驻福州，担任东亚同文会福州支部主任。正是在福州，中岛真雄开始了其在中国办报的事业，参与了《闽报》的发行工作。自此之后，中岛真雄就一直坚持"报纸救国"的理念，先后在中国创办或参与创办了《闽报》、《顺天时报》、《满洲日报》、《盛京时报》等六份报刊，包括中文报、日文报、蒙古语报等。中岛真雄在福州的另一收获就是结识了陈宝琛、陈璧、孙葆缙等人，后来中岛"经营新闻事业时，从他们那里得到了很大的帮助"。①

作为东亚同文会的成员，中岛真雄在中国创办报刊，其实也是秉承了东亚同文会的意旨，是东亚同文会在中国文化事业的一部分。如其参与的《闽报》就直接获得了东亚同文会的资助。② 后来的《顺天时报》则不但是由东亚同文会会长近卫笃麿命名，而且在初创过程中也获得了近卫的大力关照。③ 可见中岛所办的报刊与东亚同文会存在一定的关联。

1905 年，日俄战争结束，中岛真雄决定前往满洲发展，于是将其在北京创办的《顺天时报》转让给了日本公使馆。《顺天时报》因此成了日本外务省的机关报。中岛到达满洲后，先是于1905 年8 月在营口创办了《满洲日报》，作为进军满洲报界的前哨。该报的内容，"应军政署的要求，用日文、汉文、英文三种文字"，在出刊后不久"即在营口引起轰动"。但营口毕竟城市太小，并不能辐射整个满洲，因而中岛真雄还"在营口办《满洲日报》的时候，就在等待时机"，准备在省城

① 邵加陵摘译《中岛真雄在中国是怎样办报的》，《新闻与传播研究》1986 年第3 期，第165、168 页。该文为中岛真雄自传《不退庵的一生》的摘译，详细叙述了中岛在华办报的过程。
② 黄福庆：《近代日本在华文化及社会事业之研究》，第21 页。
③ 邵加陵摘译《中岛真雄在中国是怎样办报的》，第170 页。

奉天办一份影响更大的中文报纸。① 与此同时，日本政府也考虑到：日俄战后"日本势力正式进入东北，创办一中文报纸，作为日本的宣传机关势属必要"②，因而中岛在奉天办报的提议迅速获得了奉天总领事获原守一的赞成。但因为是在奉天办中文报纸，以后的读者主要是中国人，所以中岛除寻求日本政府的支持外，还积极在中国政府方面进行活动。当时担任奉天外交局总办的是陶大均，在他上任前，中岛真雄就通过外交部尚书那桐要求陶大均给予帮助。因而陶上任之后，"从官方的交涉到汉文记者的聘请等等，都不辞辛劳地张罗"。③ 正由于中岛真雄获得到了中日双方政府的支持，所以《盛京时报》很快就在1906年10月18日出版了创刊号。

《盛京时报》从创办开始就打上了明显的日本印记。首先，资金全部由日人出。《盛京时报》的创办资金主要由中岛自身投入的资本、日本政府与一些日本人的赞助三部分组成。其中中岛自身投入的资金是经营《满洲日报》所得的收益金，也是《盛京时报》最主要的资金来源。而给《盛京时报》提供资金赞助的日本人包括饭松太郎、井户川辰三、村楠造等人。饭松太郎因中岛真雄曾帮助他，所以自《顺天时报》创办起就对中岛提供资金资助，《盛京时报》创办后，饭松太郎又把自己的工程局办事处腾让出来作为其办报点。井户川辰三、村楠造则分别向《盛京时报》捐赠700日元与5000日元。当然这些日本个人的资助只占很少的一部分，且只是偶尔为之，更为经常的资金补助来自日本政府。在奉天总领事获原守一的关照下，《盛京时报》每月都从外务省领取一定的补助费，这一补助一直持续到1944年停办时为止。正因《盛京时报》领有日本外务省的补助，所以《盛京时报》一定程度上也可视为日本的官方报纸。

其次，从报社人员构成来看，日本人无疑占据了主导。与其他外资的中文报纸不同，《盛京时报》不仅创办人、发行人是日本人，而且从主笔、编辑到主要社员都是日本人。还在《盛京时报》筹划之时，中

---

① 邵加陵摘译《中岛真雄在中国是怎样办报的》，第172、174页。

② 黄福庆：《近代日本在华文化及社会事业之研究》，第235页。

③ 邵加陵摘译《中岛真雄在中国是怎样办报的》，第174页。

岛就将其在《顺天时报》的主笔——宫房次郎调了过来，后来又招揽
"中国通"菊池贞二任主笔（笔名傲霜庵），原东亚同文会北京支部长、
有多年办报经验的中西正树为特派记者，其他编辑还包括稻垣伸太郎、
冈三郎、佐藤善雄、河内山武雄、大石智郎等。这些日人编辑"多数
都出身于日本为侵华而设于上海、专教汉文的'大同书院'"，一般都
能撰写中文、编辑报刊，菊池贞二甚至还可以专门撰写中文社论，中文
功底十分深厚。① 报纸经营方面，则由染谷保藏、相部政太郎、斋藤松
三、濑户保太郎、宫川贯作、斋藤周造、山本久治、太桥熊次郎、岩间
产三等人负责；处理财务的是账尾。② 当然《盛京时报》也聘请了一些
中国编辑，如前期的徐镜心，后期的穆儒丐、王冷佛、金小天等，但他
们在报社的活动完全屈居日本人之下。因而《盛京时报》的言论主要
由日本人把持。

最后，从报纸的创办目的而言。如前所述，日本政府的目的是想将
《盛京时报》作为其在东北的一个宣传机关。其实当时日本政府支持中
岛真雄创办《盛京时报》还有一个隐含的目的就是对抗俄国在东北日
益增长的新闻舆论。在日俄战争前，东北的报界主要由俄国人把持，战
后俄国人又在哈尔滨出了中文报纸——《远东报》，隐然有一举控制东
北舆论的企图。为对抗俄国，日本政府急需一份自己在东北的中文报
纸。由此，《盛京时报》应运而生。对于日本政府的企图，中岛真雄应
该是心领神会，故而不但袭用了俄国占领奉天时发行俄文《盛京报》
的名称，把报纸定名为《盛京时报》，而且在创办后不久就展开了同
《远东报》的竞争，经过"逐年追迫，终把它（《远东报》）驱入俄国
领区以内"，确立了《盛京时报》在东北报界的地位。③ 因而《盛京时
报》代表日本政府的意志也至为明显。

当然对于这一主要的政治企图，《盛京时报》是隐而不言的。在创
刊号上，《盛京时报》公开宣称其创办缘由是"以三省之大竟无一完全

① 林穆：《伪满时期的新闻统治》，中国人民政治协商会议辽宁省委员会文史资料研究
委员会编印《沈阳文史资料》第4辑，1983，第188页。
② 邵加陵摘译《中岛真雄在中国是怎样办报的》，《新闻与传播研究》1986年第3期。
③ 东亚同文会编《对华回忆录》，胡锡年译，第497页。

报章，至令民气凋敝至于今日，所以发行《盛京时报》者，即此故也"。① 获原守一等人在发给《盛京时报》的贺电中，也莫不以"开通吾民之智识，输纳外界之文明"相标榜。② 后来《盛京时报》所宣称的宗旨虽在具体措辞上时有变化，但基本仍如其发刊时所言以"开民智"为其宗旨。如在发刊一周年时《盛京时报》仍宣称"开通风气，启迪知识，欲使中国离此老大之习俗，一跃而返青年之世界，此报之旨也"。③ 对于《盛京时报》这一伪善的表示，最初中国人并没有识破，甚至连东三省总督锡良上奏给朝廷的报告也称《盛京时报》的宗旨是"开通民气，鼓吹立宪"。④

事实上，《盛京时报》为迎合中国读者，也的确刊载了一些"开通民气，鼓吹立宪"的内容。如在栏目设置上，为反映中国民情特地设立了一"告白栏"，表示："现值中国立宪时代上下之情本宜通达，方成立宪机关。本馆开设以来，每日接到来函不下数十件而咸关人名誉，或讼事等词，是非曲直本馆概不得知，而又不忍不采择登载，今拟备告白栏之一小隅，专供此等公众登载之便。以期下情上达而补助立宪机关阅焉。"⑤ 对于清末新政、立宪，《盛京时报》也发表了不少意见。在其创刊号上就刊登了《大隈伯爵演说中国创设宪政论》，建议中国仿效日本，推行宪政。在其《一千号之纪念词》中更进一步宣称"本报唯一宗旨，始则企画宪政之成立，比明诏既颁，则促宪政之进行"。⑥ 正是这些"开通民气，鼓吹立宪"的言论，为《盛京时报》赢得了不少中国读者，后来"其发行量一时竟达两万份以上"。⑦

《盛京时报》因为有着浓厚的日本背景，所以无论是在广告还是新闻中，日本所占的篇幅都不少。《盛京时报》的广告约占其每天版面的

① 《发行之辞》，《盛京时报》1906 年 10 月 18 日。
② 《祝词》，《盛京时报》1906 年 10 月 18 日。
③ 《贺时报周年纪念文》，《盛京时报》1907 年 10 月 5 日。
④ 《东三省总督锡良为呈送奉天府承德县报馆调查表请予存案事致民政部咨文》，中国第一历史档案馆：《晚清创办报纸史料（二）》，《历史档案》2000 年第 3 期。
⑤ 《盛京时报馆告白》，《盛京时报》1911 年 11 月 30 日。
⑥ 《一千号之纪念词》，《盛京时报》1910 年 3 月 13 日。
⑦ 黄福庆：《近代日本在华文化及社会事业之研究》，第 235 页。

三分之一到二分之一，广告的投放商以日本人居多。以创刊号为例，第
一版、第四版为广告版面，共登录广告 27 则，其中有 21 则为日本公司
的广告。① 这些广告从内容看包括日本在华经营的商务、文化、交通等
各个方面；从广告的刊登商看，既有三井洋行、大仓洋行、正金银行等
这些大型的日商，也包括如日本西洋大菜馆、三船照相馆等小本经营
者。随着《盛京时报》影响的扩大，广告版面的价格也日益高涨，由
1907 年的"一行五号字二十一字起码登一日者，每行二角，登十日者
每日每行一角五分，登全月者每日每行一角，登上年者价目面议"② 变
为 1910 的"一行五号二十一字起码登一日者，每行四角。登十日者每
日每行三角。登常年者价目面议"。③ 但无论价格如何改变，日商广告
一直都占据了《盛京时报》的主要广告版面。

　　再就《盛京时报》的新闻而言，日本报道也占据了重要地位，几
乎涉及了各个栏目。《盛京时报》的栏目虽时有变更，但大致包括社
说、白话、文苑、宫门抄、专电、京师要闻、东三省要闻、各国新闻、
各省要闻等。而这些栏目几乎都涉及相关日本内容。如社说、白话两栏
就常常登载一些日本政要的言说。以 1906 年 10 月 25 日为例，当天论
说是转载日本前文部大臣久保田让的"论振兴实业在教育"，白话则是
刊载《大隈伯爵演说中国创设宪政论》。另外专电一栏，东京专电是其
重要部分。各国新闻一栏，日本新闻也常占了主要部分，如 1906 年 10
月 19 日的各国新闻一栏共有 7 条报道，相关日本报道就有 5 条。此外
在东三省要闻中，日本报道也不少。

　　之所以如此，一方面固然与中岛真雄"报纸报国"的理念有关，
为加强日本对中国的影响势必突出日本的相关报道；另一方面也与
《盛京时报》的日人编辑群体密不可分。如前所述，《盛京时报》的主
笔及主要编辑大部分是日本人，其自身的知识背景、国籍背景，使得其
对于本国报道有种不自觉的偏向。以创刊号为例，第三版为新闻版面，
包括宫门抄、专电、京师要闻、东三省汇闻等栏目。在宫门抄中《盛

① 其中有两则广告，因影印的报纸本身残缺，无法判定所属哪国公司。
② 《告白刊资》，《盛京时报》1907 年 3 月 14 日。
③ 《告白刊资》，《盛京时报》1910 年 2 月 17 日。

京时报》就特意报道了"日本国博恭王等觐见"的消息，而在专电中也专门设置了东京专电，京师要闻里则报道了南满铁路的集股情况。相对照的是，在此版中除了在伦敦专电中出现对美国的报道外，其他各国一条报道也没有。① 日人编辑对日本的偏爱可见一斑。

从对日本的报道来看，《盛京时报》无疑是站在日本的立场上对其有所美化。如对日俄战争，《盛京时报》就极力宣扬日本是"仗义起兵，大举伐俄，累战连胜。夺回东三省于虎口之中，而还于中国主权之手"，并称赞日本此举是"笃念邻邦睦谊，顾全同种之深情。故不啻为中国人所共为感谢，亦为各国之公论所翕然而赞赏也"。② 甚至对于日本侵略中国的举动，《盛京时报》也曲为解释。1909 年日本强迫中国签署了《东三省交涉五案条款》和《图们江中韩界务条款》，从中攫取了大量的东北利权，引起了吉林各界人士的普遍反对。《盛京时报》却公然宣称这两条约是"（中日）两国大员，鉴于相持不下之非计，而行互相让步之策划，彼此遂均得极满意之良结果。不可谓非主任此事者之有卓见也"。③ 袒护日本之心，昭然若揭。

正是因为《盛京时报》特殊的日人背景，使得其在涉及敏感的中日交涉时，常常与其他媒体的报道存在不同，下节所述的二辰丸事件即是突出的一例。

二　二辰丸事件的两种解读

1908 年 2 月 5 日日轮"二辰丸"私运军火，在澳门附近的九洲洋海面，被广东水师缉获扣留，由此引发了一场中日交涉。在交涉过程中，日本从一开始就态度强硬，肆意扩大事件，变地方争执为两国交涉。中国外务部虽在初期据理力争，并提出交国际社会公断，但因本身实力的局限，面对日本的武力威胁及葡萄牙、英国等国对日本的支持，最终只能选择妥协，从而使得这一侵害中国国家主权的事件最后演变为中国向日本赔款道歉而告结束。对于这一结果，以粤商自治会

① 《盛京时报》第三版，1906 年 10 月 5 日。
② 《论日本退还各占领房屋》，《盛京时报》1907 年 7 月 18 日。
③ 《论中日满洲悬案和平办结》，《盛京时报》1909 年 9 月 8 日。

为首的地方社团以及两广地方民众极不满意，于是引发了中国第一次抵制日货的风潮，并迅速波及中国内地和东南亚诸国，变政治交涉为国民外交。

在这一事件演变中，《申报》与《盛京时报》都予以了追踪报道，但由于立场不同，两者对"二辰丸事件"从报道到解读都各趋一端，存在极大的差异。

（一）《申报》报道中的"二辰丸事件"

如前所述，《申报》作为一份商业性报纸，由英人美查创办，但到二辰丸事件发生之前，《申报》产权已归席子佩所有。换言之，此时的《申报》已完全是中国人自己的报纸。另外值得注意的是，1905 年《申报》版务进行了一次大改革，由金剑华取代了思想保守的黄协埙担任主笔，并聘请刚从日本考察回国的张蕴和负责撰述言论。改革后的《申报》不但宗旨趋新，而且大肆扩充篇幅，"纪载要闻，以多为贵"。[1] 正是在这一背景下，当"二辰丸事件"发生后，《申报》立即进行了报道，并逐渐由事件的旁观者变为事件的推动者。

以 3 月 15 日清政府接受日方条件为界，"二辰丸事件"可分为前后两阶段。《申报》对其报道相应也可分为两个时期，在 3 月 15 日之前主要是关于中日政府交涉的报道，在此之后主要是各地抵制日货的报道。

"二辰丸事件"发生后的第三天，《申报》就在专电及紧要新闻两栏，对其做了报道，不过最初因为交涉还没展开，所以《申报》更多是侧重从"革命党"的角度报道这一事件，不但在专电中强调清政府查获的是"革命党私运枪械"，在紧要新闻转载《文汇报》消息时也特地点明"此项枪支系孙文所用"。[2] 但随着后续消息的进一步传来，2月 11 日《申报》已注意到中日双方存在着分歧，指出中国方面坚持认为"该船（二辰丸）在澳门附近华界拆卸所运军枪药弹等件"，日方船主则坚称"该船因候潮水故停泊澳门港外，并无卸去军火之举"。[3] 报

---

① 徐载平、徐瑞芳著《清末四十年申报史料》，第 99 页。
② 《专电》、《香港查获私运军火》，《申报》1908 年 2 月 8 日。
③ 《日轮装运军火续闻》，《申报》1908 年 2 月 11 日。

道的重点也由此从革命党转向了中日交涉。2月12日、13日、14日，《申报》连续三天报道了中日的初步交涉及日本方面对此的反应。此时交涉主要还局限于广东一隅，由广州日本领事与当地中国官员负责进行，因而《申报》也只是将其视为普通交涉加以报道，并没有予以论评。

但2月14日，情况突变，日本驻华公使林权助正式照会中国外务部，抗议"二辰丸"被扣事，并向中国提出"放船、还旗、惩官、谢罪"四项要求，从而使得交涉由地方转向中央，事件进一步扩大。林权助在其照会中主要强调三点：一是指责中国方面撤去了二辰丸所挂日本国旗代以中国国旗，并派水兵多名进入船舱，作"种种放纵行为"，甚至有"窃去货物"之举；二是认为此船装载的虽是军械，但"系运澳之物曾经由该口葡官允准"；三是该船停泊地点是否中国海域尚存疑问，而且即便是中国海域，"（日本）船只遇有风浪，尽可躲避寄碇，不应阻碍"。林氏这一照会可谓将中国扣留二辰丸的理据全盘推翻，特别是第三点更是直接牵涉到中国的领海主权及缉私权。与此相应，2月18日，葡萄牙公使也照会外务部，指责广东水师缉拿日轮，"有违葡国所领沿海权，并有碍葡国主权，阻害澳门商务"，要求中国方面释放日轮。① 至此，"二辰丸事件"已不再是一简单的中日纠纷，而是涉及多国利益，中国方面若不小心应对，则不仅"二辰丸事件"的交涉将面临失败，而且自身的正当主权也难以维护。《申报》正是敏锐地察觉了这一点，所以一改此前只是事件旁观者的姿态，积极成为事件的参与者。

《申报》一方面直接反驳了日本的观点，提出对二辰丸的处理意见。2月19日，就在葡萄牙公使提交照会的第二天，《申报》针对日本诬称中国的诸多论点予以回击。《申报》辩称：首先，2月4日中国方面已对日轮予以警告，要求其"驶入内地"，但是日船主却置之不理，次日依然盘踞在中国海域，这是二辰丸理亏在先；其次，中国之所以撤去了二辰丸所挂日本国旗是因为2月5日葡萄牙兵舰也驶入中国海面，

---

① 王芸生编著《六十年来中国与日本》第5卷，第150～151页。

中国"为保护此船（二辰丸）及中国领海权计不能不与之开仗"，但日船"若仍扯贵国（日本）旗章，彼此均有不便，必须改挂中国龙旗"，这并不能算中国之错；最后，二辰丸私运军火的行为，"照万国公法规定，自应将全船货物一律充公，并当追究包庇之国"。①《申报》此时已明显站到了中国的立场上，公开主张对日强硬。稍后《申报》又继续反驳日本所指陈二辰丸停泊处非中国领海的观点，指出：二辰丸交涉的焦点"在日轮果属私运军火及寄泊地果在我领海与否"，综合"粤关水师之禀报，张督之电告，与夫海关西员帮同查获之见证"，以及二辰丸停泊的"经纬线"和"该船长于被捕时种种语言支吾之状"等各方面证据，都可表明"此举（扣留二辰丸）实为我应有之权，并未侵越法律范围之外也"。相反，日政府"仅据该船主一面之词，法学家悬断之理论，遽出其强硬之手段"，实不足令人信服。接着《申报》又进一步指出中国若再不据理力争而对日妥协的话，"以后沿海各行省各口岸，外人可任意贩运，乱党可任意购买，水师关吏均不敢稍一顾问，中国糜烂可立而待，即我国之领海权、缉捕权亦将拱手授诸外人，领海必变为公海，而各国效尤踵起，吾国主权从此尽丧"，因而建议清政府"善筹对付之法"，坚持对日交涉。②

另一方面，《申报》对于清政府的外交失措也加以抨击，企图促使清政府积极应对。

清政府在"二辰丸事件"发生后，面对日本的无理要求，最初采取的是借用外力的策略，先是提议将此事"按照海关章程付诸会讯"，但这一建议不但遭到了日本方面的拒绝，而且海关总税务司赫德也不同意，反而认为"该船非海关所缉获"，且此事"日本未为失当"，中国政府应"认此次误扣之咎，则释还船只，并鸣炮敬日旗或赔偿业主"。③于是中国方面又转请英国水师提督公断，驻美大使伍廷芳也试图运动美国总统罗斯福予以调停，但是这些援引外援之举，因为日方的强烈反对，都未获成功。

---

① 《续志搜获私运军火情形》，《申报》1908年2月19日。
② 《论说——论外部宜力争大津丸案》，《申报》1908年3月11日。
③ 王芸生编著《六十年来中国与日本》第5卷，第152页。

《申报》对于清政府这种一味依赖外力的应对举措不以为然，认为"军火之不能私运进口者，约章所明定也。无护照而查获，而扣留，而充公者，又为我国应有之权"，这是"众目昭著之事，无所用其争执"，现在清政府却将"此分明直截之事而欲付之公断"，不仅"已为有识者所笑，而日人且不之允"，故政府此举实是"外交思想愈拙，能力愈弱，手段愈下，一任外人之玩弄而无如何"的表现。① 《申报》对清政府"哀其不幸，怒其不争"的态度，由此可见一斑。

清政府在借用外力失败后，面对日本"如不速了，日本当行相当之手段"的武力恐吓，② 无力应对，只得作出妥协，于 3 月 6 日照会日使，对撤换日本国旗事，表示歉意。但日本对于中方的道歉并不满意，认为"中国政府对于日人要求虽不坚拒，并自道歉，然玩其覆词并不切实"，如果"此事而不得赔偿，则日后驶行于中国海上之船只更为可危"，③ 因而林权助于 3 月 13 日再次向清政府提出了五项条件，包括道歉、放船、惩官、赔偿等。尽管两广总督张人骏对于日方要求仍有异议，认为"拘捕日轮并未违背法律，如即释放，反予以借口"，④ 但清政府在接到林权助的再次要求时，已决定全面退让以换取日本能在以后设法协助"禁止私运军火"。于是中国外务部在 3 月 15 日照会林权助，全盘接受了日方条件。二辰丸事件的政府交涉至此告一段落。

随着清政府态度的日益转弱，《申报》对清政府的批评也日益升级。就在清政府向日本发出道歉照会的第四天，《申报》就刊载了广东七十二行商自治会的电报，借陈惠普等人之口指责"政府畏葸媚外"。⑤ 但是此时《申报》仍抱一丝希望，试图促使政府坚持对日交涉，故而一面报道中国民众对此事的激烈反对，以借民气而伸国权，如 3 月 11 日即报道了政闻社上粤督电，"乞始终坚持"，同日又报道了广东士绅集会决定如果释放二辰丸将"行抵制日货之策"⑥；一面密切关注其他

①　《论政府对日交涉之手段》，《申报》1908 年 2 月 24 日。
②　王芸生编著《六十年来中国与日本》第 5 卷，第 155 页。
③　《日本外务省对于拘留大津丸之办法》，《申报》1908 年 3 月 6 日。
④　《专电》，《申报》1908 年 3 月 9 日。
⑤　《专电》，《申报》1908 年 3 月 10 日。
⑥　《日轮被捕问题》，《申报》1908 年 3 月 11 日。

各国对此交涉的态度，在 3 月 11 日、12 日、13 日连续三日密集转载了纽约电、柏林电、路透电等多国电讯，企图寻求外国的支援。但是此时其他各国都采取了旁观甚至支持日本的态度，如英国就宣称"二辰丸之事不在英日盟约范围之内，故英国无可干涉之理由"。①

在二辰丸交涉失败后，《申报》对清政府的批评也达到了顶点。3 月 18 日、19 日《申报》连载社论《政府对内对外之两手段》，对清政府在对日交涉中的失败进行了抨击，认为清政府是"不惜奉其至宝至爱之土地财产双手赠礼于列国"，"对于外交上之手段可谓柔顺极矣，对内专横"；② 并预言"国民虽隐忍于一时，终必有溃败决裂不可收拾之一日"。③ 失望之情溢于言表。

政府交涉虽然失败，各地民众抵制日货的运动却方兴未艾。在这期间，《申报》不但及时报道了各地抵制日货的消息，登载了各团体号召抵货的通电，一定程度上扩大和推动了全国抵制日货的进行。

抵制日货运动首先由粤商自治会发起，在此运动中起着领导作用的是陈惠普、李戒欺等人。陈惠普，店工出身的银号商人，帝国宪政会会员，善堂善董。李戒欺，原名鉴诚，商人，铁路股东，有生员功名。二人因不满广东总商会的一些行为，在 1907 年冬成立了粤商自治会。自治会成立后，"办事纯以戒欺、惠普氏为主干"，两人被称为自治会的"会长"。④ 会员中人"平日颇涉新知，同感世界商战日亟，外国资本侵入我国亦日多"，因此"有意图借此组织力量，按步实现其拓财货、扩商权，进而参预新政，兴商富国之伟愿"。⑤ 二辰丸事件发生后，面对清政府的软弱无能，陈惠普等以粤商自治会为依托发起了抵制日货运动。

① 《西报载二辰丸与英无涉》，《申报》1908 年 3 月 13 日。
② 《政府对内对外之两手段》，《申报》1908 年 3 月 18 日。
③ 《政府对内对外之两手段》，《申报》1908 年 3 月 19 日。
④ 转引自邱捷《辛亥革命时期的粤商自治会》，《近代史研究》1982 年第 3 期。关于粤商自治会的具体情况还可参见邱捷《粤商自治会再研究》，《近代史学刊》第 3 辑。
⑤ 李蘅皋、余少山：《粤商自治会与粤商维持公安会》，中国人民政治协商会议广东省广州市委员会文史资料研究委员会编《广州文史资料》第 7 辑，广东人民出版社，1963，第 23～24 页。

还在 3 月 7 日，粤商自治会就集会讨论"二辰丸事件"，会上决定"要求政府坚持力争，按照商约将货船充公"，并议决以七十二行商自治会的名义致电军机处、外务部暨同乡京官、外埠华侨及各省，希望各方能"协力电争"，电费由各商捐助筹集；如若"力争无效，宜调查日本轮入中国全境之工商品及日教育员之实数，为最后解决之问题"。① 3 月 10 日《申报》刊载了粤商自治会的通电。上海两广同乡会在接到自治会的函电后，也紧急召开会议，一方面致函外务部、粤督"乞坚持到底"、"务乞力争"，另一方面致函广东自治会"乞筹最后对付之策"。② 就在各界寄希望于清政府据理力争的时候，3 月 15 日清政府却答应了日本政府的无理要求，从而使得粤商自治会依靠政府"坚持力争"的希望落空，转而采取了抵制日货的手段。

3 月 18 日，清政府答应日本条件的消息被广东商民得知，当天陈惠普等人就举行了集会，"内多易服剪辫者，手持大旗三面，大书挽回国权等字样，并在督署演说，愈聚愈众，道途为塞"。第二天，粤商自治会"复沿街遍贴不买日货等条，且动言罢市"。③ 因为粤商自治会的宣传，广州商人开始抵制日货，甚至不少商家主动将日货焚毁。粤商自治会为更好地组织商民持续有效地开展抵制日货运动，于 3 月 20 日召开国耻纪念大会，决定在借鉴前次抵制美货运动经验的基础之上，先期进行日货调查，展开同日本商业的竞争。《申报》对于此种举措表示赞同，认为"夫使抵制而果有效，则昔年抵制美货早已有效矣"，因此目前"仿造洋货为第一要义"，各商"惟有实心实力从制造入手，使本货不劣于洋货，本货多销一分，即洋货少销一分"。④ 此建议得到粤商自治会的采纳，自治会在散发的调查传单中，指出"凡遇该物为我国所无者，宜留心仿效，为我国所有而未精者，宜设法改良等"，以使"我同胞咸得以改良工艺，振兴商务，即所以昭雪国耻者，亦在于是"；同时粤商自治会也强调"买卖系个人自由文明规则，切勿干涉他人买卖，

① 《自治会集议二辰丸纪事》，《申报》1908 年 3 月 15 日。
② 《上海两广同乡会集议辰丸记事》，《申报》1908 年 3 月 16 日。
③ 王芸生编著《六十年来中国与日本》第 5 卷，第 162 页。
④ 《论今日当注重仿造洋货》，《申报》1908 年 3 月 31 日。

致失我国民文明人格"，要求文明对待。①

此后，粤商自治会纷纷致函各地团体，希望一方面召开国耻纪念会，一方面共同抵制日货。这一倡议迅速得到各地的响应。3 月 29 日佛山各行商"在佛山戏院开国耻纪念大会"，②4 月 5 日金陵教育会接该会传单后，"亦将邀集各界定期开会，以志国耻"。③稍后三水、梧州、南海、江门等地都纷纷召开了国耻纪念会。香港还成立了国耻会，"刊有国耻纪念徽章"。④广州女界也不落人后，4 月 5 日也召开了国耻纪念会，提议在"金银戒指或手饰等物刊国耻二字，以为纪念"。⑤此种召开国耻纪念会的浪潮也波及了乡村。如广东"新会、外海初八日假座和平会社，南属沈村堡初十日假座新智书社，浬水墟假座惠济善堂开国耻大会"。⑥甚者，一些乡村把国耻融入家族观念之中。如广东"顺德大朗乡陈姓族人以国耻为家耻，竟于前日乘出外诸子弟旋乡省墓，在大祠堂开国耻纪念大会"。⑦值得注意的是，当时召开国耻会的主要是广东各地。这可能一方面是因为二辰丸事件起于广东，使粤人感到了切肤之痛；另一方面则在于粤省自治会对广东各地的影响。《申报》在报道各地国耻会召开的消息中，也察觉了这一交涉所造成国民的国耻感，认为"中国第一次外交失败，其可耻未有于是甚者"，现在"人民亦既知之亦既耻之，他日自存之机或在乎"。⑧正是基于此点认

---

① 《再志辰丸案结后之状况》，《申报》1908 年 3 月 31 日。需要指出的是，基于斗争策略的需要，为免给日本干涉的借口，粤商自治会主要提出的是"文明对待"的口号，而非"抵制日货"。如在 3 月 18 日粤商自治会集会后，决议的第二条就提出了"联合四万万同胞各尽文明对待之义务，至尽达目的而后已"。次日《申报》登载陈惠普等人的通电也是"日欺我太甚，粤签名决悭（此字电码疑误）者万人，速查日商品，文明对待"。在 20 日国耻大纪念会上，粤商自治会更进一步指出："今日诸君举行文明对待之策，幸勿如从前抵制美货故事。"当时两广总督张人骏也注意到"粤省商民现议倡兴工艺，实与抵制日货无涉"。但究其实质，"文明对待"就是变相的抵制日货。

② 《佛山定期举行国耻纪念会》，《申报》1908 年 4 月 4 日。

③ 《辰丸案结后之影响》，《申报》1908 年 4 月 5 日。

④ 《港商纪念国耻之苦心》，《申报》1908 年 4 月 30 日。

⑤ 《女界国耻大会纪事》，《申报》1908 年 4 月 12 日。

⑥ 《十志辰丸案结后之状况》，《申报》1908 年 4 月 14 日。

⑦ 《十四志辰丸案结后之状况》，《申报》1908 年 4 月 23 日。

⑧ 《论国耻会》，《申报》1908 年 4 月 14 日。

识，《申报》对于各地召开国耻会的消息进行了不厌其烦的报道。

与此同时，抵制日货的行动也迅速由广东一地扩散到全国，甚至波及东南亚、澳洲、美国等地的华侨。日货在上述各地都受到了不同程度的排斥。正由于中国商民、华侨的一致抵制，日货的销售受到严重冲击。以至于一些西报认为"中国在战场上固不能与日本争胜，然在商场上已立战功"。①

当然，此次抵制日货运动中也有因为商业利益和政治立场的不同反对抵制日货者。如旅日粤商认为，此次事件"中国政府责任其咎，抵制日货不特于理不合，且伤中日之友谊"。② 旅日革命党人反对抵制日货者也大有人在，认为"日本船坚炮利，我非其敌，设因抵制惹起扰端，后患何堪设想"。③ 就在各省抵制日货的运动蓬勃发展时，汉口华商却联合日商组织了"中东联合会"，表示要共促"日华商务之进步"，此举被《申报》认为"有识者窃骇怪之"。④

《申报》对抵货运动无疑是持支持的立场，不但对各地抵制日货的行动给予了广泛的报道，对粤商自治会的通电都及时予以刊载，扩大了抵货行动的影响；而且《申报》还以社论的方式，公开赞赏抵货运动，如前述所引的《论今日当注重仿造洋货》、《论国耻会》等。此外《申报》还利用漫画的形式对民众予以启发。3 月 24《申报》刊登了一幅题为"以广招来，两广药材施送辰丸"的漫画。画中站立柜台施药者为一身穿清国官服的官员，该官员正眉开眼笑地对一西装革履的（日本）人士施送辰丸药材。⑤《申报》通过这种讽刺的漫画手法把清政府的无耻卖国栩栩如生地表现了出来，增强了读者对国耻感的认同。《申报》这一报道的倾向，无形中也影响了读者，客观上助长了抵制日货运动的风潮。

当然，在抵制日货运动中，日本人也采取了种种手段予以反制。一

① 《八志辰丸案结后之状况》，《申报》1908 年 4 月 10 日。
② 《西报译要》，《申报》1908 年 4 月 28 日。
③ 《东京通信》，《申报》1908 年 5 月 25 日。
④ 《中日商人开联合会》，《申报》1908 年 4 月 8 日。
⑤ 《画史》，《申报》1908 年 3 月 24 日。

方面对于中国予以恐吓。还在抵货运动刚开始的时候，林权助就致函两广总督，扬言"广东商民欲抵制日货，若果实行，所有一切结果当惟中政府（是问）"。① 也有日本人直接致函粤商自治会，"内多恐吓之词"，并称"纪念会足令其国生恶感情，又谓排彼之工商品足使其一部分之国民陷于穷困"。② 另一方面，日本也采取一些商业手段，降低抵货运动的影响。如面对华商仿造日货的增多，日本"以中国不能保护其在华之商标，现持调查情形拟订一日英条约，以资保护"。③ 为加强日货的推销，不少日本人也"手携杂货到处揽售"。④ 另外日本商家还准备压缩出口，进行减产，像"日本各糖业公司已决议将出口减少，并议高丽中国两处出口贸易须联合实行。日本棉纱协会，除每月常例停工五日夜外，决议暂停夜工三月"。⑤ 尽管日本人采取种种措施来减少影响，但据调查，日人的商品出口在"二辰丸"事件发生之后明显减少，1907 年春季日本出口货值银 9475 万元，而 1908 年春季出口货仅得 7800 万元，这实因"华人改用土货之效果"。⑥ 也有资料显示："二辰丸案引起的抵货曾使日本人损失二亿元以上。"⑦《申报》通过报道日本方面的情况，既揭露了日本人破坏抵货的手法，也使国人看到了抵货运动的成效，一定程度上坚定了国人抵制日货的决心。

但是中国政府对于国人抵制日货的行为从一开始就不予支持，认为抵货之举"实于国际交涉地方治安均有关碍"，因而一再电令两广总督张人骏加以弹压。⑧ 张人骏尽管并不太赞同这一压制之举，但面对日本政府和外务部的一再施压，只得接连发布禁止抵制日货的布告，声称"恐有无知之徒昌言抵制，致酿暴动，实于邦交有碍"。⑨ 因为本国政府的禁止，加上抵货行为对于商人来说代价太大，所以此次抵制日货的运

---

① 《西报译要》，《申报》1908 年 4 月 3 日。
② 《三志辰丸案结后之状况》，《申报》1908 年 4 月 1 日。
③ 《西报译要》，《申报》1908 年 3 月 28 日。
④ 《七志辰丸案结后之状况》，《申报》1908 年 4 月 7 日。
⑤ 《十三志辰丸案结后之状况》，《申报》1908 年 4 月 21 日。
⑥ 《辰丸结案后东洋商务之调查》，《申报》1908 年 5 月 28 日。
⑦ 骆惠敏编《清末民初政情内幕》（下册），知识出版社，1986，第 826 页。
⑧ 王芸生编著《六十年来中国与日本》第 5 卷，第 163 页。
⑨ 《十四志辰丸案结后之状况》，《申报》1908 年 4 月 23 日。

动逐渐冷却。以致年底有日本人嘲笑中国抵货运动有头无尾。①

总之，《申报》在"二辰丸"事件发生后，即对其予以了充分的关注，并从初期事件的旁观者转变为事件的推动者，明显站在中国的立场解读这一事件，客观上鼓励了民众参与到这一事件中来，促使了后来抵制日货运动的开展。《申报》之所以采取这一立场，最主要的原因就是《申报》的编辑主体皆为中国人，他们在涉及中日纠纷时，自然站到了中国的立场上，采取了维护国家权益和民族利益的态度。当然也不否认，《申报》积极参与报道"二辰丸事件"的背后，也有一定的商业因素，毕竟《申报》的主要读者就是中国大众，采取与中国大众一致甚至迎合的姿态，无疑可以提高报纸的销量。

（二）《盛京时报》中的"二辰丸事件"

与《申报》不同，《盛京时报》对"二辰丸事件"的报道自始至终都采取了以日本利益为依归的立场。2月18日《盛京时报》首次报道了"二辰丸事件"。在此次报道中，《盛京时报》首先指出二辰丸所载军火归"澳门葡商"所有，"领有澳门葡国政厅执照，并非私运"，其次对于二辰丸停泊九洲洋作了解释，说是因为"风波险恶"，不得已"停轮避难"，哪知"适有广东水师兵船三支，巡梭该处，以为暗输军火，当即捕获"。②两天后，《盛京时报》又据日本来电，重申了上述观点，认为日轮所载军火是"受澳门公署之嘱咐"，南洋水师将军火扣留实出于误会。③尽管在这两则报道中，《盛京时报》还用"适有"、"误为"等词，说明二辰丸事件发生的偶然性与巧合性，但实质上已直接反驳了中国方面扣留二辰丸的理据。这也表明，《盛京时报》从一开始就采取偏向日本的姿态。在随后"二辰丸事件"的报道中，《盛京时报》袒护日本的立场表现得更为明显。

首先，在二辰丸事件的是非判断上，完全归咎于中方。如上所述，还在开始报道时，《盛京时报》就已指责中国扣留二辰丸是因为误会，表明日轮的无辜。随着事件的进一步发展，《盛京时报》见一时之间难

---

① 王芸生编著《六十年来中国与日本》第5卷，第165页。
② 《日轮载运军火原因》，《盛京时报》1908年2月18日。
③ 《译电》，《盛京时报》1908年2月20日。

以解决中日争端，对中国的批评也日益表面化。3 月 11 日《盛京时报》
已公开宣称"清国之主张可谓全无确据也"，并逐条驳斥了清政府的主
张：一，再次强调二辰丸轮船是在澳门督署领有装运军火文凭，"又于
我国亦经输出军火之批准，更领有神户税关及日本警察署之执照，加以
该轮载货表册内开载军火一项，故其不以私运军械为目的"；二，就日
轮停泊的地点问题，一方面辩称日轮没有"在过路湾预备卸货之确
证"，因而不存在暗输军火给革命党，另一方面指出根据中葡里斯本条
约第二款，"过路湾不能认为清国领海也。尔则扣留辰丸一案，系清国
侵犯葡国主权者，不可不对于葡国任其责也"；由此《盛京时报》得出
结论"清国政府对付辰丸办法，全系不法违约之行为，不可谓藐视国
际之公理，破坏邦交之亲睦"。① 这同《申报》结论相比，可谓大相径
庭，截然两端。正是基于此点判断，《盛京时报》对于清政府全盘接受
日方条件以解决二辰丸交涉的结果是持支持态度的，认为这是"和平
了结"，以后只要日本政府"从严稽查"日轮或商民装运军火至中国，
那么"中日两国断不再因此种问题致伤两国感情"。②

　　其次，在交涉中，配合日本政府，不断报道日本将要对华行动的消
息，以向中国人施压。3 月 6 日，《盛京时报》通过东京来电，报道了
"日政府拟饬令南清舰队前往广东以便赶速了结"的消息。③ 次日《盛
京时报》又再次报道了这一消息，并具体指明日本政府"饬令南清舰
队派遣音羽、有明两舰及鱼雷艇十四只驰往广东"。④ 言之凿凿，大有
日本即将对华动武的架势。几天后，随着中国态度的弱化，《盛京时
报》又马上转变口风，声称"日本政府关于中国扣留日轮辰丸一案，
毫无用武之意"，但如果中国还是拖延不予解决的话，"日政府或可托
英美二国从中调停，以便赶速了结"。⑤

　　再次，在中国抵制日货运动发生后，与《申报》广泛报道各地抵

---

① 《日轮辰丸交涉始末》，《盛京时报》1908 年 3 月 11 日。
② 《日本政府笃念邦交计划》，《盛京时报》1908 年 3 月 22 日。
③ 《译电》，《盛京时报》1908 年 3 月 6 日。
④ 《译电》，《盛京时报》1908 年 3 月 7 日。
⑤ 《译电》，《盛京时报》1908 年 3 月 12 日。

货消息不同，《盛京时报》重在突出各方对抵制日货的反对。3月29日《盛京时报》就转载了《东京日日新闻》的报道，首先指出"抵制日货之可言而不可行也。假如见诸事实，恐不惟招清国商民之不利，抑永贻祸根于日清邦交"；接着又分析抵货"不可行"的原因，一方面抵制美货的运动已表明抵货的效力有限，"当时美国货物之输入中国者，虽一时稍受影响，乃不久即行回复，且贸易之额蒸蒸日上"，这是抵货"不可行之铁案"，另一方面只数个地方抵货，"商品不能禁绝"，并且"限用一国之商品，虽排斥之，而尚得代用他国商品"，这实质是减少竞争，容易造成垄断，不利于中国人民自身的经济利益，因而最后得出结论："粤省商民提倡抵制日货之议是自损其利益，且又将印污点于两国邦交。"①

稍后《盛京时报》又密集报道了各方对抵货运动的反对。一是清政府方面，"各大军机对于此事（抵货）甚费焦思"，准备"严拿首要，开谕绅民"以"保粤东大局"。② 中国外务部也致电沪道，要求"妥为禁阻，以免又生交涉"。③ 二是中国民众方面，《盛京时报》的报道指出不少中国人对抵制日货都持反对态度。如"神户领袖华商二十八家因接由香港、广州来电，劝令禁用日货"，因而在"华商总会讨论此事"，会后决定反对抵制日货。④ 而留日的粤人也反对抵货，认为"二辰丸事件，固非吾一般人民直接交涉者，事固失败亦只可责之政府，且斯事早已交涉清楚，何事排斥日货为？若谓因交涉失败即排斥之，则凡欧洲各国今日皆在排斥之列，岂止一日本乎。夫排斥日货于日本固非绝无影响，而我同胞亦多多受损伤者，是不啻毒人自毒"。⑤ 同样，留日学生中也有不少反对抵制日货的。当时留日学生集议后，认为"辰丸轮船一案，咎在清国政府当道办理之不善，与日本何尤。然抵制日货苦人亦自苦，其愚不亦甚乎"。⑥ 三是旅粤洋商也"联名函致驻粤日本领事署，

① 《论抵制外货事》，《盛京时报》1908年3月29日。
② 《政府对于粤事之意见》，《盛京时报》1908年4月1日。
③ 《饬禁抵制日货》，《盛京时报》1908年4月2日。
④ 《神户华侨反对抵制日货》，《盛京时报》1908年4月2日。
⑤ 《留日粤人反对抵制日货事》，《盛京时报》1908年4月13日。
⑥ 《留学生反对抵制日货之举动》，《盛京时报》1908年4月29日。

援助日本领事对付粤人抵制日货之运动"。① 应该说，《盛京时报》所报道的这些各方面的反对确有其事，《申报》也曾报道过这些消息。但问题在于，《盛京时报》故意漏去了中国各地对抵制日货的响应这一大的背景，只是报道各方对抵货的反对，这就误导读者以为抵制日货只是少数人所为，大部分人是反对抵货的。而且值得强调的是，当时反对抵制日货最剧烈的是日本方面，从日本政府到日本民间为遏制中国的抵制日货运动，都采取了各种或明或暗的手段，对于此点，《盛京时报》却报道很少，这恰反映了其站在日本立场发言却又欲盖弥彰的心态。

最后，《盛京时报》还对中国抵制日货的缘由进行了片面的报道。在《盛京时报》看来，抵制日货并不是因为日本对中国的压迫所造成的，而是有人从中煽动渔利。被《盛京时报》所指责的对象就是广东水师提督李准与洋务局总办恩道，它认为正是这两人"从中煽动"，才掀起了抵制日货。《盛京时报》宣称"始商民并无此意，李等分派腹心多方胁迫，商民为其挟持，不得已允从（抵制日货）"，而李准等人之所以如此，则是因为在此前抵制美货时，李准等人"暗中蛊惑而居中射利私藏甚巨"，故而此次又故伎重演，鼓动抵制日货，"藉为居利"。② 另一则报道也声称"有某造船厂多年定购日本煤，李饬该厂曰，嗣后用煤须向某国定购，不必购日本煤。某厂主人怪置不理，徐察其情由，则李外面藉排斥日货之辞，内实受某洋商之请托，以官权干预卖买，以居间谋利。其情事历历可证，因此该厂主人将此情由告人，粤商始觉知李之手段，窃悔排斥日货者甚多，风潮渐息"。③《盛京时报》的这一报道实质是转移视线，暗地为日本开脱，而之所以将矛头指向广东水师提督李准，一个重要因素就是在二辰丸事件中，广东水师担当了扣留二辰丸的角色。尽管也不排除有人借抵制日货从中谋利，但这绝不是中国抵制日货的主要原因。

此外，为淡化"二辰丸"事件给日本带来的负面印象，《盛京时报》又打出了"同文同种"的论调，认为"中日两国，同处于亚东，

---

① 《译电》，《盛京时报》1908 年 4 月 1 日。

② 《粤商抵制日货由来》，《盛京时报》1908 年 4 月 24 日。

③ 《粤商之悔排斥日货》，《盛京时报》1908 年 4 月 9 日。

隔一衣带水，唇齿之依，辅车之形，休戚相关，决匪浅鲜。况当此种族之界日剧，宗教之畛域益分，中日同文同种之语，岂外交家之口头禅哉"，因而主张中日两国"遇事和衷共济，秉公办理"。① 在此基础上，《盛京时报》还具体提出"嗣后各人（日本人）与清人交接往来推诚欢洽，以礼相待，且戒饬无知之徒，慎其称呼，以融洽其感情"。②《盛京时报》这些言论固然是延续了其一贯"兴亚论"的方针，但也是为了配合当时日本政府的对华策略。在"二辰丸事件"交涉结束后，中国商民发起了抵制日货运动，为平息这一运动，日本政府也不得不改变其在二辰丸交涉中的强硬立场，转而采取中日和好的姿态。故而日本政府撤换了驻华公使，由伊集院代替了林权助。伊集院一上任就宣称："当今我日本对中国外交之急务，惟在和亲。凡日本政府所措施者，当体察中国政府之用意若何，万不可故背其趋向而惹生意外之葛藤，致伤最亲之友谊，中国政府之对待日本，当亦宜然能如是，则二邦将来意志可以永保通融，感情可望永能和洽，相亲相恤而常维东亚之和平，（此）余之对待中国外交也。"③ 伊集院此言也正印证了日本政府对华策略的调整，后来对于中国商民"尤为鼓噪"的二辰丸事件赔款④，日本方面也予以撤销。可见此时《盛京时报》一再倡言中日"同文同种"，正与日本政府对华政策的改变相配合。

由上可知，《盛京时报》不但是站在日本的立场报道"二辰丸事件"，而且还主动配合日本政府对华交涉的步骤。也因此在"二辰丸事件"的报道中，《盛京时报》大量转引或摘译日本方面的消息。如译电一栏内容绝大部分来自"东电"，以 3 月 10 日、11 日两天为例，关于"二辰丸事件"的译电共有 8 则，都来自"东电"。而 3 月 11 日的论说《日轮辰丸交涉始末》则"采译日本政府咨驻清日本领事署公文"。换言之，《盛京时报》消息来源的相对单一，使得它更多是反映日本的一家之言，这也是其与《申报》广泛采用各国报刊、电讯不一样的地方。

---

① 《中日交涉感言》，《盛京时报》1908 年 4 月 16 日。
② 《东报提倡优礼待华人》，《盛京时报》1908 年 6 月 3 日。
③ 《伊集院钦使对中日外交之感言》，《盛京时报》1908 年 9 月 9 日。
④ 王芸生编著《六十年来中国与日本》第 5 卷，第 159 页。

《盛京时报》对于其替日本政府立言的姿态，并不讳言，反而公开宣称"报馆之言论，即当为政府之手段；政府之手段，即当为报馆之言论。是以政府不可不联络报馆，以共致政策之进行。报馆亦不可不负事实上之责任，而为直接之效用。此时之报馆固不必以言论见长，亦不必以真相自曝，其用心必当有所在矣"。① 此句话正一语道破了其报道重心所在，这也是中岛真雄"报纸报国"理念的具体表现。对于此点，作为读者的中国人也并非没有觉察。像后来中国人自己所办的《东三省民报》及其附属的小报《新民晚报》就"洞烛其奸，同他们公开进行针锋相对的斗争，两下里常作笔战互相诟淬。当然，广大读者还是拥护本国的报纸，所以《新民晚报》洛阳纸贵风行一时"。② 作为报学家的戈公振也曾指出《盛京时报》是"代表其政府，以我国之文字与我国人之口吻，而攻击我政府与国民，斯可忍，孰不可忍"。③ 《盛京时报》与《申报》对于"二辰丸事件"报道的差异正是来源于此。

总之，通过上述两个个案的分析，我们可以发现：负责新闻报道的媒体，其对新闻的取舍、对事件的陈述、对事实的判断都存在很大的选择性。受众的不同、媒体创办背景的差异以及媒体本身的政治倾向，都影响到了其所报道的内容。作为受众的读者所能看到的、所能读到的其实是经过媒体过滤之后才呈现出来的事实的某一个面相，而绝非事实的"本体"。因而《申报》、《点石斋画报》及《盛京时报》这些媒体所呈现在读者面前的"日本"，既是日本某一面相的反映，又夹杂有媒体自身对日本的某种塑造，亦幻亦真；但不论真假，都作为一种纸质文本，进入了公众阅读的视野，参与了国人近代日本认识的建构。需要特别指出的是，对于普通大众来说，地位和交往圈的局限，使得其对日本的认识，很大程度受到了媒体的影响。因为他们能看到的、能接触到的、能体验到的"日本"，可能还只是这些近代媒体上所报道的"日本"。正是通过对媒体上日本信息的阅读，普通大众才构建起其对日本的一种认知、一种印象。

---

① 《政府之与报馆》，《盛京时报》1912 年 10 月 22 日。

② 林穆：《伪满时期的新闻统治》，《沈阳文史资料》第 4 辑，第 188 页。

③ 戈公振：《中国报学史》，商务印书馆，1935，第 110 页。

第四章 | 师日和仇日：民间的
         "日本"观感

　　进入近代，中日民间交流日益频繁，特别是甲午战后，不仅出现了众多的中国留日生，而且相关的日本知识通过中国教科书得以进入每一个接受新式教育者的视野；更为重要的是，随着日本对华侵略的加剧，中日交涉也随之增多，民众在此当中经受了一次又一次的冲击，对日认识在这些事件中不断得以深化。

第一节　留日学生的日本体验

　　清末留日学生的出现是甲午战败后国人反思的结果。国人在追溯日本兴盛的原因时，发现日本的留学生在其中起了关键的作用，因而也提议派遣留学生，日本因"政俗文字同则学之易，舟车饮食贱则费无多"① 而成了主要派往的国家。日本政府对于中国留日学生的东来，也起到了推波助澜的作用。正是中日两国共同的推动，使得清季民初出现了留日热潮，不但有公派的留日学生，也有自费前往的，男女老幼，层次不一。这批数量不菲的中国留日学生在日本的所见所闻，对日本的好恶观感，直接影响了其个体的对日判断。而他们的私人体验又通过大批留日期刊的出版，进入公众视野，从而成为国人共同的日本体验。

---

　　①　康有为：《请派游学日本折》，汤志钧编《康有为政论集（上）》，第250页。

一 留日日记中的日本——以黄尊三为例

近代中国向日本派遣留学生始于 1896 年，留日高峰出现在日俄战后的 1905~1906 年，这两年的留日学生数都达到了八千左右①。1906 年以后，中国留日学生数虽有所减少，但"三十年来，年年都有几千人到日本留学"②，成为"到此时为止的世界史上最大规模的学生出洋运动"③。黄尊三正是在这一留日浪潮中，于 1905 年 6 月前往日本。

黄尊三，原名礼达，字达生，湖南泸溪县武溪镇人，清光绪六年（1880 年）生，1897 年府试中秀才；废科举兴学校后，入湖南高等学堂读书，高等学堂前身就是时务学堂。④ 1905 年，湖南巡抚端方"选省高等及师范学堂甲班生约六十名，以官费遣送日本留学"⑤，黄尊三"属于高等甲班生"，所以也在其内。黄尊三赴日后，先后就读于日本弘文学院、正则英语学校、早稻田大学、明治大学，除中间偶尔回国外，度过了前后八年的留日生活。黄尊三回国后主要从事教育工作，曾担任江汉大学、北平燕京大学、女子师范大学、唐山大学、北平民国学院等高校的教职。从这一简略经历，我们可以发现黄尊三并不属于留日归来的显赫人物，在留日期间也没有什么非常引人瞩目之处，而是当时非常普通的一名留日学子。也正因如此，他在日本的体验、对日本的观察，才更能代表当时留日学生的大多数。毕竟留日的精英人物只是少数，且精英们的思想、观点更具特殊性和超前性。

学术界关于近代留日学生的对日观一直存在不同的看法。有研究者认为"中国留日生的日本观反映出他们对日本的印象从总体上讲是很好的"⑥，但也有资料显示："来日之中华民国留学生归国之后，多成为

① 实藤惠秀著《中国人留学日本史》，谭汝谦、林启彦译，三联书店，1983，第 39 页。
② 郭沫若：《创造十年续编》，《郭沫若全集·文学编》第 12 卷，人民文学出版社，1992，第 276 页。
③ 费正清：《剑桥中国晚清史》（下），中国社会科学出版社，1994，第 404 页。
④ 黄奕：《回忆先父黄尊三》，《泸溪文史资料》第 2 辑，第 36 页。
⑤ 黄尊三：《三十年日记·留学日记》，湖南印书馆，1933，第 1 页。
⑥ 李喜所：《甲午战后 50 年间留日学生的日本观及其影响》，《社会科学研究》1997 年第 1 期。

排日论者"，实藤惠秀甚至断言"日本对中国留日学生的教育是失败的"。① 学术界的这一不同意见，正可说明日本在留日学生眼中的复杂性。究竟实情如何，证诸黄尊三的留日生活也可见不少端倪。

黄尊三留日属于官方派遣，但其个人在此之前应已有所准备，他还在湖南高等学堂就读时就已开始学习日语。从此点可看出，黄氏对于日本是满怀期待的。这跟当时社会的留日风气相吻合。自新政开始后，清政府即奖励游学。1903 年张之洞上呈了《筹议约束鼓励游学生章程折》，其中规定"中国游学生在日本各学堂毕业者，视所学等差，给以奖励"，具体根据所获文凭不同，可以分别授予拔贡、举人、翰林，而"游学生原有翰林、进士、举人、拔贡出身者，各视所学程度给以相当官职"②。这一奖励办法公布后，极大刺激了中国人留学日本的热情。1905 年，科举制度的废除更助推了这一留日的倾向，国内学子"互相约集，一声'向右转'，齐步辞别国内学堂，买舟东去，不远千里，北自天津，南自上海，如潮涌来"③。黄尊三在此背景下留日可谓是风气使然。

就当时国人留日动机来看，也多种多样："有纯为利禄而来者，有怀抱非常之志愿者，有勤勤于学校功课而不愿一问外事者（此类以学自然科学者为多），有好为交游议论而不悦学者（此类以学社会科学者为多），有迷信日本一切以为中国未来之正鹄者，有不满意日本而更言欧美之政制文化者。……有为秘密会党之领袖以亡命来者，有已备有官绅之资格来此为仕进之快捷方式者（法政学校更有为新进士所设之特班，殆如散馆之入翰林院，功令使然）。"④ 就黄尊三个人而言，可能出于两方面的考虑：既有"痛国势之日衰，知自强之在学"而前往日本求学的打算⑤，也有为个人前途计，"专心向学"⑥。但无论黄氏出于哪

---

① 实藤惠秀著《中国人留学日本史》，谭汝谦、林启彦译，第 98、429 页。
② 张之洞：《筹议约束鼓励游学生章程折并清单》，苑书义主编《张之洞全集》第 3 册，第 1583～1584 页。
③ 实藤惠秀著《中国人留学日本史》，谭汝谦、林启彦译，第 37 页。
④ 胡汉民：《胡汉民自传》，中国社会科学院近代史研究所近代史资料编辑组编《近代史资料》总第 45 号，中国社会科学出版社，1981，第 12～13 页。
⑤ 黄尊三：《三十年日记·留学日记》，《序言一》，第 1 页。
⑥ 黄尊三：《三十年日记·留学日记》，第 49 页。

一方面考虑，无疑都将日本作为其学习的对象，因而黄尊三最先留意的是日本文明开化的一面。

1905 年 6 月 20 日，黄尊三到达长崎，开始对日本的初次观察，当日在其日记中记载："长崎为日本门户，且为商业繁盛地，四面皆山，人居树中，风景绝美，港口有炮台，巨炮罗列，用防敌舰之进入。十一点钟，停轮验病，经时复开行。"从这"风景绝美"，可以窥见黄氏对于日本的第一印象还是比较好的。21 日到门司，"复验病"，23 日抵达神户，"再验病"。由长崎至神户，黄尊三经过了三次检疫，但他不仅没感到厌烦，反而得出了"日人于卫生之讲求，传染之预防，最为认真"的结论。① 这也成为黄尊三至日后对于日本的第一个看法。

海关检疫制度其实是日本开国后，随着西方卫生知识的传入，才确立起来的，也是其文明开化的一个表现。还在 1886 年的时候《点石斋画报》就曾对日本学习西方防疫的情况有所报道。② 后来康有为也指出："日人好洁，近讲泰西卫生之学甚精，其饮水通风之法，防疫看护之方，亦綦详矣。"③ 当时中国人留学日本都要经过数次检疫。如凌容众 1905 年留日时经过了长崎、马关、神户三次"关人验病"，并由此发出了"日人可谓有国权者已"的感慨，凌氏注意的是日本人对本国海关的独立自主。④ 宋教仁赴日时也有相关记载。可见留日生对于日本严格的海关检疫都留下了比较深的印象。

黄尊三于 6 月 27 日到达东京，入弘文学院。弘文学院由嘉纳治五郎创办，位于东京牛込区西五轩町，是"专为中国留学生补习而设，注重日语与普通学科"⑤。黄兴、鲁迅、陈独秀都曾在该校就读。黄尊三留日第一阶段的学习就从该校开始，直到当年年底因日本取缔规则事件的发生，黄尊三才结束了在弘文学院的学习，第一次回国。次年取缔规则事件平息，黄尊三再次赴日学习，先是进正则学校学习英语，后又

---

① 黄尊三：《三十年日记·留学日记》，第 9~10 页。
② 《日人防疫》，《点石斋画报》，辛一·四。
③ 《日本书目志》，蒋贵麟主编《康南海先生遗著汇刊》第 11 册，宏业书局，1976，第 11 页。
④ 《凌容众东游日记》，《湖南文史资料选辑》第 10 辑，第 173~175 页。
⑤ 黄尊三：《三十年日记·留学日记》，第 10 页。

入早稻田大学、明治大学学习。正是在这些学校的学习，使黄尊三形成了自己对于日本的一些观感。

　　首先是日本环境优美、整洁。黄尊三还在途经长崎时就已感到"风景绝美"，初抵弘文学院也说"风景尚可"，学校各处设施"颇完备而修洁，费省用宏，非中国学校之徒修饰门面者可比"；后来同友人至上野看樱花，更是盛赞樱花"艳丽香醋，颇足悦目快心"，"雅俗共赏"，"如堆锦灿烂夺目"。日本的整洁则表现在各个地方，不单"日本旅馆，洁净异常，设备十分完美"，而且日本火车也"车上秩序，整齐静肃，且颇清洁"。① 黄氏对日本环境是十分满意的，以至于其"初自日本归，忽入此（中国）污浊之地，甚感不快"。② 黄尊三的这一感触并非特例，当时几乎所有来日的中国人都注意到了这一点。如前述的凌容众也认为长崎"秀媚玲珑"，"市中房屋小而精洁"，"街道甚洁"，经过马关时甚至有"山水房屋，又若北宋图画"的错觉，到达神户又留意到日本房屋"明窗净几，洁白无尘"。③ 值得注意的是，在这优美的环境中，国人常常还能找到与本国相似的地方，从而缓解了初到异域他乡的陌生感。像凌容众"行经大府一带"，见"山野田隰，村舍篱落"，就惊讶地发现"酷似吾平江形势"。④ 盛宣怀则认为长崎"三面皆山，街市纵横，房屋栉比，群峰环拥，其背绝似吾国烟台"。⑤ 之所以对日本环境的整洁特别强调，则是因为中国的不洁。不少来华的外国人就都曾记录当时中国居住环境的不卫生，认为"一提到中国的市街，马上令人联想到肮脏"⑥。国人这种不爱清洁的习俗也随着留日生带到了日本。针对这种不体面的行为，《日本游学指南》、《留学生鉴》、《留学生自治要训》这类专门的实用留学工具书还特意列举了中国留学生应该遵守的卫生习惯，包括不可随地吐痰、不可随地小便、室内要打扫干净、大小便要排在便器中等这些现在看来属于卫生常识的行为规定。

───────────

① 黄尊三：《三十年日记·留学日记》，第10、49、265～266页。
② 黄尊三：《三十年日记·观奕日记》，第1页。
③ 黄尊三：《三十年日记·留学日记》，第265～266页。
④ 《凌容众东游日记》，《湖南文史资料选辑》第10辑，第174～175页。
⑤ 盛宣怀：《愚斋东游日记》，武进盛氏思补楼，1939，第4页。
⑥ 中野孤山：《横跨中国大陆——游蜀杂俎》，中华书局，2007，第91页。

故而留学生对于日本环境的整洁特别留意，并把它看作文明进步的一个表现。

其次，黄尊三注意到日本民众具有强烈的爱国心。1905 年 9 月 5 日，日本民众因对日俄和约不满，在日比谷公园开国民大会，"反对和议，火烧警署，杀警官，要求天皇惩办首相及小村议和大臣"，这使得黄尊三初次感觉到"日本民气，真不可侮，感极愧极"。类似的表述在黄尊三后来的日记中也有出现，认为"其爱国心及自负心，真足使我国民愧死"。① 稍早赴日的景梅九也观察到：日俄战争时，"日本举国若狂，到处开什么演说会，鼓动人民的爱国心"，甚至出现了"送出征军人的家族和市民，当揭起一副白旗来，上面写'祈战死'三个大字"。这一狂热的场景使得景梅九羡慕不已，自己的"一腔血"也"直激起来"。② 盛宣怀也认为"该国民爱国热诚为他国所不及"。③ 对于日本人爱国心特别强烈的原因，一些留学生也做了分析。如凌容众就认为这是因为"日人无论男女无不入学，爱国教育，幼即入于脑经，而牢不可破"。④

再次是日本民众的好学、质朴。黄尊三在日本逛书店时就发现：日本"书铺林立"，新书"日有增加"，更新极快，并且可任人"随意翻阅，店主亦不之禁"，日本贫苦学生"有终日立书店门首抄阅，以书店作图书馆"，由此黄氏得出"足见其文化之进步"、"学生之好学"的印象。⑤ 日本民众的质朴则表现在日常生活中，像日本家庭"凡家中应用衣物，均能自作，不仰赖他人，烹饪则人人能之，小手工业，非常发达"，生活简朴；日本人做事也"尤注重实务"，"以美术不切于生活"所以研究者不多，日本戏剧布景也比较"朴陋，代表日本人之本色"。⑥ 黄尊三这一观察应是实情。早年留日的曹汝霖也曾回忆道：日本女子"皆勤俭持家，出门都是步行，下雨则用雨伞，着高木屐，绝少穿雨衣

① 黄尊三：《三十年日记·留学日记》，第 21、198 页。
② 景梅九：《罪案》，国风日报社，1924，第 25 页。
③ 盛宣怀：《愚斋东游日记》，武进盛氏思补楼，1939，第 17 页。
④ 《凌容众东游日记》，《湖南文史资料选辑》第 10 辑，第 176 页。
⑤ 黄尊三：《三十年日记·留学日记》，第 55、115 页。
⑥ 黄尊三：《三十年日记·留学日记》，第 132、155 页。

者，男子亦然，足见其风俗勤俭淳朴"。① 不过也有留学生指出"日人自待甚菲"，但"于国家大举，若军士饷项、恤费，则挥金如土"。②

最后，黄尊三对于日本文明进步的其他一些方面也有体会，如"其消防法，较为完备，故扑灭较快耳"，"日本交通事业之进步也"等③。另外他也注意到日本人还具有尚武、模仿力特强的特性。

应该指出的是，黄尊三所得出的这些侧重日本优点的观感，其实都比较零散，比较肤浅。这主要因为这些观感都是从留日的亲身体验中得来的，黄尊三虽说在日本留学八年，其生活圈却与日本人交集不多。据实藤惠秀考证，黄尊三留日期间一共只有五个日本友人，并且他们来访的时间都不长。④ 这使得黄尊三对日本的观察一直浮于表象，只能得出一些直观的印象，无法深入理解、透析日本社会、国家的本质面目。这与当时及后来那些知日派的留日精英不同，如戴季陶、周作人等都能从文化、历史的角度剖析日本。但是黄尊三的对日认识却更能代表当时留日学生的普遍看法，因为大部分中国学生的留日生活都是如此。如另一湖南留日生石陶钧也坦承，他到日本后在"新环境直接保持接触的，第一仍是湖南人，其次便是中国留学生。至于倭地与倭人，还接触得很少"，陈天华甚至在留日半年后"还不能说一句倭话"。⑤ 石氏此言提示大部分留日学生在日本的生活圈还是局限于同乡、同胞，并没有真正融入日本社会，故而他们对日的认识虽然直接但并不见得深刻。黄尊三的日记也反映了此点，他在日本参与最多的是同乡会，如西路同乡会、湖南同乡会，此外就是中国留学生会，这也决定了他对日本的认识不会太深。周作人也曾指出："如不从生活上去体验，对于日本事情便无法深知的。"⑥ 尽管如此，黄尊三毕竟到了日本，亲身感受到了日本的文明

---

① 曹汝霖：《曹汝霖一生之回忆》，台北传记文学出版社，1980，第23~24页。
② 《凌容众东游日记》，《湖南文史资料选辑》第10辑，第176页。
③ 黄尊三：《三十年日记·留学日记》，第50、266页。
④ 实藤惠秀著《中国人留学日本史》，谭汝谦、林启彦译，第134页。
⑤ 石陶钧：《六十年的我》，《湖南历史资料》编辑室编《湖南历史资料》1981年第2辑，第23页。
⑥ 周作人：《留学的回忆》，钟书河编《周作人文类编·日本管窥》，第98页。

进步，认识到"日本政治革新，社会改良，人民享无穷之幸福"①，所以形成了上述一些偏重日本优点的看法，成为中国"以日为师"的具体参照。

黄尊三的日记中除了记载上述这些日本文明开化的一面外，记载更多的却是其在日本受到的种种刺激，这成为其对日观的另一面相。黄尊三在抵达弘文学院的第 6 天，即 7 月 2 日，就受到了一次不小的刺激，原因是当天下课后，"忽有日本警察来校，检查同人行箱"，此举让中国留学生感到极大的屈辱，黄尊三"亦恼之，一夜不能安眠"。次日"为昨日搜检事，同学拒绝上课，并议退学"，但经过三天罢课，并无结果，中国留学生为学业计，只能忍辱复课。此次事件虽属一次小风潮，但对初来乍到的黄尊三来说，刺激不小，认为"弱国人之不能自由，此其见端"。② 自此之后，黄尊三感受到日本的冲击接连而来。

具体来说，主要有三类刺激：一是受到日本对中国侵略事件的刺激。如 1909 年，黄尊三与好友从报纸上得知"日本改筑安奉铁道，事前未得中国政府同意，竟自由行动"，对于这一明目张胆的侵略行径，顿时"同兴愤慨"，并预见"以后中国时事，有不堪设想者"。③ 果不其然，1911 年俄人"借日本安奉自由行动之前车"进兵蒙古，"迫我续行光绪七年曾纪泽之约，即千八百八十一年之约"，这使黄尊三更为愤慨，认为"追溯祸首，爰在日本，日本诚中国之世仇也"。④ 从此"世仇"一语，不难感觉黄尊三对日本的恼恨之情。二是在日本所受到的歧视待遇。影响最大的就是 1905 年日本取缔留学生事，当时中国留学生认为这一取缔规则是日本政府"专与留学生为难，不尊重吾辈人格"，于是决议"如不取消取缔规则，宁全体退学"，黄尊三也表赞同，并因此愤而退学归国。⑤ 三是目睹日本侵华遗迹遗物的刺激。如黄尊三路过用中国庚子赔款建造的日本炮兵工厂时，就愤言这是"日人以中

---

① 黄尊三：《三十年日记·观奕日记》，第 2 页。
② 黄尊三：《三十年日记·留学日记》，第 13 页。
③ 黄尊三：《三十年日记·留学日记》，第 173 页。
④ 黄尊三：《三十年日记·留学日记》，第 315 页。
⑤ 黄尊三：《三十年日记·留学日记》，第 36、39 页。

国之金钱，制造利器，再用以杀中国人，用心之毒，令人发指"；经过马关时，则"追忆国耻，曷胜愤慨"；参观靖国神社，见到作为甲午战利品的中国大炮数尊，更是令其"愤慨"，恰有"中国学生某君，见此大炮，竟推翻之而去"，使得黄尊三稍出了一口恶气。①

黄尊三所受的这些刺激，应是当时留日生所普遍感受到的，有些甚至有过之无不及。事实上，日本人对中国人的蔑视从甲午战前就已开始。黄庆澄1893年游日时就得知："三十年前，华人旅居（日本）者备承优待，其遇我国文人学士尤致敬尽礼，今则此风稍替矣。"② 至甲午战后，日本轻视中国的风气更甚。最初留日的13名中国学生中，就有数人因经受不住日本人"猪尾巴"的叫骂而回国。这一被日本人歧视的境遇不独为早期留日生所体验，包括黄尊三在内，近代各个时段的中国留日生都有这被歧视、受侮辱的切身体验，如有过留日经历的鲁迅、郭沫若、郁达夫等人莫不如是。这些在日本的负面感受又被这批活跃于中国近代文坛的留日生们描绘于笔端，成为后来国人认知日本的又一镜像。如鲁迅的《藤野先生》、郭沫若的《行路难》、郁达夫的《沉沦》中都有日本人歧视中国人的场景。

发展到后来，就连日本人自己也注意到中国留日生在日本所遭遇的刺激带来的负面影响，承认："负笈东来之留学生……将来前途皆未可限量者，惟我辈日本人平素对彼等之待遇，实多值得遗憾。连宿舍之女佣及商店之伙计，亦持冷骂冷笑态度。……是以彼等学成归国之后，殆成排日之急先锋，是亦不得已者也。"③ 唐宝锷就曾表示："自己就因为到日本留学，才产生排日之感，因为在日本所受的耻辱，毕生难忘。"④当然留日学生之所以归国后转向排日，其在日本所产生的负面体验只是原因之一，最根本的原因还在于日本侵略中国的基本国策，使得在日本已接受近代民族国家思想洗礼的留日生在中国反对日本侵略的浪潮中表

---

① 黄尊三：《三十年日记·留学日记》，第32、41、51页。

② 黄庆澄：《东游日记》，钟叔河编《走向世界丛书：日本日记·甲午以前日本游记五种·扶桑日记·日本杂事诗》，第323页。

③ 实藤惠秀著《中国人留学日本史》，谭汝谦、林启彦译，第183页。

④ 转引自黄福庆《清末留日学生》，"中央研究院"近代史研究所，1975，第112页。

现得更为激烈。

另外值得强调的是，若从中国留学生方面观察，他们虽抱着学习日本的态度，但对日本这一眼前老师的尊重程度却从来有限。周作人回忆其留日生活时，就谈道"我们在日本的感觉，一半是异域，一半却是古昔，而这古昔乃是健全地活在异域的"。① 这"异域"与"古昔"的对应，正反映了国人观察日本的两个视点。早期何如璋、张斯桂等人赴日时，即注意到日本对传统中国文化习俗的保留，并感慨维新后欧化对此的冲击，表明了他们看重的是日本古昔的一面。至中国主动派遣留学生赴日时，动机已有转移，重在学习日本维新的一面，也就是日本作为"异域"的方面。但这"异域"不是纯粹的"异域"，"古昔"的存在又时时鼓起国人早已逝去的优越感，以至不少留日生仍持有"日本不过拾中土之唾余，倚西学为灌溉"而成今日之强国的认识②，所以在留日期间并未"切切实实地下一个研究日本的功夫"③，而是企图通过东洋更便捷地学习西洋。因而郭沫若会说"我们在日本留学，读的是西洋书，受的是东洋气"。④ 留学日本读的却是"西洋书"，正表明了国人留日的真实兴趣所在。黄尊三无疑也持有这一看法，所以 1906 年再次赴日时，就读的是正则学校、学习英文，为其"看东西书籍之预备，为输入文化之先声"。⑤ 正因中国留学生的这一对日心态，加上日本对中国留学生的歧视，于是出现了"受教育的人与施教育的国家，是同床异梦，而且各种心理在在特殊"⑥ 的诡异局面。

从黄尊三的留日日记中，我们可以发现师日与仇日交叉其中，一方面黄尊三看到了日本有不少值得中国学习的地方，另一方面却又因留日期间受到的种种刺激而对日本抱有敌意，且这一敌意随着日本侵华的加剧，日益上升，至"二十一条"提出后，日本在黄尊三眼中已彻底成

① 周作人：《日本的衣食住》，钟书河编《周作人文类编·日本管窥》，第 28 页。
② 任鸿隽著，樊洪业、张久春选编《科学救国之梦——任鸿隽文存》，第 682 页。
③ 戴季陶著《日本论》，第 3 页。
④ 龚济民、方仁念：《郭沫若年谱》上，天津人民出版社，1982，第 69 页。
⑤ 黄尊三：《三十年日记·留学日记》，第 49 页。
⑥ 石陶钧：《六十年的我》，《湖南历史资料》编辑室编《湖南历史资料》1981 年第 2 辑，第 25 页。

为中国的"心腹之疾"①。大部分中国留日生的对日观也如黄尊三一样，徘徊在师日、仇日之间，以本民族利益为转移。

二 由私人到公众：留日刊物中的日本

若说留日生们在日记中的对日观感还只是一私人记叙的话，那么通过留日刊物的出版、传播，他们的对日体验、对日观感就进入了公众的视野，成为民众对日认识的另一来源。

中国在日本创办刊物应始于梁启超所办的《清议报》，但梁启超东渡日本是政治流亡而非留学，所以真正最早由留日学生创办的刊物应是1900年的《译书汇编》与《开智录》。据冯自由记载："《译书汇编》……留学界出版之月刊，以此为最早。所译卢骚民约论，孟德诗鸠万法精理，斯宾塞代议政治论等，促进吾国青年之民权思想，厥功其伟。《开智录》……是报专提倡自由平等之真理。"②《译书汇编》的创办人包括东京专门学校的留学生戢翼翚、杨荫杭、杨廷栋、雷奋等人，《开智录》则由时为东京高等大同学校的学生冯自由、郑贯一、冯斯栾创办。自此之后，留日学生创办刊物日益兴盛，截至1911年留日生在日本创办的中文刊物至少有83种。③

这些刊物虽都由留日学生创办，但政治倾向各有不同：既有倾向宣传革命的，如《国民报》，就被视为"留日学界公然主张革命排满及反对康梁保皇邪说者，是报实为滥觞"，④《民报》更是同盟会的机关报；也有主张立宪改良的，如《政论》、《宪政新志》等。不少刊物还以留日同乡会会刊的形式出现，这类刊物常常以地区命名。如《浙江潮》，就因"浙江人之留学于东京者百有一人，组织一同乡会既成，眷念故

---

① 黄尊三：《三十年日记·观奕日记》，第95页。
② 冯自由：《辛亥前海内外革命书报一览》，张静庐辑注《中国近代出版史料二编》，上海书店，2003，第283页。
③ 沈殿成编《中国人留学日本百年史（1896～1996）》上，辽宁教育出版社，1997，第267页。
④ 冯自由：《辛亥前海内外革命书报一览》，张静庐辑注《中国近代出版史料二编》，第283页。

国其心恻以动，乃谋集众出一杂志，题曰浙江潮"①，其他诸如《湖北学生界》、《江苏》、《河南》、《云南》、《四川》等都如此类，占了当时所办留日刊物的大多数。也有一些刊物政治性并不强，而带有专业、专门杂志的色彩，如《铁路界》、《教育》、《中国商业研究会月报》、《中国蚕丝业会报》等。

当时留日刊物尽管众多，但能长期办下来的却没有几家，甚至有些刊物出版第一期后，就停刊了，如《湘路警钟》、《洞庭波》即是如此。《江苏》、《浙江潮》虽然持续时间稍长一点，但也只出了 10 期，《湖北学生界》则只出到第 8 期，就停刊了。留日刊物之所以不能持久，原因是多方面的。一些刊物因为宣传革命或揭露日本对中国的侵略，而遭到清政府或日本政府强行干涉，被迫停刊。更多则是由于刊物内自身的问题，因为留日刊物都是由留日学生自己创办、编辑，而作为编者的学生终究要毕业回国，加上他们所能投入刊物的资金有限，这使刊物从创办开始就埋下了难以为继的隐患。像《四川》在出版第 3 期后，就因经费困难及编选人员毕业回国而停刊。② 这些刊物虽然大多出版时间不长，但其销量却不容小觑。《开智录》因"文字浅显，立论新奇"，出版后立即受到各地华侨的欢迎，其中"尤以南洋群岛为最"。③《湖北学生界》第 1 期刊出后，也"风行一时，数千部均已售尽。各处投函购阅者复纷纷不绝"，因而又再版数千册，④ 最终销量估计至少达到了 7000 册。另一留日刊物《浙江潮》每期也都印了 5000 册，有几期还重印过多次。⑤ 而"在二十世纪初年，（报刊）销量达 5000 份已属可观，上万份的屈指可数，通常在 3000 份左右"⑥，故而留日刊物的销量应属不菲。

留日刊物之所以如此畅销，一个重要的原因就是其发售的区域主要在国内，并不局限于日本一地。如《译书汇编》，它在上海设有总发行所（先是育材书塾，后是开明书店），北京、天津、河北、安徽、江

---

① 《浙江潮发刊词》，《浙江潮》第 1 期。

② 沈殿成编《中国人留学日本百年史（1896～1996）》上，第 275 页。

③ 冯自由：《革命逸史》初集，中华书局，1981，第 95 页。

④ 《湖北学生界再版广告》，《湖北学生界》第 4 期。

⑤ 丁守和编《辛亥革命时期期刊介绍》第 1 册，人民出版社，1982，第 207 页。

⑥ 桑兵：《清末民初传播业的民间化与社会变迁》，《近代史研究》1991 年第 6 期。

西、广东、广西、湖北、四川、河南、山西、浙江、江苏、台湾、香港，以及新加坡等地均设有代售所，其中尤以江浙一带为最多。① 从这一销售网点分布可以看出，国内各省是其销售重点。《浙江潮》则从创办开始，就在国内广设代派所，仅其第 1 期所列的代派所就有三十余处，到第 7 期时，其代派所已增加到 73 处，包括东京（1）、浙江（1）、上海（2）4 处总分派所，其余各代派所覆盖的省市有浙江、北京、天津、河北、江苏、安徽、河南、湖北、江西、四川等。② 同期的《湖北学生界》，销售网点虽然稍少一些，但最多时也有 34 处，其中上海 8 个，湖北 6 个，浙江 4 个，四川 4 个，江苏 3 个，北京和天津各 2 个，江西、广东、直隶、山西、湖南各 1 个。留日刊物的代派所一部分是依托各地原有书局、报馆，一部分是征集各处的热心人士。如《游学译编》的代派所共 11 处，属于前者的有 6 处，包括广智书局、广益书局、启新书局、官报馆、时务汇编社、集古斋，属于后者的有 5 处，包括长沙周寓、成都的张其相等人，③ 代派所按规定可"照定价提二成作为酬劳"。④ 也有些留日刊物是委托国内的同学、友人代售的。如包天笑就因有留日友人托其推销留日刊物，所以就联络同人开设了"东来书庄"。⑤ 正是通过国内的这些代派所，留日刊物建立了一个全国性的流通网络。留日刊物的主要购买者是各地的新式知识分子及趋新人士。据调查，嘉兴海盐县的留日刊物就"皆销于读书社会及学堂中"。⑥ 当然除了这一公开的销售网络外，国内不少学子还可通过留日的同学、亲友这些私人的渠道来获得留日刊物，特别是遭禁的刊物。朱峙三就曾通过其留日友人郑赤帆借阅了《浙江潮》、《新广东》、《江苏》等，并因"此等书籍，白昼惹人恐不利"，所以常晚上阅读。⑦ 正是通过这些留日

---

① 丁守和编《辛亥革命时期期刊介绍》第 1 册，人民出版社，1982，第 56 页。

② 《本志代派所》，《浙江潮》第 7 期。

③ 《本编代派所》，《游学译编》第 1 期。

④ 《购阅略则》，《游学译编》第 2 期。

⑤ 包天笑：《钏影楼回忆录》，第 161～162 页。

⑥ 《海盐报纸之销数》，《浙江潮》第 7 期。

⑦ 中南地区辛亥革命史研究会武昌辛亥革命研究中心编《朱峙三日记》，《辛亥革命史丛刊》（第 11 辑），湖北人民出版社，2002，第 308、312、344 页。

刊物的传播，留日学生的对日观感、在日体验呈现于公众视野当中。

留日学生所办的这些留日刊物，虽然内容各有侧重，栏目也互有不同，但或多或少会涉及日本，反映留日生们对日本的看法。如上节所述，留日生们的对日观是师日与仇日并存，因而在留日刊物中，日本也常常以两种面相出现，一是中国的效法对象，一是中国的侵略者。

清末中国派遣留学生前往日本的初衷就是学习日本。不少留学生到日本后也的确被日本的文明进步、各种学说所吸引。即便是已有一定思想根柢的梁启超，初抵日本也有"畴昔所未见之籍，纷触于目，畴昔所未穷之理，腾跃于脑，如幽室见日，枯腹得酒，沾沾自喜"的感触①，更勿论那些初出国门的青年学子了。留日学生周家纯就曾如实记录了其到日本的心态变化，"自入长崎以来，流连异土，百感交并；及达东京，益怦怦不能自持者"。由"百感交并"进而"不能自持"，震动的力度不可谓不大，造成这种震动的原因则是中日两国国力的鲜明对比，一方为"颓然不振"、"犹保残喘"，一方却正"铮铮佼佼，尚掔黄种之旗以招展于世界"，再加上日本原为中国的学生，现在却"昔日之师傅不如今日之弟子"。② 两者叠加的冲击能不使中国的留学生们感到震撼吗？震撼过后，学习日本即成为留学生们的当下要务，且这一学习在民族危机日甚一日的背景下，显得更为急促。不少留日生不仅自己如饥似渴地吸收东学，也期望能迅速地将其所学介绍给国内，以使"游学者与不游学者，日以学术相责"，"然后群起而谋国"，令国家的政事"无一年无一月无一日无一时，而不有进步"，"而后一跃与日本齐，再跃而与西洋各国齐，由此而追他日之日本，他日之西洋，长此焉而致无穷"。③ 正是出于这一考虑，留日学生自觉担负起"输入东西之学说，唤起国民之精神"④ 的职责，留日刊物则是实现这一职责的具体途径。日本在这些留日刊物中也成为中国学习、赶超的对象。

留日刊物将日本视为学习、效法的对象最突出的表现就是竞相鼓吹

---

① 梁启超：《论学日本文之益》，《饮冰室合集·文集之四》，第 80 页。
② 周家纯：《致湖南青年劝游学外洋书》，《游学译编》第 4 期。
③ 杨度：《〈游学译编〉叙》，《游学译编》第 1 期。
④ 《湖北学生界开办章程》，《湖北学生界》第 1 期。

国人留日。像《游学译编》还在第 2 期就刊登了《湘乡张漱芬女子自金陵致其妹书》，此信就认为"日本乃东亚文明进化之邦"，并已"步移西法，遂力行之"，现在要"振兴女学"，可以"就近东游，采彼所长，补我不足"，鼓励其妹留学日本。在信末，编者似乎还言犹未尽，又特地点明刊登此信的目的在于"以俾我国女士见之，其亦有同情之感乎"。① 尽管《游学译编》宣称以译述为主，但有了此信发端，在第 3、4、6、7、9 期上又相继刊登了五封呼吁湖南同乡留日的公开信。② 其中尤以第 6 期登载的《劝同乡父老遣子弟航洋游学书》剖析得最为透彻，此信开端首先强调"今日吾国灭亡之风潮，达于极顶"，处于存亡的关键，而"今日救吾国唯一之方针"就是"游学外洋"。此处所言"外洋"其实就是专指日本，接着该信又详细反驳了国人以前对于留学日本的十二种错误认识，指出留学日本不仅路近、费省、"有异乡感无异国感"，而且可以"速成"、不会染上"洋人之气"，因而号召湘人急速留日，甚至"五六岁之小孩"也可"乘此入幼稚园，以养成其完全之道德"。③ 当然《游学译编》也承认"欧美者，文明之导师也，日本者，文明之后进也"，留学日本"不如留学欧美"，但现在"如不能留学欧美也，则吾劝君等速来日本"。④ 言外之意，留日只是退而求其次的选择，但也承认日本为文明国。

在当时提倡留日的刊物并不止《游学译编》一家，《浙江潮》也曾指出"出洋留学为今日救急之第一义"，提议以官费、地方公费、学堂公费、家族公费派遣留日学生，并认为"师范、速成师范、陆军、工艺"四门更是当下急需。⑤《湖北学生界》虽没有如前述两刊公开提倡留日，但也认为日本是"文明之国，且于我有唇齿之谊"⑥，并对日本

① 《湘乡张漱芬女子自金陵致其妹书》，《游学译编》第 2 期。
② 这五封公开信分别是：《致湖南士绅诸公书》（第 3 期）、《致湖南青年劝游学外洋书》（第 4 期）、《劝同乡父老遣子弟航洋游学书》（第 6 期）、《与同志书》（第 7 期）、《与邑人书》（第 9 期）。
③ 《劝同乡父老遣子弟航洋游学书》，《游学译编》第 6 期。
④ 《与同志书》，《游学译编》第 7 期。
⑤ 《敬上乡先生请令子弟出洋游学并筹集公款派遣学生书》，《浙江潮》第 7 期。
⑥ 《国闻》，《湖北学生界》第 3 期。

的易服色大加赞赏，强调"师夷不足羞"，希望中国仿效日本，"剪辫易服"①。《译书汇编》则认为中国要改革，"宜取法欧美日本之制度"，输入"欧美日本'学理'最新之书"。② 日本成为中国取法对象之一。

但同样在这些留日刊物中，对日本侵略中国的揭露也比比皆是，日本又表现了其作为侵略者的一面。《游学译编》就曾指出"同洲同文种源大陆之区区日本人亦敢隐计曰奴灭我"。③《浙江潮》也揭露日本索要福建铁路，以"福建全省作为干路，其支路一由福建沿闽江海诸府"，如此经营是为了"增进势力"。④ 针对日俄战后，一部分中国人对日本心存幻想，《洞庭波》则指出了"日皇久蓄主盟东亚之野心，得韩得辽以来，经营南北清之谋益急"的事实。⑤ 由于文章的作者均生活在日本，所以对于日本侵略中国的国策认识得更为清楚。

留日刊物除了揭露日本侵略中国的企图外，还对日本歧视、侮辱中国的事件进行了报道。《浙江潮》设有"日本闻见录"一栏，用来登载留学生在日本的所见所闻所感，在此当中就登载了不少反映日本歧视中国的情况，如对东京博物馆的描述，就指出"东京博物馆，规模甚宏丽，初入其中者，璀璨离奇，心目眩惑，内有历史部，中储各国风俗等物，支那风俗与琉球风俗、朝鲜风俗、印度、非洲及台湾、土番风俗同处厕一室，谛视数四，有支那妇人木制小脚一双，供万人观览，诧为奇事。又有鸦片具赌具等种种下流社会所用之物，触目伤心，泪涔涔下，惜不能令我四万万同胞共见之也"。⑥《湖北学生界》则对成武学校春季运动会"高悬万国旗章，而中国旗章独无"的辱华事件进行了报道。⑦ 不少留学日学生在面对日本侮辱时，常会奋起抗争，抗议日本的所作所为。对这些事件，留日刊物一般会积极报道，配合留学生的行动，促使日方让步，比较典型的一个事例就是大阪博览会事件。

---

① 《剪辫易服说》，《湖北学生界》第 3 期。
② 转引自丁守和编《辛亥革命时期期刊介绍》第 1 册，第 57 页。
③ 《劝同乡父老遣子弟航洋游学书》，《游学译编》第 6 期。
④ 《日本对中国之企图》，《浙江潮》第 1 期。
⑤ 转引自丁守和编《辛亥革命时期期刊介绍》第 1 册，第 546 页。
⑥ 太公：《东京杂事诗》，《浙江潮》第 2 期。
⑦ 《留学纪录·成武学校留学生罢运动会》，《湖北学生界》第 4 期。

日本自 1877 年在东京首次举办"内国劝业博览会"后，又于 1881 年、1890 年、1895 年在东京上野公园和京都冈崎分别举办了第二、第三、第四次"内国劝业博览会"。1903 年日本在大阪城南区天王寺所举办的博览会为第五次"内国劝业博览会"，时间从 1903 年 3 月 1 日至 7 月 31 日，会场设有工业馆、农业馆、林业馆、水产馆、通运馆、机械馆、参考馆、教育馆、美术馆、体育馆、台湾馆等，出品数达 22 万余件，参观者多达 530 余万人。① 其中参考馆"为陈列外国物品之所"，中国与会物品即陈列于此，台湾馆则是"凡台湾物产、工作皆列焉"。② 后来引发留日学生风潮的人类馆其实并没包括在内。

日本举办此次大阪博览会的目的有二：一是促进对外商业的振兴，二是乘机将日本的文化、风光推介给全世界。③ 作为原料产地及产品销售市场的中国，当然是其注意的对象。因而还在博览会开幕前一年，日本就通过外务省和各地驻华领事致函中国政府，邀请中国运送物品参展及派人前来参观。驻沪日本领事就曾照会浙江分巡道，以"冀将来工商两业日益振兴"为由劝说中国能够提供展品与会。日本外务省也致函中国驻日公使蔡钧，内称"明年春间在大阪开设第五次内国劝业博览大会，贵我国商务相关最为密迩，务请贵国人士源源而来，以资观览"。④ 此外为吸引更多中国人前来参观，日本还直接发送请帖给一些中国要人，邀请他们前来观摩。张謇就是在接到"日本领事天野君博览会请书"后，才决定前去参观的。⑤ 因为日本的热心相邀，清政府不仅积极组织江苏、湖北、湖南、山东、四川、福建六省置办物品前往参展，而且还特地派出了由贝子载振、署外务部左侍郎、户部右侍郎那桐、外务部左丞瑞良、左参议陈名侃、翰林院侍读学士宗室毓隆等人组

① 转引自马敏《张謇与近代博览事业》，《华中师范大学学报（人文社会科学版）》2001 年第 5 期。
② 钱单士厘：《癸卯旅行记卷上》，钟叔河主编《走向世界丛书：欧洲十一国游记二种·新大陆游记及其他·癸卯旅行记·归潜记》，岳麓书社，1985，第 688 页。
③ 《第五回内国劝业博览会报告书》，大阪市商工课，1904，第 144 页。
④ 中国第一历史档案馆：《晚清中国参加日本大阪第五届劝业博览会史料》，《历史档案》2005 年第 4 期，第 17、19 页。
⑤ 张謇研究中心、南通市图书馆《张謇全集·日记》第 6 卷，江苏古籍出版社，1994，第 480 页。

成的"王公大员"参观团。其他各省也都派出了相应的人员前去学习参观。仅津海关道唐绍仪奏请派赴日本参观博览会的人员就有："洋务局会办候补道钱镕、农务局会办候补道黄璟镜、工艺局会办分省补用道张枢、银元局总办候补道周学熙、天津府知府凌福彭、工艺局提调候补知县单晋和、银元局书记委员训导刘荫理、银元局机器委员都司李祥光、银元局匠目千总杨秀龙、工艺学堂洋文教习兼翻译孙凤藻；工艺学堂学生二十名，农务学堂学生十名。"① 从这一串名单可以发现，前往日本参观的中国人既包括各级官吏，还有不少学生。但就在这次本可促进中日两国正常交往的博览会上，却发生了侮辱中国的大阪博览会事件。此次事件其实包括两起纠纷：一为"人类馆"中国人展出纠纷，一为福建商品陈列于"台湾馆"纠纷。

1903 年 2 月 10 日，日本新闻刊载了一条消息，报道："有西田正俊氏等就本馆正门外百五十坪之地，设人类馆，雇北海道虾夷、台湾之生蕃、琉球、朝鲜、支那、印度、爪哇等七种人于馆内，演其固有之特性及生息之程度阶级，并其恶风蛮习等，以供观览。业经坪井博士协赞，刻下已雇定以上七种人。"次日《国民新闻》又报道了同样的内容。此条消息被留日学生得知后，立即掀起了一片抗议之声，"（清国留学生）会馆干事即日集议"，商议对策。②

其实人类馆并非大阪博览会所设场馆，而是由西田正俊等人乘博览会召开之机在会场外所设的"余兴"场所。当时此种由日本民间人士所设的"余兴"场所很多，包括"不思议馆"、"世界一周馆"、"动物园"等。③ 西田正俊等人设立"人类馆"的目的，据其自称是希望通过展示"虾夷、印度人、朝鲜人、支那人、南洋群岛土人，以考其生活高位之程度"④，反映的是人类学的旨趣，故而"（各人种）演技次第悉照坪井博士调查世界风俗写真帖办法"⑤。就西田正俊本人而言，其

---

① 中国第一历史档案馆：《晚清中国参加日本大阪第五届劝业博览会史料》，《历史档案》2005 年第 4 期，第 25 页。

② 《留学界记事》，《浙江潮》第 2 期。

③ 《第五回内国劝业博览会报告书》，大阪市商工课，1904，第 87～88 页。

④ 《湖南同乡会调查大阪博览会人类馆台湾女子事件》，《游学译编》第 6 期。

⑤ 《留学界记事》，《浙江潮》第 2 期。

为一实业家，此时正担任博览会委员，与人类学毫无关联，所以更大的可能是他只是"人类馆"的赞助者，真正策划布置此事的应是"坪井博士"，即坪井正五郎。坪井正五郎被称为日本人类学之父，还在1900年巴黎万国博览会上就曾负责台湾原住民的展示，此次筹设"人类馆"应该也是出自其手。

但从这一被日本人视为"纯粹学术"的展示当中，中国人却看出了日本对中国的歧视与侮辱。正如留日学生所指出的那样：所展示的七个人种，"若印度、琉球，已亡之国，而英日之奴隶也；若朝鲜，俄日之保护国，而吾之旧藩属地也；若爪哇、虾夷、台湾之生番世界最卑之人种，与鹿豕相去一间者也"，如今将中国与此等人种并列，无疑是"与印度列，此奴隶我也；与朝鲜列，是厮养我也；与爪哇、虾夷列，是明明生番我而野蛮我也。抑吾观日本各处遍设动物水产各馆，今又有人类馆之设，是又明明以动物目我、水族目我也"，"吾支那人虽贱，何至与此六种人骈首并足耶"。为了阻止这一侮辱中国的展示，留日学生迅速撰写了《呜呼支那人！呜呼支那人!!》一文，拟在报刊上发表，以作抗议，但"日本之印刷局又迟迟不能即日出版"①，于是决议多管齐下，一方面"移书内地士大夫，阻其来游"，一方面"函约华商之旅居大阪者，协谋所以阻之之策"，另外"谓如有中国人应其招聘者，当以相当之权力处分之"②，试图通过这些措施来迫使"人类馆"撤去展览中国人的计划。

虽限于资料，目前还没发现留日学生究竟"移书"给了哪些"内地士大夫"③，但2月17日中国教育会即在张园举行了演说会，会上就日本大阪博览会歧视中国人事件，进行了抗议演说，这或可反证留日学生"移书"的对象当中应该就有中国教育会中人。中国教育会会员当中不少曾留学日本，与留日学生有着比较密切的关联，因而当"人类

①　《留学界记事》，《浙江潮》第2期。
②　《留学界记事》，《浙江潮》第4期。
③　不过有资料显示留日学生曾"有公函致振贝子，及中朝所派往观会之诸贵人，谓日人以无耻辱我，止其勿来"（《博览会人类馆事件》，《新民丛报》第27期）。此事应有一定可能性，但振贝子及诸贵人都属政界要人，似与"内地士大夫"一词还有不合，留日学生致书对象应还另有其人。

馆"事件发生后，要援引国内中人时，中国教育会自然可能进入留日学生的眼界，成为其联络的对象之一。不过此点只属揣测之词，更为可能的是，留日学生通过留日刊物来运动国内。在2月20日出版的《浙江潮》第2期、2月出版的《新民丛报》第25期、3月出版的《湖北学生界》第3期当中都记载有大阪博览会"人类馆"事件，而这些刊物销售的对象如前所述主要是国内人士。因此通过这些留日刊物，留日学生可以将"人类馆"事件反馈回国内，使国人也能感同身受日本此次对华的侮辱，一致抗议。

至于"函约华商之旅居大阪者"，主要指的是联络孙淦。据胡景桂1903年记载："孙淦，字实夫，浙人。在日本二十余年，初任监督，现为南帮首事，红十字亦列其名。谈许久，颇知时务。"[1] 从这一简短记叙，我们可以发现两点：其一，孙淦曾担任过留学生监督，准确来说是浙江留学生监督，并且也是"清国留学生会馆"的名誉赞成员，因而留日学生对其并不陌生；其二，孙在日本已待了二十余年，"现为南帮首事，红十字亦列其名"，可见其在旅日华商中具有比较高的威望，且在日本已建立比较广泛的人脉关系。这两点使得留日学生将之列为另一重要的援引对象。孙淦也不负留日学生所托，在得知"人类馆"事件后，一方面立即向博览会主办方表示"如日人果不撤去，则大阪中国商，将于开会的一日举黑旗以志哀，而不作贺礼"[2]，以向日本施压；另一方面孙淦也"先商之发起人有西氏等，彼固莫之应也，不得已以其情告之警察署，往返商榷"[3]，进行周旋。

留日学生所采取的最后一条措施"谓如有中国人应其招聘者，当以相当之权力处分之"，从后续事件来看，应也取得了实效，因为"人类馆"从始至终都没有雇到中国人作为展示的对象。

留日学生、旅日华商的强烈反对，加上中国驻日公使及领事也同日

① 胡景桂：《东瀛纪行》，转引自吕顺长《浙江留日学生监督孙淦事迹》，浙江大学日本文化研究所编《中日关系史论考》，2001。关于孙淦的相关背景及其在大阪博览会事件中所发挥的作用都可看该文。
② 《留学界记事》，《浙江潮》第2期。
③ 《留学纪录·人类馆之停罢》，《湖北学生界》第3期。

本政府进行了直接的交涉，迫使"人类馆"最终作出了"将华人剔除"① 的决定。

此事本应就此告一段落，但因"人类馆"开馆后，有谣传其所展示的台湾人实为湖南人，使得留日学生又动公愤。1903 年 3 月 10 日，"人类馆"正式开馆，因具有教育性与趣味性，受到了"绅士学生"的欢迎。② 在其展览的人种当中"有一女子，服中国服，缠其足。日本人谓是台湾人，而中国人往观者，或言是湖南人"。湖南留日同乡会在得知这一消息后，认为"日人辱我已甚，吾曹誓必干涉之，力不足则吾曹当相将归国。虽然彼女子果为湖南人与否尚不可知，不深考其由来，则无由措手"，于是派留日学生周宏业前去调查。周经过实地考察后，发现此女确系台湾人，而台湾当时已割让给了日本，因此"吾人固不当有它言"。尽管如此，留日学生面对"台湾人者，一惟其所倡优畜所奴隶视。而吾侪屏息结气，熟视其比肩于野蛮之侧而不得吐一言也"，不免兔死狐悲，担心中国"他日将为不知何国人类馆陈列品"，希望国人能牢记此一耻辱。③ "人类馆"的交涉至此方落下帷幕。

值得注意的是，中国人在抗议"人类馆"事件的同时，也反省自身，认为日本"人类馆"之所以"刻画中国人吸烟缠足"，以"野蛮人类"视之，是因为这些现象在中国的确存在，"人必自侮，然后人侮"，所以"不必仇日本之侮。我即藉日本之所以侮我者，以自警惕。果如此，则二十世纪之新天地中，尚得容我中国人自树一帜"。④

"人类馆"交涉告一段落后，又有福建商品被列于台湾馆的纠纷。本来作为中国展品的福建商品应陈列于参考馆，但因"福建搜货逾期，参考馆已无余地"，于是"闽官场托台湾总督"设法，"时台湾参事官石冢在闽，因向通商局言，闽品既备，不妨东运，我当于台湾馆内设法

① 《日本东京游学总监督汪大燮参堂电》，《清光绪朝中日交涉史料》卷六十八，第 4 页。
② 《第五回内国劝业博览会报告书》，大阪市商工课，1904，第 88 页。
③ 《湖南同乡会调查大阪博览会人类馆台湾女子事件》，《游学译编》第 6 期。
④ 《论日本人类馆刻画中国人吸烟缠足情状事》，《大公报》1903 年 3 月 10 日。

陈列，闽官场许之"，故博览会开幕后，福建商品最初是陈列于"台湾馆"。① 这让留日学生敏锐地察觉此举"显然举吾中国福建省之虚名而亦送之他人，曾东三省将军之不若也"，"于是福建同乡会集议公举数人至大阪，与日人交涉。仅乃得将福建物品移置于四川商品陈列场中"。② 留日学生之所以对于日本将福建商品陈列于台湾馆反应这么激烈，主要是因为"台湾馆"的性质。

"台湾馆"顾名思义，陈列的是台湾的物品，但日本在博览会中特意设一台湾馆却并不简单，其要通过"台湾馆"向游览者展示的不仅仅是"台湾物产、工作"。若说"人类馆"中的台湾人主要是展现台湾原始、落后、野蛮的一面，试图表达的是日本殖民台湾其实是文明征服野蛮；那么"台湾馆"是侧重显示日本治理下台湾进步的一面，想显示的是其对台湾殖民统治的成效。钱单士厘在参观过"台湾馆"后，就得出了"观其（台湾）六七年来工作，与夫十年前之工作相较，其进步之速，令人惊讶不已。昔何拙，今何巧"的印象。③ 这一印象应该说正吻合了日本所意图营造的形象，通过日治台湾的进步来证明其统治台湾的优越。其实无论是"人类馆"还是"台湾馆"，其所展现的台湾虽不相同，但目的都是一致的，就是要向公众论证其殖民台湾的合法性、合理性，通过博览会展示的形式来使游览者不知不觉中认同日本对台湾的殖民统治。

在这一充满殖民话语的背景下，将福建商品陈列其中，当然具有别样的政治意味。虽说很难证明是否从一开始，日本的台湾官员"热心"援手，建议并帮助将福建商品安置在"台湾馆"中，就别有居心，或说是精心设计，但从结果来看，若将福建商品陈列于台湾馆，无疑暗含了承认福建同台湾一样，已沦为日本的殖民地。日本一直以来对福建的觊觎，也加重了留日学生的这种联想。因而留日学生在得知消息后，不

① 《留学记录·日本大阪博览会中国福建出品移出台湾馆始末记》，《湖北学生界》第 4 期。
② 《福建商品被列于台湾馆》，《湖北学生界》第 3 期。
③ 钱单士厘：《癸卯旅行记卷上》，钟叔河主编《走向世界丛书：欧洲十一国游记二种·新大陆游记及其他·癸卯旅行记·归潜记》，第 688 页。

仅觉得"日人固为可恨"，而同意日本此举的福建官员更是"贰臣败类"，"恨不得食尔肉而寝尔皮"。① 于是留日学生又急速同日本方面进行交涉，坚持将福建商品移至四川陈列所。

在大阪博览会事件中，留日刊物充当了舆论宣传的鼓手，详细报道了事件交涉的起因、经过及评价。留日刊物的这些报道，成为国人获知此事的主要途径。在留日刊物的带动下，一些国内的媒体也相继报道了大阪博览会事件，如《大公报》就于3月10日，4月8日、9日三天以"论说"的形式及时刊载了日本这一辱华事件。从这一事件中，我们也可明显发现留日学生对日观感向国内传播的基本路线：留日学生对日个体感受——留日刊物——（国内媒体）——国内人士。留日刊物在留日学生与国内人士之间充当了关键性的中介、桥梁。

从上可知，留日刊物中也是师日与仇日并行，常常在同一期刊物中，甚至同一篇文章中，师日与仇日也同时出现。如前所引《游学译编》刊载的《劝同乡父老遣子弟航洋游学书》一文，在倡导留日、以日为师的同时，却也不忘提醒"我同胞父老"，"今年日本人博览会将列我支那于台湾生番等之亡国种中，福建之陈列品以计列于台湾陈列品中"。②

毋庸置疑，在他国的语境下，留日学生的本国意识更为敏感，特别是"游学日本，恰似被盗苦主游观盗窝。无论何处，皆可发现其赃物盗谋"。在这一情境中，"纵使精神麻木，意志疏懒，亦思呼号家人御盗伐房"③，所以留日学生虽为师日而来，但其个人在日本的遭遇、观察、所受刺激，使得仇日情感日增，最终不少留日学生成为排日的先锋。当然也有一些留日学生因为在日本并没有遇到此类事件，所以对日本所抱的是另一态度，典型人物就是周作人。周作人就坦言"以我自己的经验来说，（在日本）并不曾遇见多大的欺侮"，故而"在相当时间与日本的生活和文化接触之后，大抵都发生一种好感"。不过周作人对留日学生转向仇日有另一种解释，认为：留日学生"如回到本国来，

---

① 《福建商品被列于台湾馆》，《湖北学生界》第3期。
② 《劝同乡父老遣子弟航洋游学书》，《游学译编》第6期。
③ 转引自实藤惠秀著《中国人留学日本史》，谭汝谦、林启彦译，第183页。

见到有些事与他平素所有的日本印象不符的时候，那么他便敏捷的感到，比不知道日本的人更深的感觉不满，此其一。还有所谓支那通者，追随英美的传教师以著书宣扬中国的恶德为事，于记述嫖赌鸦片之外，或摘取春秋列国以及三国志故事为资料，信口漫骂，不懂日文者不能知，或知之而以为外国文人之常，亦不敢怪，留学生则知日本国内不如此，对于西洋亦不如此，便自不免心中不服，渐由小事而成为大问题矣，此其二"。① 换言之，日本人在其国内与在中国言行的反差，使得已见识过日本文明一面的留日学生感受刺激更深；留日学生的这一刺激感不仅来源于日本对中国的所作所为，更大程度上是察觉了日本两种不同言行背后所隐含的殖民主义心态，中国既被日本视作殖民对象，日本人自然在华所为不会按其国内的价值标准行事。当然姑且不论周氏的解释正确与否，至少可以肯定他也不否认留日学生的对日观中是师日、仇日并存。留日学生的这一观感应是当时的一共相，也影响了国内人士对日本的认识。

第二节　教科书中的日本

清末以来的中国，教育体制也在缓慢地改变，学习的内容由传统的经史子集扩展为近代的文理法医农工商七科之学，学习的地点由书院、私塾改为了学校，相应的教材也由原来的四书五经变为近代的教科书。1905 年科举制废除更在制度上确立了这一转变的合法性。由此教科书也成为每个接受新式教育的学子们的必读文本，其所载的内容、所表达的观点，也通过各级学校的传授，成为年轻一代读书人观察、了解外部世界的一个基点。在这些教科书中，不少日本知识也包含其中，成为影响广大普通学子对日认识的另一因素。

一　进入课堂的日本

在近代以前中国的教育系统中，无论是作为蒙学读物的《三字

---

① 周作人：《留学的回忆》，钟书河编《周作人文类编·日本管窥》，第 98～99 页。

经》、《百家姓》，还是应付科举考试的"四书五经"，日本知识都没能包含在内。但随着教育体制的改革，科举制的废除，面对西力东侵，国人越来越强调将中国置于世界之中，由此世界知识成为近代教育的一个重要内容，日本知识也包含其中。

在中国教科书中，日本知识的介绍主要集中在历史、地理两科。如"癸卯学制"就规定中学历史课程须先讲中国史，次讲亚洲各国史，尤"宜详于日本及朝鲜、安南、暹罗、缅甸，而略于余国"，中学地理课程也强调"讲外国地理尤须详于与中国有重要关系之地理"。① 另外，高等学堂、大学堂也都设有亚洲各国史、世界地理等课程。正是这些课程的开设，使得相应的教科书中都含有相当一部分日本知识。民国建立后，虽然教育宗旨有所改变，但对于历史、地理的课程安排并没有多大改变。因而在清末民初历史、地理的教科书中，有关日本的情况并不鲜见。如1903年谢洪赍的《最新中学教科书瀛寰全志》，在第二编第四节专门介绍的就是日本。1914年《新制东亚各国史教本》中，日本的篇幅占了四分之一以上。除了历史、地理教科书外，其他科目如国文、修身等教科书中也包含有相关日本的内容。如1913年《新制中华国文教科书》第四册第三十八课的标题就是"福泽谕吉"，1914年《共和国新修身教科书》中也有介绍日俄战争的内容②。

值得注意的是，在这些新式教科书出现以前，日本知识已经在中国的教学中出现了。梁启超最先对日本的了解就来自康有为在万木草堂的讲授，③ 后来梁启超自己主讲湖南时务学堂时，也曾讲授与日本相关的内容，并要求学生阅读《日本国志》。当然此时维新派将日本引入课堂，主要还是基于政治运动的需要，有意为之，这与后来将日本作为知识引入还有所差别。也正因出发点的不同，所以教科书其实是将日本分解成几个方面的知识融入各相应科目中。具体而言，清末民初教科书对日本的记叙，可以分为以下几个方面。

---

① 《奏定中学堂章程》，璩鑫圭、唐良炎编《中国近代教育史资料汇编·学制演变》，上海教育出版社，1991，第321页。
② 《报国》，《共和国新修身教科书》第六册第十七课，商务印书馆，1914。
③ 见郑匡民《梁启超启蒙思想的东学背景》，上海书店，2003，第5页。

　　首先是对日本地理的介绍。以谢洪赍的《最新中学教科书瀛寰全志》为例。该书在日本专节中，先是介绍了日本的地理位置与疆域大小，指明"日本在亚细亚洲之东北，太平洋之西北，以五大岛及二千小岛组合而成。自北海道至台湾连成一带，北起北纬五十度四十分，南抵北纬二十一度四十五分，东起东经一百五十六度三十八分，西抵东经一百十九度二十分"，"面积一百六十二万方里"。① 接下来又分地势、天气、物产、人民、国政、商务、交通、宗教、地方志、琉球台湾附录等十二个小节记叙了相关内容。从这一记叙，我们可以发现教科书对日本地理环境的介绍，同以前中国典籍的记叙相比，不但更为精确，更为专业，而且在编排上，依据教学需要，按照章节体将各知识点分门别类，一一介绍，显得系统而有条理，利于学生吸收。后续的地理教科书对于日本的介绍也大致类似。通过这些日本地理知识的讲授，学习者得以比较全面地了解日本的空间位置与疆域情况。

　　其次是对日本历史的介绍。日本历史既是世界史讲述的一个重点，也是中国史当中的一部分。但在具体教学中，实质是将东洋史与西洋史分开讲授的。故而早期的世界史课本如《万国史纲》中并没有日本，日本历史的记述是在东洋史或东亚史的教科书中。以《共和国教科书东亚各国史》为例。该书由傅运森编辑，商务印书馆出版，初版于1913年8月，到1927年1月已重版了20次，主要授课对象是中学的学生。从编辑章节看，分为四编二十一章六十五节。日本占了十七节，约占全书的26%，主要叙述日本从神武开国至吞并朝鲜时为止，上下二千五百余年；1914年后的版本又加上了日本侵占青岛、攻取太平洋德领诸岛的史实。从其相关日本编目可以看出，讲授重点：一是纵向上叙述日本的兴衰，按照上古、中古、近古、近世四期分段法，分别讲述了各个时段日本所发生的重要历史事件，展现了日本由"穴居野处"演变为"立宪之国"的变迁过程。二是对于有关中国的日本史实记述得特别详细。如日本的遣唐使、明时丰臣秀吉入寇朝鲜、近代的甲午战争、日俄战争等。但比较奇怪的是，该教科书没有记载明代倭寇的内

---

① 谢洪赍：《最新中学教科书瀛寰全志》，商务印书馆，1906，第157～158页。

容。同期中华书局所出的《新制东亚各国史教本》也是如此。不过同前书相比中华书局的东亚史教科书更强调“述日本维新前后之国势，而于琉球、台湾、朝鲜之割据并吞，言之尤详”，所以日本明治维新后的历史占了全书的四分之一的篇幅。①

此外，在中国史教科书中，日本的记载也不少，主要涉及中日关系史。如丁宝书所编的《蒙学中国历史教科书》，有关日本的章节标题如下：日韩交涉、唐与日本交通、中国与日本以佛教交通、元征日本、明之倭寇、日本维新、日兵至台湾、中日战争之原因、甲午之战。因为该书出版于1903年，所以还没有日俄战争的记载。后来商务印书馆、中华书局等所编的中国史教科书也沿袭了丁宝书的思路，对中日关系史的记叙主要集中在日本的遣唐使、元代征日、明代倭寇、近代中日交涉等几个重大事件上，观点也比较接近。如对日本遣唐使的评价，基本都认为“由是日本文化大进，上自朝廷下逮民俗，多半仿用唐室制度矣”。②对于明代倭寇起因，则多认为是中国奸商欺蒙日本商民所致，如姚祖义所编教科书就认为“明势豪与贵官相结，屡给日本商民，购物不偿值，商民愤懑，自明世宗嘉靖二十六年后，复掠沿海，其国亡赖，来者益众。”③丁宝书等所编教科书中也有相似的记载：“明奸商欺日本商民，倭寇再猖獗，长江南北，皆蒙其害。”④

但对于近代中日交涉的记载，各教科书稍有不同。丁宝书所编的《蒙学中国历史教科书》还只是客观地讲明史实，没有主观的评论掺杂其中。但辛亥后的不少教科书，在记叙这段历史时，编辑者已带有明显倾向性。如中华书局所出版的《中华中学历史教科书》，在记述日本侵占琉球时，就指出：在台湾之役后“日本已阴攘琉球为彼有”；而甲午战争，日本是有预谋的，还在吞并琉球后日本就“遂窥朝鲜，以独立自主诱之”，东学党之乱则使日本有了借口，“以共革朝鲜内政为名”意图干涉朝鲜内政，遭清政府“严拒”，随即发动了战争；在历数包括

---

① 《编辑大意》，李秉钧：《新制东亚各国史教本》，中华书局，1914，第2页。
② 丁宝书：《蒙学中国历史教科书》，文明书局，1903，第32页。
③ 姚祖义：《最新中国历史教科书》（第3册），商务印书馆，1904，第57页。
④ 丁宝书：《蒙学中国历史教科书》，文明书局，1903，第54页。

日本在内的外国列强在近代对中国的侵略后，编辑者还不忘加上一句：对于国家主权，"凡属国民，均为主人，保此大好之河山，匪异人任也"。① 但无论如何，这些或详或略的记述对于学生了解日本古代、近代的历史都起到了一定的作用。

再次，对日本社会与国民的介绍，这些内容主要穿插在国文、修身、历史、地理等教科书中。对于日本国民，当时教科书一般都注意到了其爱国心的强烈。如《共和国新国文教科书》就曾记叙：日俄战争时，"日本人心愤激，争效命于疆场，在校学生遇将士出征，必列队远送，或投私财以助军费，七八龄之童子亦然"，从而表现了日本民众普遍的爱国热情。② 关于此点，在《共和国教科书新修身》中也有表述，如在《报国》一文中就讲述了日本人广濑武夫在日俄战争中，为国英勇捐躯的事迹，表现了在战争状态下，日本人"为国而死，荣莫大焉"的心理。③ 巧合的是，中华书局出版的《新制中华修身教科书》也收录了《报国》一文。可见，日本国民拥有强烈的爱国心，给当时国人留下了深刻的印象，而这一印象通过教科书又得以放大与强化，使得更多国人都留下了这一印象。

对于明治维新后日本社会的变化，教科书也有反映。如前述《最新中学教科书瀛寰全志》就指出"（日本）三十年来，上下孳孳，讲求实学，布行新政，改正朔，易服式，一切仿泰西上等制度，盖骎骎然日进文明矣"的事实，并具体记载了日本维新后，政体上改为了立宪国，教育上由"古代重汉学"变为近代"采取欧美诸国教育新法"，已成为"东方教育最良之国"，经济上，"工艺日盛，贸易日兴"，交通也日益现代化。④ 日本近代社会已不同于古代，步入了文明国的行列。而历史教科书在记载日本明治维新时，也会涉及日本社会在近代以来的变化。如《新制东亚各国史教本》就记叙了日本明治维新在推行政治制度改

---

① 潘武编《中华中学历史教科书（本国之部）》第二册，中华书局，1913，第224～225、241页。

② 庄俞等编《共和国新国文教科书》（第六册），商务印书馆，1913，第29～32页。

③ 庄庆祥：《共和国教科书新修身》（第六册），商务印书馆，1913，第23页。

④ 谢洪赉：《最新中学教科书瀛寰全志》，商务印书馆，1903，第166～170页。

革的同时，也进行了"如邮便、铁路、剪发、改服"及"废太阴历用太阳历"等社会改良。①

最后，教科书中还有一类日本的记叙，就是日本对中国的侵略，从古代的倭寇到近代的甲午战争、日俄战争，此类记载在历史、地理甚至国文教科书中也不少。关于此点将在下节详叙。

总体来看，清末民初的教科书对于日本的记载包含多个方面，给学生所呈现的面相也是多种多样。但在"二十一条"提出以前，教科书记载的这些内容，流露出来更多的是对于日本的羡慕之情。相应的，日本这一过去的蕞尔小国此时在教科书的表述中成了"亚洲新盛之立宪帝国"②，日本国民也成了"真文明之国民"③。当然教科书记叙日本的目的并不仅止于此，还包含有借此号召国人效仿、学习日本的意图。如教科书对日本人爱国心的记叙，就是为了"观于日本学生之所为，为我少年其亦动爱国之心乎"，此点对于"强邻逼处，国步之艰难百倍日本"的中国，更显迫切。④ 日俄战争的胜利被视为日本"以立宪政体，上下一心"之故，所以期望中国也能通过"预备立宪，改官制、兴学校、练新军"等举措来"雪耻自强"。⑤ 教科书育人救国的功能正在于此。

但这只是日本同中国近代教科书关联的一个方面，还有重要的一点在于，中国近代教科书的编写不少是借鉴日本，甚至直接翻译日本教科书而来。早年无论是教会学校还是洋务派所办的新式学堂，其所用的教科书大多数译自西书，但甲午战后，更多的教科书却来自翻译的日本教科书。

甲午战败固然使得中国半殖民化程度更为加深，但也促使了中国人由学习西方转向学习东洋。事实上，西力东渐以来，中西文化就处于紧张状态，究竟该不该学习西方以及如何学习西方，成为中国人两难的抉

---

① 李秉钧：《新制东亚各国史教本》，中华书局，1914，第101页。
② 谢洪赉：《最新中学教科书瀛寰全志》，商务印书馆，1906，第157页。
③ 庄俞等编《共和国新国文教科书》（第六册），商务印书馆，1913，第30页。
④ 庄俞等编《共和国新国文教科书》（第六册），商务印书馆，1913，第31页。
⑤ 姚祖义：《最新中国历史教科书》（第四册），商务印书馆，1904，第55页。

择。日本明治维新的成效，使得中国看到了东方学习西方的成功范例，于是在甲午战后，中国很快转向了以日为师。而以日为师的一个重要途径就是大量翻译日文书籍。据统计在 1896～1911 年，15 年间，中国翻译日文书籍至少 1014 种，远远超过此前半个世纪中国翻译西文书籍数字的总和，也大大超过同时期中国翻译西文书籍的数字。① 对这一现象，梁启超也曾做过一番形象的描绘："壬寅、癸卯间，译述之业特盛，定期出版之杂志不下数十种。日本每一新书出，译者动数家，新思想之输入如火如荼矣。然皆所谓'梁启超式'的输入，无组织，无选择，本末不具，派别不明，惟以多为贵，而社会亦欢迎之。"②

之所以当时出现这一局面，一方面是因为中国人的刻意倡导。如康有为就认为："译日本之书，为我文字者十之八，其成事者少，其费日无多也，请在京师设译书局，妙选通人主之，听其延辟通学，专选日本政治书之佳者，先分科程并译之，不岁月后，日本佳书，可大略皆译也。"③ 稍后张之洞在《劝学篇》中，也大力提倡："各种西学书之要者日本皆已译之，我取径于东洋，力省效速"，"若学东洋文、译东洋书，则速而又速者也。是故从洋师不如通洋文，译西书不如译东书。"④ 可见两人都是出于实利主义的心态，将翻译日文书籍看作学习西方的捷径，这应该是当时大多数中国人迅速实现了译书转向的普遍心理。另一方面的原因则在于留日学生的大量派遣，提供了可任翻译的人才。尽管倡导翻译日书者大多强调"中日同文"，但在实质翻译过程中，不通日文还是一大障碍。梁启超在办《时务报》的过程中就已察觉"日本书同文几半，似易译于西文，然自顷中国通倭文者不过数人"，在译才难求的情况下，还不如"多译英文之为得"。⑤ 梁氏此言应属实情，因为即便是专门培养翻译人才的京师同文馆也是直到 1896 年才增设东文馆。但这一情况随着各地东文学堂的开设与留日学生的急剧增多，迅速得到

---

① 熊月之：《西学东渐与晚清社会》，上海人民出版社，1994，第 640 页。
② 梁启超：《清代学术概论》，《饮冰室合集·专集之三十四》，第 71 页。
③ 康有为：《广译日本书派游学折》，汤志钧编《康有为政论集》（上），第 302 页。
④ 张之洞：《劝学篇》，第 46 页。
⑤ 丁文江、赵丰田编《梁启超年谱长编》，第 78～79 页。

缓解。不少日语学习者在粗通日文的情况下就开始从事译书的工作。如甲午战后的第一部汉译日文书《东洋史要》就是由东文学社的学生樊炳清于 1899 年翻译的，而东文学社创办于 1898 年，以此推断樊炳清从事翻译时，其学习日语的时间并不长。[1] 更多的日文书籍则通过当时数量庞大的留日学生的翻译而进入中国。为翻译日文书，留日学生还自己组织了译书社，如译书汇编社、教科书译辑社、湖南编译社即如此。[2] 正因有了翻译日书的人员，加上国人的提倡，在甲午战后，特别是戊戌变法至辛亥革命期间出现了翻译日文书的浪潮。

在这些日译书籍当中，有相当一部分就是日本教科书。1903 年京师大学堂刊有暂定各学堂应用书目，其中属于日译教科书的至少有 15 种，[3] 科目包括修身、中外史学、中外舆地、理财学、博物学、物理化学等。而这些还仅是通过政府审定的日译教科书，那些被学校采用却未通过审定的教科书相信还有不少。如文明书局出版的麦鼎华译、日本元良勇次郎著的《中等伦理学》，虽被政府查禁，"但各省中小学堂仍多用之"。[4] 在近代究竟有多少日译教科书进入了中国，限于资料，已难于统计，但就当时人的回忆来看，应属不少。蒋维乔就曾指出：癸卯年间，对于日译教科书，"国人因知识之饥荒，多喜购阅，故极畅销"。[5] 郭沫若回忆其中学时代，也承认"我们当时又翻译了大量的日本中学用的教科书。我个人来日本以前，在中国的中学所学的几何学，就是菊地大麓先生所编纂的。此外，物理学的教科书则是本多光太郎先生所编的"[6]。因而可以断言日译教科书在当时课堂的使用是十分普遍的。

---

① 实藤惠秀著《中国人留学日本史》，谭汝谦、林启彦译，第 216～217 页。
② 关于译书汇编社、教科书译辑社、湖南编译社的具体情况，可参见实藤惠秀的《中国人留学日本史》，第 217～225 页。
③ 据《教科书之发刊概况》（中华民国教育部编《第一次中国教育年鉴·戊编·教育杂录》，上海开明书店，1934，第 118 页）统计所得，但该记录只是暂定各学堂应用书目的一部分。
④ 《教科书之发刊概况》，中华民国教育部编《第一次中国教育年鉴·戊编·教育杂录》，上海开明书店，1934，第 121 页。
⑤ 蒋维乔：《编辑小学教科书之回忆（1897～1905 年）》，《商务印书馆九十年》，商务印书馆，1987，第 56 页。
⑥ 转引自实藤惠秀著《中国人留学日本史》，谭汝谦、林启彦译，第 233 页。

对于采用日译教科书作为本国教材，清政府是持赞同态度的。1901年山东巡抚袁世凯就上奏朝廷，请求搜罗日本书籍，"汇辑成编，发交京外各学堂，循序购买，以期学术一律，而免分歧"。① 次年，袁世凯即将这一主张付诸实践，在保定办师范学堂，"先取日本译成西学普通各书，转译中文，颁发肄习，俾其易于通晓，易于成效"。② 除袁世凯外，张之洞和刘坤一也赞同翻译日文教科书，并表示要"访求日本教科书，拟酌采其意编纂之"。③ 1904 年癸卯学制改革，在《奏定学务章程》中更明确规定："各种科学书，中国尚无自纂之本。间有中国旧籍可资取用者，亦有外国人所编、华人所译、颇合中国教法者，但此类之书无几，目前不得不借用外国成书以资讲习"，因而可以"选外国教科书实无流弊者暂应急用"。④ 此处所言的"外国教科书"更多就是指日文教科书。日本方面对于中国采用日译教科书则采取了主动配合的态度。罗振玉赴日考察时，就感到"彼邦教育家，甚愿助我国编定教科书"，"意欲合中日之力，译印教科书，而定版权之法制，并出教科书十余种见赠"。⑤

但是通过教学实践，不少国人马上察觉了大肆采用日译教科书所带来的负面作用。丁宝书就认为："近岁以来，各学堂多借东邦编述之本。若支那通史，若东洋史要，以充本国历史科之数。夫以彼人之口吻，述吾国之历史，于彼我之间，抑扬不免失当，吾率取其书用之。勿论程级之不审，而客观认作主位，令吾国民遂不兴其历史之观念，忘其祖国所自来，可惧孰甚。窃不自量，编成此册，以我国人述我国事。"⑥ 丁氏对日译教科书的批评其实是出于民族主义的立场，担心使用日译教科书会使本国教育日本化，达不到培育本国观念的目的。另一教科书编

---

① 《山东巡抚袁世凯：遵旨敬抒管见备甄择折（节录）》，《中国近代教育史资料汇编·学制演变》，第 9 页。

② 《直隶总督袁世凯：奏办直隶师范学堂暨小学堂折》，《中国近代教育史资料汇编·学制演变》，第 74 页。

③ 张之洞：《致京张冶秋尚书》，《中国近代教育史资料汇编·学制演变》，第 136 页。

④ 《奏定学务章程》，《中国近代教育史资料汇编·学制演变》，第 502 页。

⑤ 罗振玉：《扶桑两月记（节录）》，《中国近代教育史资料汇编·学制演变》，第 118 页。

⑥ 《编辑大意》，丁宝书：《蒙学中国历史教科书》，文明书局，1903，第 1 页。

辑者张元济也指出："勿沿用洋人课本。……无论洋文读本宜自编纂，即华文教科书各教会学堂所刊者，大都以阐扬彼教为宗旨，亦取径迥别，与中学绝无关合。"① 张氏此言虽不是专门针对日译教科书而发，但也表明了对于采用外国教科书的谨慎态度。另一对日译教科书的指责就是，日本教科书中本身也有不少错误，加上当时译书者良莠不齐，很多系直译，口气生硬，不太适合教学。如商务印书馆在以桑原骘藏的《东洋史要》为蓝本编辑教科书时，就特地指出原书有"（七处）伪谬之显然者，其余尚多，兹并随事订正"。② 因翻译问题被学部批驳的日译教科书更多，像 1909 年四川速成师范学生所译的《地理总论》、《外国地理》、《行政法大意》等讲义，就因"取材过于日本化"而被学部批斥。同年文明书局出版的《小学校训练法》、《平民教育法》也因"日文语气太重"受到学部批驳。③ 梁启超所谓日译书的"无组织，无选择，本末不具，派别不明"其实也是对当时译书界的批评。正因这些批评，所以后来国人更多的是改编或自编教科书，直接翻译日本教科书的数量日益减少。如陈庆年的《中国历史教科书》就是改编自《东洋史要》，柳诒徵所著的《历代史略》则是在那珂通世的《支那通史》基础上删改而成。商务印书馆与中华书局所出的教科书大多是由国人自编。

但值得注意的是，即便是那些自编教科书，在初期仍留有日本教科书的痕迹。这除了因为当时教科书编辑仍属初创，不可避免对日本教科书有所借鉴外，还因为在编辑过程中，从编辑群体到出版资金都掺杂有日本的因子。最为典型的就是清末民初最大的教科书出版机构——商务印书馆，在编辑、资金方面都与日本有着千丝万缕的联系。

首先，在编辑群体中，不少编辑都有游日的经历，并且直接聘有日人编辑。商务印书馆早期教科书的编辑人员包括张元济、蒋维乔、庄

---

① 张元济：《答友人问学堂事书》，陈学恂、陈景磐主编《清代后期教育论著选》（下册），人民教育出版社，1997，第 415 页。

② 《凡例》，《中学堂教科书东洋史要》，商务印书馆，1909，第 1 页。

③ 《教科书之发刊概况》，中华民国教育部编《第一次中国教育年鉴·戊编·教育杂录》，上海开明书店，1934，第 121 ~ 122 页。

俞、高梦旦、杜亚泉等人，编辑出版了在清末最为畅销的《最新教科书》。① 就这套教科书的编辑群体来看，他们不少人有过游历日本的经历。如张元济，曾受南洋公学总办盛宣怀的邀请，担任南洋公学译书院院董一职，着手翻译《日本法规大全》，进入商务印书馆后，多次赴日寻访书籍。担任国文部部长的高梦旦，在 1902 年浙江求是大学堂选派学生赴日进修时，担任留学监督随同赴日，考察日本明治维新后的政治、文化、教育等。高认为"日本维新成功原因在教育，教育的根本在于小学，小学要害在课本"，② 因而回国后即进入商务印书馆，长期负责编辑国文教科书。③ 负责理化类教材编辑的杜亚泉，甲午战争后，受到新思潮的影响，放弃科举之路，自学了日文，后又东渡日本考察教育，1904 年，应夏瑞芳、张元济的邀请，进入商务编译所任理化部主任，编写了《最新格致教科书》和《最新笔算教科书》这两种我国最早的理科课本。蒋维乔和庄俞二人虽没有游日的经历，但都算趋新人士。另据统计，自 1903 年 1 月至 1930 年 11 月，商务印书馆聘用留学人员共 75 人，其中留学法国 2 人、美国 18 人、日本 49 人、国名不详者 3 人。④ 留日人员始终占据了绝大部分。这些游日或留日的经历，无疑会令其将在日本所受到的影响带到商务印书馆的教科书编辑中来。

　　《最新教科书》的编辑者除上述几人外，据王云五记载：还"聘有一位日本学者及教育家为顾问，首先取日本的小学教科书，研究其教材"。⑤ 此处所言的"日本学者"和"教育家"指的就是长尾槙太郎、小谷重二人。长尾槙太郎，1888 年东京帝大文科大学古典讲习科毕业后，先后在东京帝大、东京美术学校、第五高等学校、东京高等师范学校任教，后来在文部省专门学务局兼职，小谷重则是日本前文部省图书

① 庄俞：《谈谈我馆编辑教科书的变迁》，《商务印书馆九十年》，商务印书馆，1987，第 68 页。
② 汪家熔：《商务印书馆史及其他——汪家熔出版史研究文集》，中国书籍出版社，1998，第 17 页。
③ 胡适之：《高梦旦先生小传》，《商务印书馆九十年》，第 53 页。
④ 转引自徐冰《中国近代教科书与日本》，《日本学刊》1998 年第 5 期。
⑤ 王云五：《岫庐八十自述》，（台湾）商务印书馆，1967，第 211 页。

审查官；① 因而两人对于教科书的编辑相当熟悉。也正是他们的加入，使得《最新教科书》吸收了日本编辑教科书的经验，一改以往中国教科书编辑的一些缺陷，并在课本中插入了图画，图文并茂，符合了儿童学习的心理，为《最新教科书》的成功作出了重要的贡献。商务印书馆所聘请的日本人，除长尾槇太郎、小谷重外，还有一些，如加藤驹二、小平元等人，他们大多是日本最大教科书出版商之一——金港堂的职员，属于教科书编辑、印刷、销售的专业人士，对于改进商务印书馆教科书起到了重要的作用。与此相应，商务印书馆初期所编的教科书中也不可避免地从体例到内容受到了日式教科书一定程度的影响。

再从资金构成看，1903～1914年间，商务印书馆实质是中日合资企业。商务印书馆的初创资金仅有夏瑞芳和鲍咸恩兄弟等人拼凑的3750元，相对于同期文明书局来说，资金甚少。1903年，日本金港堂的原亮三郎、山本条太郎等携巨资来上海，试图在华经营印刷和出版业。夏瑞芳"念我国之印刷术及编辑上之经验，皆甚幼稚，非利用外资，兼取法其经验不可，遂与订约合资，改商务印书馆为有限公司，华股日股各半，而用人行政权，悉归本国人，并遵守我国商律"。② 由此商务印书馆成为中日合资企业。有了日资的注入，商务印书馆不但获得了充裕的发展资金，而且也得到了日本的技术支持。高凤池就坦承："自从与日人合股后，于印刷技术方面，确得到不少的帮助。关于照相落石、图版雕刻——铜版雕刻、黄杨木雕等——五色彩印，日本都有技师派来传授。从此凡以前本馆所没有的，现在都有了。"③ 正是日本资金与技术的支持，使得商务印书馆发展很快，到了1914年，商务印书馆资金由最初的3750元增至50万元，日人所占股份为四分之一。这一资金结构直到1914年商务印书馆收回日股为止。

由此我们可以发现，商务印书馆在1903～1914年间，从编辑到资

---

① 汪家熔：《商务印书馆史及其他——汪家熔出版史研究文集》，第15页。另《最新国文教科书》（第一册）的封面上也印有"日本前高等师范学校教授长尾槇太郎、日本前文部省图书审查官小谷重校订"的字样。
② 蒋维乔：《夏君瑞芳事略》，《商务印书馆九十年》，第4页。
③ 高凤池：《本馆创业史》，《商务印书馆九十五年》，第8～9页。

金都有日本人的直接参与，而这些因素使得它很容易就吸收了日本教科书的编辑经验，影响其所编的教科书。日本与中国教科书编辑的关联之深也可见一斑。

综上所述，因为新式教科书的知识构成中本身就包含日本知识的部分，加上中国教科书的最初编辑受日本影响甚深，所以相关的日本知识在教科书中都有体现。随着这些教科书的传播，日本知识也进入了中国的各级课堂。教科书成为国人认识日本的另一独特媒介，塑造了受新式教育者最初的对日印象。但国人对新式教科书的期望并不止于此，国人也试图借助教科书来塑造新国民，灌输民族、国家观念。这一正当的爱国教育途径，却让日本从中看到了排日思想宣传的危险，于是引发了中日之间最初的教科书交涉事件。教科书的编撰也与外交纠缠到了一起。

二　爱国与排日：民初的教科书事件

正如有研究者所指出的那样："自孔子的时代以来，中华文化便将教育视为改造个人、社会与政治最有效的方式。"① 所以，新式教科书并不仅仅是传播新式知识的载体，也是社会、国家改造个人，培育民族、国家观念的工具。换言之，中国近代教科书所承载的内容自始至终都同国家、时代的背景联系在一起，而并不是编辑者个人所能决定的。一方面，从清末到民国，教科书的审定制度使得国家能合法地干涉、参与教科书的编辑，将国家的意志传递给新式教育的受众。另一方面，民营教科书的编辑制度使得民间社会的代表之一——出版社也能在教科书中加入民间社会的声音。

政府第一次大规模直接干涉教科书的编辑出版是在 1902 年，也就是"壬寅学制"的颁布，但该学制未及实行，就被 1904 年的"癸卯学制"所取代。在"癸卯学制"中，清政府具体规定了教育的宗旨是"忠君、尊孔、尚公、尚武、尚实"。自此以后，为通过学部的审定，

---

① Joan Judge：《改造国家——晚清的教科书与国民读本》，孙慧敏译，《新史学》第十二卷第二期。

教科书的编辑必须围绕这一宗旨展开。若所编教科书不符这一宗旨则会遭到学部驳斥，甚至被禁。商务印书馆出版的《国史初级教科书》，文明书局出版的《中等东洋史》、《高等小学国史教科书》就因"直书我太祖庙讳"，不符"忠君"的宗旨而遭禁购。①

辛亥革命后，共和建立，民国政府宣布"注重道德教育，以实利教育、军国民教育辅之，更以美感教育完成其道德"为其教育宗旨②，并规定"凡各种教科书，务合乎共和民国宗旨，清学部颁行之教科书，一律禁用"。③随之，教科书从内容到主旨都发生了相应的变化，以适应政府培育共和国新国民的要求。商务印书馆就在民国建立后，迅速推出"共和国教科书"，并表示"民国成立，数千年专制政体，一跃而成世界最高尚、最完美之共和国。政体既已革新，而为教育之根本之教科书，亦不能不随之转移以应时势之需要"，"本馆即将旧有各书，遵照教育部通令大加改编，凡与前清有关者，悉数删除，并于封面特加订正为'中华民国'字样"，"博采世界最新主义，期以养成共和国民之人格"。④

由此可见，清末民初教科书的内容极大程度随国家意志而转移，在清末以"忠君、尊孔、尚公、尚武、尚实"为依归，在民国则以培育共和国新国民为目的。

当然因为编辑教科书的主体毕竟是民营出版社，它们对于教科书的编撰也有自己的一定思考，所以对于国家的意志并不完全遵循。特别是在清末革命形势高涨的情形下，一些知识精英对教科书的诉求与清政府有极大的不同，甚至对立。清政府是试图通过教科书培养忠君爱国的臣民。而不少已接受民主共和理念的知识精英们，主要是留日学生，他们编辑教科书，在救亡的背景下鼓吹的是爱国主义，在革命的语境下侧重

---

① 《请通饬禁购三种历史教科书禀》，胡珠生编《宋恕集》上册，中华书局，1993，第390页。

② 《教育部公布教育宗旨令》，《中华民国史档案资料汇编·第三辑》（教育），第22页。

③ 璩鑫圭、唐良炎编《中国近代教育史资料汇编·学制演变》，第597页。

④ 《商务印书馆新编共和国教科书说明》，陈学恂主编《中国近代教育史教学参考资料》（中册），人民教育出版社，1986，第422～423页。

的是"民族"主义。对于前者清政府与知识精英们有着一致性。如1903年商务印书馆所编的《中国历史教科书》就是为了"养其爱国保种之精神"。① 对应的，在修身、国文等教科书中也常有爱国的编目。但对于后者，知识精英们的民族主义反对的就是清政府。东新译社就宣称他们编辑教科书是"痛国家之衰革，愤种族之犬羊，忾然创办东新译社，就我国之性质上习惯上编辑中学校各种教科书，熔铸他人之材料，而发挥自己之理想，以激动爱国精神，孕育种族主义为坚确不拔之宗旨"。② 所谓"种族主义"其实就是针对满清朝廷而言。宋恕1905年时也注意到："上海新出编译各书，宗旨极杂。其中历史一门，最多趋重民族主义，甚或显露革命排满之逆意。"③ 教科书无形中也成为革命者与清政府互相争斗的场域所在。

尽管政府与民间对于教科书编辑的侧重点或有不同，但宣扬爱国主义则是双方一致的，这也是清末民初教科书一以贯之的宗旨。事实上，在近代以来，建立民族国家就是整个中国社会共同致力的目标，即便是清政府也曾做过种种努力。教科书对爱国主义的宣扬实质就是这一"民族国家"话语的文本体现。教科书宣扬爱国主义的方式不一，但值得注意的有两种取向：一是强调本国、本民族的光荣，以激发人们对国家、民族的自豪感。如《共和国教科书新国文》就强调要"表章中华固有之国粹，以启发国民之爱国心"④，后来柳诒徵也主张"欲求民族复兴之路，必须认清吾民族何时为最兴盛"⑤，都是要从中国往日的荣耀中来寻求国人对国家、民族的认同。二是叙述外国对本国的侵略，特别是近代中国的屈辱史，来激发国人的同仇敌忾，加强本国、本民族的凝聚力和认同感。这点在救亡图存的时代语境下，表现得更为突出。不少历史教科书不但"于琉球、台湾、朝鲜之割据并吞，言之尤详"，而且明确要求"教员讲授时，得历数祖国丧权失地之实迹，俾一般学子，

---

① 《序》，《中国历史教科书》，商务印书馆，1903。
② 《东新译社开办之原由及其特质》，横阳翼人氏：《中国历史》（上）书后附页，东新译社，1903。
③ 《吴守呈禀及批件批文》，胡珠生编《宋恕集》上册，第393页。
④ 《编辑大意》，庄俞、沈颐：《共和国教科书新国文》第1册，1914，第1页。
⑤ 柳诒徵：《从历史上求民族复兴之路》，《国风》第5卷第1期。

油然生其爱国心焉"。① 地理教科书也表示："本国东北、西北、西南等处，强邻逼处，时起交涉。本书皆据实叙述，俾学者知国步之现状，而激发其爱国心……本国原有领土之割让者，以及租借与外人者，本书必追叙情形，以儆学者。"② 近代中华民族的丧权失地经过教科书的文本化，成为培育、激发学生爱国主义的教育资源。

正是在这一编辑策略的考虑下，鸦片战争被日益突出出来，标志着中国近代史的开端。③ 两次鸦片战争、中法战争、中日战争、义和团运动、日俄战争也构成了近代中国屈辱史的事件序列，成为清末历史的叙述框架。教科书在这一屈辱史叙述的背后，是对国耻的强调。如《最新国文教科书》在谈到天津时，就指出："自庚子之役，八国联军首据其地（天津）。及议和时，反我侵地，然炮台城垣悉已毁坏，且订约不得修筑。殊可耻也。"④ 前引《蒙学中国历史教科书》也表明"近代以来，欧西各国，潜谋侵夺，各据要害，租借为名，港场尽失。是编自春秋战国，迄最近形势，各附地图，详细指示，以识古来并合之由，以起近今丧亡之痛。长学识，雪国耻"。⑤ 到 1910 年甚至有学者就直接提议将"叙亡国之惨状，记历年之国耻，重武备，兴实业"作为全国教科书的编辑宗旨。⑥ 国耻的叙述成为教科书激发学生爱国主义情感的重要途径，中国民族国家的认同也一定程度上在这一国耻话语中得以形成。

在这一叙述背景下，日本对中国的侵略也自然被纳入了进来。明代的倭寇，近代日本侵略台湾、吞并琉球，甲午战争，日俄战争以及"二十一条"交涉，都成为中国教科书内容的一部分，不但历史、地理教科书中常有记载，国文、修身等教科书中也时有叙述。以 1904 年姚祖义所编《最新中国历史教科书》为例，其中就包括明与日本构兵、

---

① 《编辑大意》，李秉钧：《新制东亚各国史教本》，中华书局，1914，第 2 页。

② 《编辑大意》，谢观：《共和国教科书本国地理》卷上，商务印书馆，1925，第 3 页。

③ 关于鸦片战争在近代教科书中地位的变化，可参看刘超《鸦片战争与中国近代史研究——以清末民国时期中国历史教科书为中心》，《学术月刊》2007 年第 6 期。

④ 《天津》，《最新国文教科书》第六册第 45 课，商务印书馆，1905。

⑤ 《编辑大意》，丁宝书：《蒙学中国历史教科书》，文明书局，1906，第 1~2 页。

⑥ 潘树声：《教科书与教育进化之关系》，《教育杂志》第 2 卷第 5 期。

中日交涉、朝鲜内乱、中日构兵、马关订约、割让台湾等编目。① 《最新中学教科书瀛寰全志》在记叙中国东北地理时，也不忘指明"有鸭绿江与高丽为界，甲午之役，我国海军与日本大战于其口外，即大东沟也"，在论及朝鲜时也指出"（朝鲜）向归我国保护，近称独立，然自日俄战后，又改为日本之保护国"。② 随着日本侵华事件不断增加，这一叙述也不断延伸。日俄战争、安奉铁路、"二十一条"这些新发生的侵华事件也很快进入教科书的记叙范围。1916 年《新式修身教科书》中就出现"最近之中日新约，日本以哀的美敦书，迫我承认"的记载③，此处所言的"中日新约"指的就是日本 1915 年所提出的"二十一条"。而这些日本侵华记叙的话语指向就是中国国耻，认为"吉林商埠甚多，大都成于中日战后，于国耻纪念颇有关系"④，"日本之筑安奉铁道，未经中国允许，自由行动者也。其蔑视我国实甚。外交家当引以为耻"⑤。最让国人痛心疾首的就是日本割占台湾，认为："吾国失地之历史亦多矣，而其最可痛、最可惜者，尤莫如台湾"，并把割台之"痛"形象化为"剥床之痛，既已及肤，覆车不戒，能无噬脐"。⑥ 对日本侵华史的这一国耻化叙述，成为中国爱国教育的一部分。但中国教科书的这一国耻记叙，却被日本解读为"排日"教育，日本向中国政府提出了严厉的交涉，从而引发了近代中日两国最初的教科书事件。

　　民国初年，中日关于教科书的交涉有两次。⑦ 第一次为 1914 年发

①　姚祖义：《最新中国历史教科书（高等小学用）》第四册，商务印书馆，1904。

②　谢洪赉：《最新中学教科书瀛寰全志》，商务印书馆，1906，第 79、146 页。

③　《明国耻》，《新式修身教科书》第六册，中华书局，1916，第 9 页。

④　许国英：《新地理教授法》第 1 册，商务印书馆，1913，第 28～29 页。

⑤　许国英：《新地理教授法》第 4 册，商务印书馆，1913，第 27 页。

⑥　吕思勉编《新式地理教授书》第 4 册，中华书局，1916 年初版，1921 年第 8 版，第 40 页。

⑦　关于这两次教科书交涉，学术界的研究并不多，只有徐冰的《中国近代教科书与日本》（《日本学刊》1998 年第 5 期）、《1914 年中日教科书纠纷论考》（《日本学论坛》1999 年第 1 期）、《民国时期中日教科书纠纷考略》（《日本学刊》2001 年第 2 期）、《五四运动时期中日教科书纠纷考略》（《日语学习与研究》2006 年第 4 期）与周其厚的《论民国中华书局教科书与日本的纷争——兼评日本〈新历史教科书〉》（《山东科技大学学报（社会科学版）》2005 年第 2 期）等数篇论文。两者都对 20 年代中日教科书的交涉作了一个大致的梳理，理清了两次交涉的基本史实，但探讨的主题仍只局限于教科书交涉本身。

生的教科书交涉事件，起因是邵伯棠编辑，蔡东藩修撰，上海会文堂出版的《高等小学论说文范》。第二次是 1918 年底，起因是中华书局的《新式教科书》。

1914 年 9 月 13 日《东京日日新闻》登载评论，题为《抗议支那政府——灭绝充满排日文字的支那教科书》，指称中国教科书《高等小学论说文范》"充斥排日之激烈文字，辱日之痛切言辞，欲使中国小国民与其父兄同样，培养以日本为敌国之精神"，"有违国际礼仪"，"可形成日中交战之原因与动机，酿远东战事、违和平人道"，因而建议日本政府"直接抗议中国政府，铲除此等教科书，方可端正中国排日方针以示亲日之诚意也"。① 随后，日本驻华公使日置益于 9 月 26 日向中国教育部提出抗议，认为邵伯棠编著的《高等小学论说文范》一书，载有"种种诡激文字，挑发恶感，鼓吹排日思想等语"，"于贵国一般心理鼓吹排日思想之深切，实有不堪设想者矣"，要求中国教育部应"有相当之措置，以善其后者也"。接获日本方面的照会后，时任教育总长的汤化龙，对于日本的要求予以反驳。首先，汤认为此书未经教育部审定，为一私人著述，"各学校自不得采用"，且邵氏已病故，"民国法律，许人民以出版自由之权，此次翻版，与法律并不抵触"。其次，故意承认该书"文字粗劣，毫无价值可言"，言外之意，日本为这样一本书籍大可不必做如此举动。最后，话锋一转，认为即便该书有"偏激夸诞之处"，也"恰似贵国学者所著亚东之霸权一书，抑或为此等书籍言论之反响，亦未可知"，故而要求日本政府"将支那分割之运命等诸种言论，善为取缔，则传话机之滥语既无，受话机之反响自寂"。当然面对日本的咄咄逼人，汤化龙也承诺"面饬本部学员至各省调查学务时，如见有学校采用此书者随时禁止"。② 汤化龙这一对日回应，虽最终也是作出了妥协让步，但一定程度上维护了中国教科书的出版自由和爱国的正当性，并通过提出反要求，与日本针锋相对。

---

① 《抗议支那政府——灭绝充满排日文字的支那教科书》，《东京日日新闻》1914 年 9 月 13 日；转引自徐冰《民国时期中日教科书纠纷考略》，《日本学刊》2001 年第 2 期。
② 《记事·学事一束》，《教育杂志》1914 年第 8 号，第 72 ~ 73 页。

与汤化龙的意见不同，当时外交部却认为"民国成立以来，向以亲仁善邻为政策。小学教科书，系国民教育根本，正宜纳诸正轨，养成任重致远之人才，岂容以排斥友邦之学说，鼓吹青年，致启学校虚憍之风，而失政府敦睦邦交之旨"，因而呈请总统下令禁止。① 从外交部这一意见可以发现，其所关注点在对日交涉上，重在维系"敦睦邦交之旨"。这与教育部的着眼点是有所差异的。当时人对于此点也有所觉察，指出"教育部当以教科书之检查属于内政问题，原不容外人，且著述自由载在约法，亦决不能因外人一言而可禁止出版，若为邦交起见，则以后对于教科书之检阅，自当特别注意"，而"今外交部之呈请，乃未先与教育部商量"，有"启外人干涉内政之渐"。② 当然教育部与外交部因各自职权不同，有此分歧，也属正常；且当时的外交形势，也使得外交部不可能在此小问题上对对日关系再生枝节。

1914 年 8 月日本对德宣战，将谋夺青岛、胶济铁路等德国在华权益，作为自己下一步侵华目标。因而日本在对德开战后就一再扩大战区，无视中国中立，并于 9 月 26 日占领潍县车站，有一举攫取胶济铁路的企图。面对日本这一企图，中国政府只能一再抗议。就在 9 月 26 日日本提交对华教科书交涉的同时，中国外交部也向日本驻华公使提交了一份照会，指责日军占领潍县车站。③ 在这一背景下，中国对日交涉的重点自然放在限制日军在山东的行动上，将防范日本对山东的侵占作为外交工作的一个中心，故对教科书交涉这一枝节问题自不愿坚持。于是 10 月 2 日袁世凯接受外交部的呈请，"申令查禁教科书"，并"著教育部详细审查，遇有前项文义，驳令修正，并行各省巡按使通饬所属严行查禁，毋得稍涉疏忽"。④ 教育部尽管对此仍有异议，但在袁世凯和外交部的压力下，只得于 10 月 12 日"饬知本部编审员，遇有立言诡激之教科书，驳令修正，并饬部派视学员随时禁止，以杜流弊"。⑤ 但从

---

① 《记事·大事记》，《教育杂志》1914 年第 8 号，第 69 页。
② 《北京新谈会》，《申报》1914 年 10 月 12 日。
③ 王芸生：《六十年来中国与日本》第 6 卷，第 53 页。
④ 《记事·大事记》，《教育杂志》1914 年第 8 号。
⑤ 《记事·大事记》，《教育杂志》1914 年第 9 号。

后续情况来看，教育部对此查禁并不上心，甚至故意纵容，所以直到1930 年，邵著《高等小学论说文范》仍在出版，且已刊行 109 版，"堪称高小课文出版发行之最"。[1]

　　若就日本方面观察，虽说此时提出教科书交涉有一定偶然性，但如其自言《高等小学论说文范》在武昌起义前即已出版，日本却在该书出版数年后，才提出抗议，而且恰选在"二十一条"提出之前、中日山东问题正在酝酿的敏感时段，这不能不让人生疑。再排列 1914 年的史实，就会发现，尽管日本向中国提出"二十一条"是在 1915 年 1月，但在此之前日本从军部到民间的黑龙会都已开始讨论对山东的处置问题及"二十一条"[2]，并开始设想中国方面可能的反应。驻日公使日置益就曾预计：日本提出要求后，中国方面将会利用舆论"进行排斥运动以及挑起极端排日热潮"，而这将会使"两国关系及国民感情发生纠纷，甚至可能造成进退维谷不可收拾局面"。[3] 中国民众的排日成为日本方面不得不预为考虑的一个因素。当然，日置益此言是在教科书交涉之后，但也可窥见日本方面对于中国的排日极为留心。换言之，日本恰在"二十一条"正式提出前，抛出了中国教科书的排日问题，也不无试探中国政府对于排日的态度、提前打压中国民众排日思想的企图，为后续举措做一布局。

　　那么《高等小学论说文范》被日本人指为排日的具体内容有哪些呢？从《东京日日新闻》的报道来看，主要有如下两段："在《日记》题下，有'愤日人并吞朝鲜之野心勃勃，思有以创之'之描述。而尤以《民气说》中一节为最：'彼区区之岛国，犹时存一席卷神州之野心者，异日，吾国自强，将粪除彼土，以为吾族之公园而已。'"[4] 若联系

① 王志会：《民国版小学自修课本范本》，《辽西商报》2006 年 9 月 5 日。
② 关于对二十一条决策形成过程的研究，参见俞辛焞《辛亥革命时期中日外交史》，天津人民出版社，2000。
③ 日置益撰，周振清译，王振锁校《关于对中国提出要求之拙见》，中国社会科学院近代史研究所近代史资料编辑组编《近代史资料》第 48 期，中国社会科学出版社，1982，第 136 页。
④ 《抗议支那政府——灭绝充满排日文字的支那教科书》，《东京日日新闻》1914 年 9月 13 日；转引自徐冰《民国时期中日教科书纠纷考略》，《日本学刊》2001 年第 2期。

邵伯棠"发爱国思想，播良善种子"的编书宗旨①，就会发现这只是中国进行爱国主义教育的一个具体表现，并没有特意倡导"排日"之意。前一段其实就是关于日本吞并朝鲜的一个国耻表述，后一段虽语气稍过，但主要还是从雪耻的角度出发，激发学生对"吾国自强"的期待。再对照《高等小学论说文范》其他对日本的描述，也可印证编者对日本并不敌视。如在《尚民气》中，就认为"日本岛国也，其人民之侠者，则以武士道自夸也"。② 在《贵土货贱洋货议》中也记载："凡人之爱其国者，未有不爱其国所产之货者也。……日本人之爱国也，凡一切食用服御，亦无非日货也。"③ 这些描述实将日本视为中国学习的榜样，何来敌视之意。日本方面只据只言片语就断言该书"排日"，只能说过于敏感；且由此推断"可形成日中交战之原因与动机，酿远东战事"，更是因果颠倒。若没有日本侵华事件的发生，哪有中国教科书关于此类的记载；不反省自身政府对中国的侵略政策，却将侵略的原因强加到中国的爱国教育身上，只能说"欲加之罪，何患无辞"。

1918 年的中日教科书交涉也类似于此。1916 年中华书局出版了《国民学校用新式国文教科书》。该教科书秉承发扬爱国精神的编辑宗旨，在书中记载了不少国耻教育的内容。如在国文教科书第八册"日本"一课中指出，日本"自明治维新以来，国势骤盛。县我琉球，割我台湾，租我旅大，吞并朝鲜，殖民于奉天吉林，扩张航业商务于我国内地。……我国以力弱未可与战，乃隐忍承认之。夫日本以弹丸之国，朝野上下，并力经营，日以我国为的，伺隙而动，盖利我之弱耳。我国之人，苟能自强，则国耻有时而雪，国威有时而张，愿国人毋自馁也"。第六册更以"明国耻"为题，记载"他若最近之中日新约，日本以哀的美敦书迫我承认，尤为可耻之甚者"。④

正是这些激发国人爱国意识的篇章，引发了中日之间的第二次教科书交涉。1918 年底日本驻福州领事看到此书，致函驻华日使林权助，

① 《跋》，邵伯棠：《高等小学论说文范》卷一，上海会文堂，1913。
② 邵伯棠：《高等小学论说文范》卷一，上海会文堂，1913，第 8 页。
③ 邵伯棠：《高等小学论说文范》卷二，上海会文堂，1913，第 23 页。
④ 中华书局编辑所：《新式教科书与日本》，《中华教育界》1919 年第 1 期。

要求向中国交涉。林权助认为此书"煽动反日情绪"，"不仅妨碍两国国交，而且可能给将来的两国关系带来严重后果"，要求中方加以修改。外交部接到日本的照会后，授意教育部进行妥善处理。但是此书既为教育部审核通过，而且"部章以提倡国民爱国心为主旨，揭示国耻，俾资激励，亦提倡之一端"，因此，教育部在致中华书局的公函中称"查阅附件所开各节，固为激励国民起见，但措辞稍欠含蓄，未免滋人口实"，要求"该教科书措辞能稍为含蓄，亦为修辞上应行注意之处。自宜再加斟酌，俾得益臻妥善"。对于教育部的这一要求，中华书局允诺"嗣后对于修辞上遵加注意"，但对于日领的干涉，中华书局担心一方面"有损于本局之营业"，另一方面恐"使全国青年学子，从此遂忘国耻"，所以并不打算删除这些内容。①

　　同前一次对中日教科书交涉的处理相比，后一次中国政府明显态度有所不同。因为在日本"二十一条"提出后，民众排日的情绪日益高涨，不但日本提出最后通牒的 5 月 7 日或袁世凯接受"二十一条"的 5 月 9 日被国人定为了"国耻日"，而且从民众到政府都有强化国耻教育的动议。② 在此情况下，中华书局编入国耻内容，既是延续向来教科书通过国耻记叙来宣扬爱国主义的策略，也是当时社会各界的一致心声。不少国人就曾致函中华书局，希望该书局能"速将教科书改良"，"将国耻编入教科书，以策励国民"；有激烈者甚至"诋毁恐吓，妄求将二十一条解说加入教科书中"。中国政府在此民气高涨的情况下，加之本身也主张"揭示国耻，俾资激励"，所以自然不会冒天下之大不韪，对中华书局所编之教科书强加禁止。但面对日本的抗议，又不能不有所表示，于是就出现了上文所引的那份公函。在此公函中，教育部虽也要求中华书局"措辞能稍为含蓄"，但实质上并未否认该教科书对国耻的记叙，反而对日本方面颇有微词，认为日本"言之过甚"，同时还指出"查国民学校教科书，必有历史的材料。国耻所在，编书者不能自讳。有如日本当美国兵舰强迫开国，及三国干涉退还辽东半岛时，日本即引

---

① 中华书局编辑所：《新式教科书与日本》，《中华教育界》1919 年第 1 期。
② 参见罗志田《乱世潜流：民族主义与民国政治》，上海古籍出版社，2001，第 74 ~ 78 页。

为国耻，编入中小学校教科书，要为自重策自勉之计，并非煽动恶感也"。① 此处对日本事例的引用实质就在反驳日本指责的无理。日本尽管对这一处理意见并不满意，但随着次年五四运动的出现，中日关系更趋紧张，此次教科书的交涉也只能不了了之。

值得注意的是，中国教科书对日本侵华的这些记载，直到此时仍只是列强侵华的一部分，只不过因为日本在 20 世纪侵华日益加剧，才显突出。以《新式修身教科书》中《明国耻》一文为例，该课全文如下②：

> 语云"明耻所以教战"。自中外交通以来，我国之奇耻大辱，悉数之，有更仆不能终者，今姑约举之。
>
> 鸦片之战，苏浙要隘，望风而溃，而鸦片流毒至今未已，可耻一。
>
> 旅顺形势险要，俄守旅顺，日兵苦攻经年而克之。而甲午之战，则一日而拔之。可耻二。
>
> 庚子之役，我民以无意识之排外，致受城下之盟，可耻三。
>
> 日俄之争满洲、朝鲜，日德之争青岛，在我土开战，而我不敢与闻。可耻四。
>
> 他若最近之中日新约，日本以哀的美敦书迫我承认，尤为可耻之甚者。我国民而尚具天良乎，于此而不用吾耻，复恶乎用吾耻。

该课共列举了五个"可耻"，从鸦片战争一直到"二十一条"，构成了一完整的"国耻"谱系。尽管日本在这一国耻谱系中占有重要的位置，五个国耻事件中，涉及日本的有四个，但毕竟并不只针对日本，还包括了"鸦片之战"、"庚子之役"。若再对照教科书对其他国家的描述，则可发现教科书对于各国侵华都有揭露，如认为英国"自与吾国订约通商，取我香港、租我九龙、威海，近又进窥西藏，形势日逼，俨

---

① 中华书局编辑所：《新式教科书与日本》，《中华教育界》1919 年第 1 期。
② 《明国耻》，《新式修身教科书（高等小学校用）》第六册，中华书局，1916，第 8～9 页。

国敌在门"①，法国则是"通商传教，久来吾国，及纪元前二十八年，我师与法战败，越南改隶于法，由是侵掠滇桂沿边，租广州湾，筑滇越铁路，南疆日益多事"②。因而中国教科书在提倡国耻教育的背景下，侧重介绍列强侵华的一面，这只是进行爱国教育的一个环节，日本属于侵华列强中的一员，对其侵华的介绍也属应当，即便对其着墨稍多，也主要因其侵华事件的增多。

因而无论是《高等小学论说文范》，还是中华书局所编的《新式教科书》，它们对于日本侵华的描述，其实都是秉承、延续了国家与时代赋予教科书的宗旨和要求，是宣扬爱国主义、进行国耻教育的具体体现。正如近代中国知识分子们所认识的那样："一部十九世纪史，即所谓民族主义发达史"③，即便进入20世纪，情况依然如此，国际的竞争就是民族国家的竞争。在中国民族危亡日甚一日的情况下，提倡爱国主义，灌输国耻教育，这是中国救亡图存的必然，也是每个近代民族国家整合民族认同、国家认同的常用方式。日本在1890年以天皇名义颁布的《教育敕语》，也将"忠君爱国"、"义勇奉公"作为教育的宗旨，在其教科书中也不乏国耻的记录，培育本国爱国主义、民族主义的一面。但历史的诡异性就在于此，在日本本国教科书中可以通行的做法，到了中国教科书中，则成了"排日"。爱国与排日在中国的教科书中似乎成了一对难以兼容的矛盾。当时人即注意到了此点，认为："对于现行的小学教科书，有两种极矛盾可笑的看法，一方面一部分名流要人，以为小学教科书只是些'鸟言兽语'，没有民族思想，不能养成国民的民族意识。一方面日本人却以为民族思想太浓了，认为是'仇日教育'，逼着中国政府，要求修改小学教科书。"不论中国人还是日本人都对中国的教科书不满意，但一方是要加强爱国主义，一方却要淡化民族主义，两者的出发点截然相反。中国的教科书当然要以中国的民族利益为依归，毕竟"一个民族有一个民族的独立精神跟光荣历史，我们要独立，我们亦是抵抗侵略，并不想侵略人家，我们只是根据历史事实

---

① 《英吉利》，《新制单级国文教科书》（甲编第九册），中华书局，1915，第5页。
② 《法兰西》，《新制单级国文教科书》（乙编第八册），中华书局，1915，第19页。
③ 余一：《民族主义论》，《浙江潮》第1期。

立言，并非虚构叫嚣，如果世界上的公理还没有完全毁灭的话，谁可说我们不应如此呢。"① 通过教科书培育本国国民的爱国主义，这是每个独立的民族国家所应有的教育权力。清末民初教科书中对爱国主义的宣扬，只是履行这一权力而已，并无不当之处。

综上所述，清末民初教科书对日本的记载，也可说成为了中日关系的晴雨表，随着中日关系的时缓时紧，教科书对日内容的记述也表现不同。清末教科书中的日本，多是效仿的对象，表现了进步、积极的一面。随着日本对中国的侵占和掠夺，在民族主义话语建构背景下，发扬爱国主义精神和塑造"国耻"感成为近代国人不能回避的话题。因而，民初教科书中的日本，更多表现为一副侵略者的形象。清末民初教科书对日的不同记载，也表达了国人对日的不同态度和情感，反映了中日关系的走向。

第三节　民众视野下的中日冲突

近代的中日关系史，在更大程度上是一部中日冲突史。从1871年双方建交后，中日的冲突就持续不断，大到两国交战的甲午战争，小到中日教科书的纠纷，即便是在任达所谓的"黄金十年"期间，中日的冲突依旧存在。在这些大大小小的冲突中，中国民众的身影也不时出现，并随着国家观念的强化、中日冲突的增多，介入其中的力度日益加大。但需要注意的是，在不同类型的中日冲突中，民众的关注度、参与度是不一样的。毕竟在中国传统思维中，军国大事是"肉食者谋之"，地方小民对这些大事件既无从参与，也不太关心，他们孜孜以求的只是其所生活的领域、所能掌控的地方空间，只是随着近代国家观念的加强，他们才跨出其狭小的生活世界，关注国家大事。具体到中日冲突中，民众常根据与事件的关联度来决定其在当中的表现。

一　从甲午战争到"二十一条"

甲午战争与"二十一条"无疑是近代中日关系史上具有重大意义

---

① 吴研因：《小学教科书评论》，正中书局，1936，第171页。

的两次大事，但在这两次事件中，民众的表现却有所差异。

甲午战争可以说是近代中日两国第一次大规模的战争较量，甲午战败的结局更一定程度奠定了未来半个世纪的中日格局。对于这样一个转折性的关键事件，中国精英们表现了极大的关注，战败的冲击更直接成为他们思想迅速转变的关键点。① 在甲午战前，无论朝野都没有想到中国会败给"蕞尔小国"日本。作为局外人的赫德就观察到，"现在中国除了千分之一的极少数人以外，其余九百九十人都相信大中国可以打败小日本"。② 一些国人甚至乐观地认为：中国正可趁机"大创之，乃可一劳而永逸。取威定霸，在此一举，时机弗可失也"。③ 在朝堂之中，持此种论调的也不乏其人。翰林院编修曾广钧就认为："日本国贫兵弱，水师远不及中国。"④ 御史庞鸿书也指出：虽然中国"海防军务事事效法西人，而仅得其粗，然不能取胜于西洋各国，未必不能取胜于日本"，"日本蕞尔小国，近年以来，诸事张皇，国帑久虚，必不能与我日久争持"。⑤ 直到平壤战役前夕，作为朝廷重臣的刘坤一仍然认为：日本"数百年来，从未经临大敌，既使器精艺熟，徒饰外观。且其兵多系抽调而来，是驱井市之徒以犯锋摘，金鼓一震，心胆皆寒，安能当我百战劲旅"。⑥

但战争的结局，恰好相反，中国不仅战败，还要割地赔款。战前期望与战后结局的巨大反差，加上此次是败于向来不被重视的日本之手，使得精英们经受了一次前所未有的刺激与煎熬。就在《马关条约》签订的第二天，郑孝胥在日记中写下了："闻之（和约）心胆欲腐，举朝

① 关于甲午战争对中国精英们的触动，可详见葛兆光《1895年的中国：思想史上的象征意义》，《开放时代》2001年第1期。
② 中国近代经济史资料丛刊编辑委员会编《中国海关与中日战争》，中华书局，1983，第50页。
③ 《论日本情见势绌中国宜乘机制胜》，《申报》1894年8月24日。
④ 《编修曾广钧为统筹全局集中全力击败日本敬陈方略七条呈》，戚其章主编《中国近代史资料丛刊续编·中日战争》第1册，中华书局，1989，第16页。
⑤ 《御史庞鸿书奏为朝鲜不可弃应集兵直捣日军折》，戚其章主编《中国近代史资料丛刊续编·中日战争》第1册，第24页。
⑥ 《南洋大臣刘坤一奏为中日既经开战不宜轻与议和折》，戚其章主编《中国近代史资料丛刊续编·中日战争》第1册，第205～206页。

皆亡国之臣，天下事岂复可问？惨哉！"① 蔡元培在得知和约后，也发出了"（此）可为痛哭流涕长太息者也"的感叹。② 即便是属于庸碌之辈的那桐也用了"可叹之至"来描述其听到和约后的心态。③ 其实中国在近代的战败并不只此一次，但在此之前能给精英们留下如此深刻刺激的却绝无仅有。

刺激过后，则是反思：为何中国会沦落至此，为何中国会战败。包天笑就回忆：甲午战败后，就是那些"向来莫谈国事的"读书人，"也要与闻时事"，也要思考"为什么人家比我强，而我们比人弱？为什么被挫于一个小小日本国呢？"④ 这一疑问也成为当时中国精英们共同的追问。对此的回答，当然不一而足。一部分精英们，选择了维新变法，成为维新人士；一部分精英则在"辱国丧师，剪藩压境，堂堂华夏不齿于邻邦，文物冠裳被轻于异族。有志之士，能无抚膺"的悲愤中⑤，走向了革命，决定以武力推翻清政府。但无论是变法还是革命，求变是每个精英在甲午战后的共同心态。因而葛兆光认为"1895 年，是中国思想史的一个转折点"，是成立的。

但精英们的转向，并不代表民众也随之发生了思想变化。事实上民众对于甲午战败的感受并不一致。

一方面，因为地域的差异，各地民众感知甲午影响的力度不一。东北、山东、台湾等甲午交战或割让之区，受日本危害最烈，故当地民众感触最深。1894 年 10 月以后，中日战事就已转移至中国境内。交战区的中国民众也直接受到日军的蹂躏，日军烧杀抢掠、奸淫偷盗，无恶不作。旅顺大屠杀更凸显了日本是"披着文明的外衣，实际是长着野蛮筋骨的怪兽"。⑥ 此次惨绝人寰的大屠杀，遇害的绝大部分都是手无寸

---

① 郑孝胥著，劳祖德整理：《郑孝胥日记》第 1 册，第 482 页。
② 中国蔡元培研究会编《蔡元培全集》第 15 卷，第 59 页。
③ 北京市档案馆编《那桐日记》（上册），新华出版社，2006，第 174 页。
④ 包天笑：《钏影楼回忆录》，第 145 页。
⑤ 孙中山：《檀香山兴中会章程》，广东省社会科学院历史研究室、中国社会科学院近代史研究所中华民国史研究室、中山大学历史系孙中山研究室合编《孙中山全集》第 1 册，中华书局，1981，第 19 页。
⑥ 转引自戚其章《甲午战争史》，人民出版社，1990，第 235 页。

铁的无辜民众。四天大屠杀，消逝的绝不仅是一万八千余名旅顺民众的冤魂，也抹去了幸存者对于日本仅有的一点幻想。家仇国恨，成为旅顺民众对于甲午的最深记忆。即使是事隔数十年后，旅顺的幸存者对此还心有余悸，表示"永远忘不了日本鬼子杀害中国人民的罪行"。① 在山东，日军的暴行同样在上演，"操戈入室，持刀登堂，拆毁我房屋，搜取我衣裳，糟蹋我黍稷稻粱，屠杀我鸡犬牛羊"，民众或试图"执笔以应对"，或"协力以扶匡"，但都"欲救祸而反遭奇祸，欲消殃而反罹凶殃"。② 日军的凶残激起了东北、山东一些地区民众的反抗。如山东长峰村的民众就提出了"进村就赶，进家就打"的口号，自发地对日军进行了斗争。③ 但民众对日本入侵表现最为激烈的是在台湾。当《马关条约》签订后，台湾被割让给了日本，台湾民众切实感受到了亡国之痛。在台湾官员内渡后，台湾民众肩负起抗击日军的重担。据《台湾战纪》记载，"民主唐景崧一去，散军、民军血战者六月。提督刘永福再去，民众、土匪血战者五阅年"④，给予日军沉重的打击。

值得注意的是，上述地区的民众在感受日本侵略切肤之痛的同时，并没有转而对清政府抱有更高的期待。原因在于，在东北、山东交战区，作为保境安民、抗击外敌的清军，给民众的感受，却与日军类似，扰民更多于护民。如在辽阳，徐庆璋就注意到，"贼未至而兵先扰，民何以安？"而这些扰民的官军除了一些逃兵、溃兵外，竟然还有一些是因为"似兵队怕赴防所，欲借滋事撤回。此等兵丁，无益于军，有害于民"。⑤ 官兵扰民的现象应该不止辽阳一地。当时在华的外国人也观察到，"靠近（清朝）军队行军路线的村落，都荒废了。因为能抢走的已抢走了，剩下不能抢走的妇人、小孩同家畜全躲开了，田地里的工作

① 苏万君等：《旅顺大屠杀见闻》，中国人民政治协商会议辽宁省大连市委员会文史资料研究委员会编印：《大连文史资料·甲午战争在大连专辑》第4辑，1986，第62页。
② 戚其章编《中国近代史资料丛刊续编·中日战争》第6册，第251页。
③ 转引自戚其章《甲午战争史》，第412页。
④ 洪弃父：《台湾战纪》，中国史学会编《中国近代史资料丛刊·中日战争》第6册，第331页。
⑤ 戚其章编《中国近代史资料丛刊续编·中日战争》第6册，第259页。

也停止了。大一点的客店都被兵士强占了"。① 正因官军如此表现，所以虽在本国境内作战，却出现了"前敌食无所出，不待寇至，将自乱矣"② 的隐忧，民众对于官军避而远之的态度也由此可见。至于台湾，因为是被清政府割让的，所以民众对此也不无怨言，表示"弃民者民亦弃之"。③ 而且就在台湾民众浴血奋战之时，清政府不仅不予以接济，反而一再电令沿海各督抚"饬查各海口究竟有无私运军械勇丁之事，设法禁止，免滋口实"。④ 此种作为，当然难以让台湾民众对清政府加以认同。因而从某种程度而言，此时东北、山东、台湾等地民众对日本的自发抵抗，保家大于卫国。

与上述地区不同的是，江南内地等远离战火之区的民众，对于甲午战败的感觉则更为陌生。如前章所述，一些内地省份的乡间，如"邵阳乡下的老百姓若干年后才知道中日之间发生了战争"⑤。这主要因为当时信息传递方式的局限，而且即便一些偏远地区的民众得知了甲午战事的消息，可能更多的还是谣传。山西民间就曾流传关于甲午战事的"军情报单"，上面居然言之凿凿地声称刘永福伏兵设计杀敌二万余，并活捉了"倭国大太子"，英国也派兵助日作战而被打败。⑥ 此类谣传在内地各省民众中流传很广。如此讳败为胜的甲午信息，民众即使得知，相信助长的还是以前那种视日本为"蕞尔小国"的天朝心态，并不会使民众的日本认识有质的改变。

当然上海、江浙等沿海省份因不同于内地那么消息闭塞，且有新式报刊作为传媒手段，所以民众理应对甲午战事比较了解，但他们的对日观感并未因中日交战而逆转。一个突出的表现就是，苏杭民众对于当地开辟日租界的态度。《马关条约》及稍后签订的《公立文凭》都有日本

---

① 戚其章编《中国近代史资料丛刊续编·中日战争》第 6 册，第 357～358 页。
② 戚其章编《中国近代史资料丛刊续编·中日战争》第 6 册，第 259 页。
③ 洪弃父：《台湾战纪》，中国史学会编《中国近代史资料丛刊·中日战争》第 6 册，第 331 页。
④ 《总署来电》，苑书义主编《张之洞全集》第 3 册，第 2070～2071 页。
⑤ 蒋廷黻：《蒋廷黻回忆录》，岳麓书社，2003，第 10 页。
⑥ 转引自张鸣《乡土心路八十年——中国近代化过程中农民意识的变迁》，上海三联书店，1997，第 134 页。

在中国开辟租界的相应条款。日本据此准备在苏州、杭州开辟租界。苏杭民众应该在 1895 年 9 月就已得知这一消息，于是出现了在拟划为租界的区域进行囤地居奇的现象。最早是在苏州，民众因得知"苏垣商埠已准开办"，所以租界所在地——盘门外的地价"陡昂"，"业主无不据为奇货，较平时十倍之而犹若不足也"。① 随后，杭州民众也开始了圈地行动，日本在杭租界拟设在"大关拱宸桥外"，因而"该处田地早有绅商富户预为购置，以为居奇之计"，不仅租界内早有人预购，就是"（临近的）界外之地，亦顿昂贵，买者纷纷"。② 苏杭民众的这一行为反映出他们对于日本苏杭租界的开辟并不反对，反而因有利可图而趋之若鹜。若联系此时张之洞等地方官员对于日租界开辟的态度就可发现，张氏等地方官与民众的态度截然不同，他们出于"争得一分，即有一分之益"的维护国家权益的考虑，采取了层层抵制的策略。再对照数十年前，广州民众因为外国人进城的问题还掀起了绝大风潮，这不能不让人感慨：苏杭民众的这一举动究竟是时代的进步还是爱国心的退化？但不管如何，苏杭民众在甲午战败后，对日本的观感并没有根本改变，由此可见。

之所以江南、内地民众的态度如此，主要因为地域空间的关系，对他们而言，甲午战争毕竟太过遥远，他们无法像东北、山东、台湾等处的民众一样，亲眼目睹、切身感受日本的侵略，所以自然也不会出现战后对日认识的改变。

另外，国家观念的淡薄，使得普通民众无法将国家的荣辱同其私人密切地联系到一起。众所周知，中国传统社会成员分为"士农工商"。除了士子们向来抱有"天下兴亡，匹夫有责"的观念外，"农工商"三个阶层很难说有比较强烈的政治诉求。中国传统的家国一体，更使得国家几乎成为皇家私有，皇帝则成为国家的具体代表。在这种观念的支配下，普通民众虽可通过儒家伦理保持有限的对朝廷的忠诚，但很难将个体融入国家命运当中，所以才有了"天高皇帝远"的俗语。具体到甲

---

① 《商埠将开》，《申报》1895 年 9 月 19 日。
② 《买地传闻》，《申报》1895 年 9 月 23 日。

午战争中，就可发现本为两个国家的战争，却成了清政府对日的单方面行为，作为国民的普通民众参与有限。

其实何止是民众参与不多，就是对于作为一个整体的清政府而言，卷入战争的也只是其中的一部分。故而梁启超会认为，"日本非与中国战，实与李鸿章一人战耳"，"不见乎各省大吏；徒知画疆自守，视此事若专为直隶满洲之私事者然，其有筹一饷出一旅以相急难者乎"，甚至出现了"刘公岛降舰之役，当事者致书日军，求放还广丙一舰，书中谓此舰系属广东，此次战役，与广东无涉"。① 从这也可看出，各省官员的省界观念甚至强于国界观念。而清政府帝、后两党在甲午战争中的派系争夺更使得朝局动荡，内争大于外斗。国家观念可以说自上而下，都不是被首先看重的。

也正因国家观念的淡薄，所以甲午战败后，中国尽管签订了屈辱的《马关条约》，在此过程中也出现了"公车上书"这一反应激烈的政治运动，但就普通民众层面而言，可以用鸦雀无声来形容。从南到北，除了台湾民众因被割让，而掀起的对日反抗外，普通民众几乎看不到太多反对或其他表示的踪迹。普通民众在甲午战败没有扰及日常生活的情况下，很难产生公愤。

由此，国人对于甲午战败的反思也只能出现在精英的视域当中。甲午战败在相当一段时间内并未能转化为塑造民众国家观、民族观的有力元素。

1915 年，"二十一条"提出后，则呈现另一种局面，从精英到民众掀起了声势浩大的反日浪潮。②

1 月 18 日，日本驻华公使日置益以新从东京归任为词，面见袁世凯，趁机递交了"二十一条"，并警告中国方面要"守秘密"。但在第

---

① 梁启超：《中国四十年来大事记》，《饮冰室合集·专集之三》，第 51 页。
② 关于"二十一条"交涉及民众的抗议活动，史学界所出成果已有不少，包括李树毓的《中日二十一条交涉（上）》（台湾"中央研究院"近代史研究所，1966）、罗志田的《乱世潜流：民族主义与民国政治》中的相关论文、陈廷湘的《民众情绪变化与抗议二十一条运动》（《社会科学研究》2005 年第 4 期）、李永春的《中日"二十一条"交涉与袁世凯政府的新闻策略》（《江西社会科学》2006 年第 9 期）等。

二天，《顺天时报》即登载有日本公使向袁世凯谈论重要案件之语。①到2月中日双方正式就"二十一条"展开谈判时，外报及中国报纸均开始及时报道，并将"二十一条"逐渐披露于报端，为国人所周知。国人从得知这一消息开始，就反应强烈，认为若接受日方要求，"必蹈朝鲜覆辙"，希望政府能"坚持到底，概弗承认"，并表示愿为"政府后盾"，"虽牺牲生命亦不足惜"。②由此，国人掀起了通电、集会、结社、抵制日货与救国蓄金运动等多种形式的反日活动，以履行作为"政府后盾"的诺言。纵观此次反日风潮，普通民众的表现可谓不俗。除了通电一项主要由商会、教育会、政治团体及社会名流领衔外，其他几种反日活动，普通民众均有广泛的参与。

抗议"二十一条"的集会，首先由留日学生发起，但很快这一集会抗议的浪潮波及国内，普通民众往往成为集会的主体。如3月18日在上海张园召开的国民大会，到会的"以小店商人为多，间有学界中人，而上流华人绝鲜，著名之人则绝无仅有"，会议决定抵制日货。其他各地的集会也都类似。随着反日运动的开展，普通民众也开始结成自己的团体，如上海成立的"市民爱国会"、"国民对日同志会"等。因为当时中下层民众组织团体十分踊跃，以至被人认为是"人民日立一会"。③抵制日货也因普通民众的普遍参与而产生了巨大的影响。有研究者甚至认为"这次抵制日货是中国有史以来抵制外货运动的第五次，却是第一次表现出这手段在相当多人数参加时所产生的威力"。④

不过更能表现普通民众在此次反日运动中的参与的还是"救国蓄金运动"。该运动发起于3月27日上海商人马佐臣的提议，他号召全体国人每人以产业的十分之一捐输，存入中国银行，以募集五千万元作为或造兵工厂、或练陆军建海军、或用以振兴国内工业的资金。马氏这一建议很快得到了国人的响应，4月8日，国人就成立了"上海救国储金团总事务所"，在沪开始收取储金。随着上海救国蓄金运动

① 王芸生：《六十年来中国与日本》第6卷，第75、98页。
② 黄纪莲：《中日"二十一条"交涉史料全编》，安徽大学出版社，2001，第250页。
③ 转引自罗志田《乱世潜流：民族主义与民国政治》，第62、65页。
④ 周策纵：《五四运动史》，岳麓书社，1999，第28页。

的发展，其他各地也相继开展了蓄金运动。到 7 月 31 日，全国已设立 252 个储金所，到 9 月更增加到了 400 所。从各储金所的分布来看，既包括北京、上海、长沙、汉口、天津等当时主要大城市，也覆盖了如龙江、个旧、烟台等中小城市。从参加蓄金运动的人员来说，虽说各地领导储金团者，"皆达官贵人，巨绅名士"，但主要蓄金者，却多为"苦学生也、小车夫、小伙计也、仆妇佣工也"。[①] 以至于一些国人指责"一般富室巨商平日挥金如土，至此大义所在，一毛不拔，甘为奴隶牛马"。[②] 正因为这些"富室巨商"对于蓄金缺乏热情，所以原定的五千万之数，遥遥无期，直到蓄金运动结束前，全国储金实际收储才仅 400 多万元，不到预定的十分之一。尽管如此，但也可看出普通民众的爱国热情。

无可否认，此次反日运动也像历次反日运动一样，并不能持久，到 9 月以后，运动就基本走向了衰落。但同甲午战争相比，普通民众对于此次对日交涉的参与，不但地域更广，而且更为主动。这一方面跟当时新式媒体的宣传鼓动有一定的关联，但更为重要的是经过清末民初历次的对外交涉、民国的建立，普通民众已一定程度确立了国家观念，将国家的利益荣辱纳入了个体的考量当中。也正是在此次反日运动后，"不论日本说什么，中国总是满腹怀疑，不敢置信；不论日本做什么，中国总是怀着恐惧的心情加以警戒"[③]，中国对日本的不信任延续到五四，国人反日情绪开始总爆发。

当然造成此次运动急剧衰落的原因很多，其中重要的一条还在于日本提出的"二十一条"同普通民众的切身利益并没有密切的冲突。因而尽管日本对于国家权益的侵略能一时激起民众的义愤，使得反日运动骤起，但此种义愤没有切身利益作为支撑的话，只能"三鼓而竭"，草率收场。运动后期，普通民众纷纷要求取回救国的蓄金即揭示了这一点。与这些大事件不同，倒是民众生活周围的交涉更易激起他们对于政

---

① 参见罗志田《乱世潜流：民族主义与民国政治》，第 70～74 页。

② 转引自冯筱才《在商言商——政治变局中的江浙商人》，上海社会科学院出版社，2004，第 192 页。

③ 蒋梦麟：《西潮》，第 83 页。

治参与的兴趣，并常能坚持到底，下节所述日僧与庙产兴学的纠葛即是一例。

二　日僧与庙产兴学①——以水陆寺、龙兴寺为例

晚清以来，随着西方列强的入侵，民族危机加深，部分士绅纷纷呼吁"教育救国"。其重要举措即兴办新式学堂。但晚清政府财政窘迫，无力负担兴学所需的经费，于是当时人不得不另辟蹊径，将目光投向积累有丰厚资产的寺庙身上，试图提取部分庙产或没收庙产作为兴办新式学堂的所需资金。虽说兴办新式学堂，应为大势所趋，是应对近代社会变革、推动中国现代化的有益举措，但在具体实施庙产兴学过程中，却因触动了僧众的既得利益，遭到群起抵制。正是在这一抵制过程中，日僧作为重要外力被中国僧众所争取，引发了中国另一场外交纠纷。

近代最早提出庙产兴学的应属康有为。他在 1898 年 7 月 10 日上奏光绪帝，认为：中国"淫祠遍于天下"，如广东"每乡必有数庙，庙必有公产"，"若改诸庙为学堂，……责令民人子弟，年至六岁者，皆必入小学读书，……若此则人人知学，学堂遍地，不独教化易成，亦且风气遍开"。② 不但维新派作如此主张，当时的一些洋务官僚也有类似的看法。如晚清重臣张之洞也认为，"今天下寺观何止数万，都会百余区，大县数十，小县十余，皆有田产，其物皆由布施而来，若改作学堂，则屋宇田产悉具，此亦权宜而简易之策也"，而具体寺产分配为"每一县之寺观取什之七以改学堂，留什之三以处僧道。其改为学堂之田产，学堂用其七，僧道仍食其三"。③ 可见，庙产兴学应为当时兴学

①　关于庙产兴学的研究，成果颇多。一方面肯定了士绅对于提取庙产、兴办学校的积极作用；另一方面着重分析了僧众对于这一措施的抵制。但是对于中国僧众在抵制庙产兴学中皈依日僧的讨论还不多见。主要有杨大春：《论日本佛教的清国开教与中国社会的抵制》，《安徽师范大学学报》2001 年第 3 期。该文重点分析了日僧对华传教的特点，以及招致中国社会抵制的原因，对于庙产兴学过程中民众对日僧态度的探讨不多。

②　汤志钧：《康有为政论集》，第 313 页。

③　张之洞：《劝学篇》，第 40～41 页。

人士的共同主张。

在康有为上书后，光绪帝就颁布谕旨，宣布"至如民间祠庙，其有不在祀典者，即着地方官晓谕民间，一律改为学堂，以节靡费而隆教育"，① 从而使得庙产兴学由一思想主张变为一实质行动。虽然戊戌变法不久即告失败，但这一庙产兴学的举措却被晚清新政所继承下来，成为官方倡导兴学的重要政策。在 1902 年颁布的《钦定小学堂章程》、《奏定高等小学堂章程》和 1903 年张之洞与张百熙等人主持制定的《奏定学堂章程》中都明确规定，地方办小学堂时，均得借用地方公所祠庙以省经费；并责成各村学堂董事，查明本地不在祀典的庙宇乡社，可租赁为学堂之用。② 1905 年科举制的废除更对各地庙产兴学起到了推波助澜的作用。

与此相应，各地僧众对于庙产兴学的抵制也日益凸显。据统计，在清末的 200 起毁学事件中，除了 20 件不明原因外，其中有 44 起由提取庙产而引发，占五分之一强。③ 僧众抵制庙产兴学的方式有多种。有些是主动捐款兴学，以保寺产。如广州的海幢寺，其住持适安就主动要求报效学堂经费四万元，以免遭到拆寺命运。④ 有些则是勾结外援，以为助力。像广东云观寺住寺僧就活动朝中的"李太监"以改变地方官企图将"白云观产拨作学费之意"。⑤ 江浙粤闽一带寺僧则援引日僧，皈依日教，借以维护庙产。日僧与庙产兴学也因此联系了起来。

如第一章所述，日僧来华开教，始于 1876 年小笠栖香顶等人在上海设立的"净土真宗东本愿寺上海别院"。但真正大规模的日僧来华是在甲午战后，其传教事业也从沿海逐渐向内地延伸，如后来在庙产兴学风潮中表现突出的日僧水野梅晓和伊藤贤道都是甲午战后来到中国的，前者前往湖南传教，后者则先是在杭州开办了日文学堂。经过这些日僧的努力，加入日教的中国教众日多。资料显示，东本愿寺在华每个布教

① 陈宝琛等编《清德宗景皇帝实录》（第 6 册·卷 420），中华书局，1987，第 505 页。
② 舒新城：《中国近代教育史资料》（中册），人民教育出版社，1981，第 400、438 页。
③ 邱秀香：《清末新式教育的理想与现实——以新式小学堂兴办为中心点的探讨》，"国立"政治大学历史学系出版，2000，第 105、209～210 页。
④ 《各省教育汇志·广东》，《东方杂志》第 1 卷第 7 期。
⑤ 《续志谕禁提取庙产之原因》，《申报》1903 年 4 月 23 日。

所或分教所的门徒数大约都有百人以上，多的达到了一千余人。① 当然加入的中国教众并非完全认同日教，更大程度是为了获得日人的庇护。泉州首饰业富商陈文沛加入日教后，就因有日本人的支持，"也以此势炎起来，出入衙门，干预地方的事情"。② 日本人自己也承认，入教的中国民众"并不是真心信仰，而是奉祀有日本政府保护的佛教，可受领事保护，有种种利益"。③ 但日僧对此并不在意，因为一方面加入者越多，越能扩大其在华影响，另一方面每个加入者都得缴纳一定费用，日僧可趁机敛取一定的钱财，伊藤贤道就属此道高手，每月由此可得二三千元以上，数量十分可观。

日僧来华后，因同属释门中人，所以与中国僧众一直联系比较紧密，但最初中国僧众并无皈依日教之事，双方只是互相平等往来。直到庙产兴学掀起后，中国僧众为保护寺产，才突然有了借重日僧之处。最早在1899年，苏州南禅寺和杭州的弥勒寺就同东本愿寺签订了"共同主持"的协议，④ 以求得日本方面的保护。1903年湖南僧人笠云为保护寺产，也由"寄禅（八指头陀）为之设策"，运动水野梅晓来湘，⑤ 帮助创立"湖南僧学堂"，此举成为中国僧众办学保产的开始。随着各地庙产兴学的推进，僧众皈依日教的现象越发增多，1904年甚至出现了浙江三十六丛林（一说三十五）一同皈依日本净土真宗东本愿寺的恶性事件。这使得舆论一片哗然，日僧干涉庙产兴学的现象也由此引起了国人注意并群起攻之，在这当中作为民众代表的各地士绅起到了关键的作用。下面就以1904～1905年日僧干涉杭州水陆寺、龙兴寺为例，来探讨一下地方士绅的反应。

杭州自古以来就寺庙众多，还在南宋时就有寺庙476座，在新中国成立初期，仅在政府登记的就达到516座，相信没有登记的寺庙还有不

---

① 转引自肖平著《近代中国佛教的复兴》，第76页。
② 尤国伟：《日本教人泉小记》，中国人民政治协商会议福建省泉州市委员会文史资料研究委员会编印《泉州文史资料》（第14辑），1983，第151页。
③ 《东方杂志》1904年第10期。
④ 转引自肖平著《近代中国佛教的复兴》，第78页。
⑤ 王闿运：《湘绮楼日记》，第2926页。

少。① 庙产兴学的浪潮很快波及杭州，兴学士绅为创办学校也将目光落在了在杭寺庙的身上。1904 年，在杭州知府、浙江巡抚的认可下，兴学士绅准备利用水陆寺、龙兴寺分别改设两浙公学与工艺传习所，由此杭州僧绅展开了一场角力。

1904 年初，杭州士绅就有了将水陆寺改设两浙公学的动议。面对庙产不保的态势，水陆寺僧众紧急应对，由住持松峰出面与另一杭绅丁立诚及孙仁甫等人商议，决定仿湖南僧学堂之例，援引时在杭州的日僧伊藤贤道，改水陆寺为日本释氏学堂。此举大为刺激了兴学士绅，认为"（即便）释氏学堂可开，而断不能使日僧主持"，于是决定一方面禀请洋务局"许观察设法，当能挽此已失之主权"，一方面运动汪康年等在外浙籍官员向"学务大臣处宜递一节略"，强调"日人借教伸权，于大局实有绝大关系。且此寺为外人保护，日后以寺观改为公局，无此事矣"。② 从兴学士绅的言论可发现，他们已注意到：日僧的干预，使得水陆寺之争变得愈加复杂，不仅牵扯到国家利权的维护，更直接关系到庙产兴学政策的能否推行，若此次水陆寺因日僧庇护而得以避免兴学的话，那么其他寺庙必将群起效尤。

兴学士绅的此轮运动，加上在外浙籍官员的"公电致杭"，使得洋务局作出了"不但水陆寺定须发封，即白衣寺亦不准开释氏学堂，以杜流弊"的许诺。但僧众并未就此作罢，反而由身兼白衣、水陆两寺住持的松峰广发请帖，内称"本寺改设释氏学堂，聘请伊藤贤道教习，振兴国家，以维佛教。择于七月廿四日悬牌开堂，蒙各大绅仕光降护法，不胜感佩，特此布闻"。松峰此举一方面是要造成既成事实，一方面是为了扩大舆论影响。而他之所以能置官府判决于不顾，正在于"松峰倚伊藤为护符"。伊藤贤道对于其所担当的保护角色也很明了，甚至宣称"敝国（日本）是很应该保护的，将来他处寺院如再有人来，要尔辈只言都是敝国本愿寺保护的便是了"。此言不啻公然向中国官绅挑衅。但要应对这次挑衅，杭州的兴学士绅却无善策。因为僧众所依赖

---

① 陈永革：《佛教宏化的现代转型》，宗教文化出版社，2003，第 8 页。
② 《项藻馨一》，《汪康年师友书札》第 3 册，上海古籍出版社，1986，第 2237 页。

的杭绅丁立诚等人与地方官府也关系颇密，且事涉日僧，更难于措手，最后"聚讼多时"，只能如上次一样，一面"公函致许九香，嘱其谕阻而已"，一面运动同乡京官再次施压。①

僧绅两界各有所持，使得交涉陷于"白衣寺堂事后虽暂止，然水陆寺日僧所钉一匾额未除"的僵持局面。身处交涉旋涡的洋务局许九香更不堪重负，只能"即赴上海，约四月余始归杭"②。此时表面看来，似乎僧绅两界暂为平局，但实质上水陆寺的庙产兴学已被搁置，因而就僧界观之，已达到其保产的初衷。

就在水陆寺交涉陷于胶着之时，同年夏季杭州兴学士绅又禀请浙江巡抚在龙兴寺改设工艺所，此事正合浙抚聂缉椝"振兴实业"之意，于是"饬由运库按月发银一千两作为经费"，并聘请罗振玉和高尔伊总理此事。二人在勘察庙中情形后，呈请"留寺龙偏屋三进，计十余间，为僧人住宿及供奉神像等用，余屋则均归公，按月给付寺僧租，查洋银三十元作为香火之资，以示体恤"，此举获得聂缉椝的赞同，聂命县令萧仁和"传谕寺僧品照移让"，从而有了龙兴寺争产之事。面对兴学士绅借官力实施庙产兴学，龙兴寺品照又运动丁立诚等人出面，代为周旋。丁立诚、丁立中兄弟"自认为寺中护法"，且龙兴寺的兴建有其捐款，所以积极奔走。因此事牵涉浙江巡抚，故而丁氏兄弟不再运动杭州地方官员，而是"密至苏州，商诸俞太史樾、汪侍郎鸣銮致函抚藩各宪"，以"千年古刹不可骤废"劝说浙抚将此事作罢。但遭到浙抚聂缉椝的拒绝。③

因为浙抚的强势，丁立诚等人只得暂时同意将龙兴寺租与罗、高二人兴办工艺所，却要求拟订一租借合同。而实质上，当时僧绅两界分歧巨大，根本不可能拟出一双方同时接受的合同，故而"往来迟延至两月余"，仍无结果。恰好伊藤贤道从日本归来，僧众于是又故技重施，再次借日僧之力，全盘推翻前议。伊藤贤道在接获龙兴寺僧众的恳请后，即向浙抚施压，声称"龙兴寺已租与敝教，订立合同，僧人亦归敝教保护，高子衡无故强占我教之屋，并毁佛像，

---

① 《项藻馨二》，《汪康年师友书札》第 3 册，第 2237~2239 页。
② 《项藻馨三》，《汪康年师友书札》第 3 册，第 2240 页。
③ 《详记日僧干预龙兴寺事》，《申报》1905 年 2 月 16 日。

请向抚台请示如何办法"。聂缉椝则以此为"内政"，日僧无权干预，加以反驳。① 但12月5日，伊藤贤道仍亲偕品照等赴工艺传习所，高悬日本真宗本愿寺总部教场匾额，燃放爆竹，品照因为有日僧庇护，大放厥词。② 此举激起了杭州官绅的一致反对。罗振玉、高尔伊先是"禀求浙江抚宪聂仲芳中丞，连向驻杭日本领事大河平隆则商阻，大河平君置之不理，而日僧则称已赴杭关道辖领有布教护照，其意甚坚，相持不下"，为此，罗振玉等士绅又"分别函致都中"，以便群起争之。③

与此同时，因为水陆、龙兴两寺交涉的影响，浙江其他各寺也纷纷效仿，于是出现了"十月间，（伊藤贤道）即挈绍兴华严寺僧衣谷等三僧赴西京，为三十五寺归依之代表"的事件。④ 面对皈依日教的寺庙日多，浙省"士民恨不食其肉而寝其皮"⑤，"合省绅民暨各学堂学生亦电达同乡京官，并电禀外部商务两局总办调停其事"。⑥ 为此，外务部电讯浙抚"有无全省寺产归日本国保护等事"，浙抚回复确有"某僧纠合各寺住持倡兴此议"，但已派员认真稽查，"务将寺产详细开载，一律存案，以破狡谋"。⑦ 在此背景下，浙江巡抚聂缉椝反复与日本驻杭领事交涉，"属其限日除去"。同时，杭州兴学士绅更是群情激昂，表示"如果再不撤除，弟辈定于十五日午后定将总布教场一匾，及水陆寺一匾一律除去"，"彼时若酿外交，请勿后悔"。面对中国官绅的巨大压力，日本领事被迫同意在11日将龙兴寺总布教场一匾除去。⑧ 此时"许某（许九香）适自沪归，乃以金赂日僧，亦于十三（日）撤水陆寺牌"。⑨ 至此水陆、龙兴二寺交涉方告一段落。

但此事的影响却远未结束，因为日本领事同意撤出龙兴寺总布教场

---

① 《项藻馨三》，《汪康年师友书札》第3册，第2241～2242页。
② 《详记日僧干预龙兴寺事》，《申报》1905年2月16日。
③ 《日僧多事》，《申报》1904年12月24日。
④ 《项藻馨四》，《汪康年师友书札》第3册，第2248页。
⑤ 《浙省士绅阻止日僧干预寺院详情》，《大公报》1905年2月22日。
⑥ 《详记日僧干预龙兴寺事》，《申报》1905年2月16日。
⑦ 《电复寺产》，《申报》1904年12月24日。
⑧ 《项藻馨三》，《汪康年师友书札》第3册，1986，第2243页。
⑨ 《项藻馨四》，《汪康年师友书札》第3册，第2248页。

一匮的条件是，恢复龙兴寺旧观，先是"要索还大殿"，继而"又来索还石经堂及其余小屋"，最后直接要求"还屋"，相应的，杭州兴学士绅希望借龙兴寺兴办工艺所的企图也随之破灭，主持其事的"罗叔蕴及高子衡均已辞馆而去，不知所之"；① 所以就庙产兴学的角度言之，僧众实取得了保产的胜利，此事也验证了借日僧抵制庙产兴学的可行性。

在水陆、龙兴两寺交涉结束后，中国僧众皈依日教者呈上升趋势，但日僧在中国官绅中的印象却更为恶劣。如 1906 年常州清凉寺住持清海为保护庙产，也延请伊藤贤道，伊藤到常后，"坐绿呢大轿招摇过市"，"分谒府县，自称清凉等寺皆系我佛教徒，蒙地方官竭力保护，良用欢谢等语"，但伊藤此举不仅被常州府宪"婉言拒斥，并申明保护寺院为地方官分内之事"，而且常州士绅也由此"痛恶僧人清海之心益甚"，一致要求"将僧人清海立予驱逐"。江苏巡抚对于清海勾结日僧之举认为"自难姑容"，且"实属刁狡"，因而饬常州府县严办。② 从常州官绅这一反应可以发现，有过多次日僧干预庙产兴学的交涉后，中国民众已对援引日僧之举深恶痛绝。1906 年，当浙江海会寺住持惠持被查有勾结伊藤贤道事时，民众已不满于只处罚中国僧众，进而要求驱逐日僧回国，并认为此次"实为不可多得之机会"。于是浙抚在下令搜查海会寺、撤换住持的同时，致电外务部，要求驱逐伊藤回国。③ 同年8 月，伊藤被驱逐回国，并令其三年不准来华。④

日僧在庙产兴学中的诸多干预，一定程度上坚定了清政府拒绝给予日僧布教权的决心。湖广总督张之洞、直隶总督袁世凯、闽浙总督魏光焘等封疆大吏就对日僧来华传教都持坚决反对的态度，其理由为：一，中日佛教同源，无输入日教之理；二，中日条约内无明文规定日僧有在华传教之权；三，日僧在华传教期间，时常干涉中国内政；四，皈依日

① 《项藻馨三》，《汪康年师友书札》第 3 册，第 2244 页。
② 《常州布业学堂正则东学西学冠英驿西南郊各学堂等公禀》，《申报》1906 年 7 月 17日。
③ 《日僧传教》，"中央研究院"近代史研究所编《教务教案档》第 7 辑第 2 册，1981，第 1204 页。
④ 《续江苏总学会复苏学务处函》，《申报》1906 年 8 月 29 日。

教者多中下层民众，极易引起社会动乱，假使"日本以未来之教折服中国，如有要求而中国不允，或违日本之意，日本甚易唆使百姓作叛乱之事，如此，日本可不动兵而能令中国甘心受命，乃极妙法术"，因而"须设法不令日僧在中国传佛教，务令其回国传教"。① 虽然反对理由有四，但真正让政府要人在意的可能正是最后两点，而日僧在庙产兴学中的所作所为也印证了这一判断，所以直到1915年"二十一条"交涉时，中国仍坚决反对日僧来华传教。

尽管日僧对庙产兴学的干预，使得这一政策遇到不少挫折，甚至迫使清政府在1905年3月8日下令"着各督抚饬令地方官，凡有大小寺院及一切僧众产业，一律由官保护，不准劣绅蠹役藉端滋扰。至地方要政，不得勒捐庙产，以端政体"，以釜底抽薪、杜绝外人干预的口实②，调整了庙产兴学的政策；但就中日交涉角度而言，日僧却没能达到控制中国寺庙的企图，无论是水陆寺、龙兴寺，还是清凉寺、海会寺，都因中国士绅民众的一致反对，而未能得逞。之所以在这一交涉中，各地士绅民众反应激烈，一个很重要的因由就在于寺庙属各地公产，直接关系地方民众的利益得失，且这一交涉就在民众的眼前，民众能感受并参与这一交涉的过程，所以不仅主导兴学的士绅极力反对，就是各处普通民众也乐于参与。因为有着利益的关联，中国民众也常能坚持到底，直到日僧退出为止，如水陆寺的交涉就延续了近一年。由此可见，民众对于中日交涉的地方性事件，往往表现更大的兴趣，参与的程度也更深。另外，值得注意的是，这些抵制庙产兴学的僧众及部分士绅其实也属民众一员，只不过为维护自身利益，采取了皈依日教、援引日僧的举措。若就这点观之，则中国民众对于日僧所采取的态度是不一致的，或为反对，或为迎合，而具体采取何种态度，则以自身利益为转移。这也提示，大多数民众参与中日交涉，很大程度是从自身利益出发的，而与民族国家话语有着一定差距，上节所述东北、山东、台湾等地民众在甲午战争中的激烈反应其实也是如此。

---

① 《日僧传教》，"中央研究院"近代史所编《教务教案档》第7辑第2册，第1184页。
② 《日僧传教》，"中央研究院"近代史所编《教务教案档》第7辑第2册，第1181页。

　　综上所述，进入近代以后，中国民众对于日本的认识同以前相比，不仅更为深入，而且方式更为多样，既有留日学生的亲身体验，也有新式教科书的灌输，但冲击更大的还是出现在民众视域中的众多中日交涉。正是通过这些途径，中国民众的对日认识不断得以深化，师日、仇日也互现其中。

结　语

　　1871～1915 年，短短 44 年，不到半个世纪，但中国人的对日认识却经历了一个巨大的转折，有研究者曾将其总结为由漠视到正视、由"师日"到"反日"。若只看其始末两点，似乎确如其言，但历史的丰富性却非仅用简单的线性两点可以加以描述和概括的。证诸这段史实，我们可以发现，中国人在正视日本的同时却常常掩盖不了其对日本长久以来所形成的不屑，而在"师日"之中，却又有"反日"的动机与身影。历史的丰富性还不仅限于此，中国地域的广阔、人群层次的差异，更使得人们的对日认识呈现多元化。政治与媒体，历史与现实，精英与大众，众多张力也正隐含在"日本认识"这一表象之下。个体的对日认识其实往往并不能由个体自身完全把握。下面将从影响近代中国人对日认识的因素和近代中国人对日认识的特点两个方面，进一步作整体性分析，以此作为本书的一个结论。

一　影响近代中国人对日认识的因素

　　首先是政治因素。在政治话语中，日本首先表现为一个国家、一股势力，其次则是它究竟是友邦还是敌国的判断。具体呈现到现实政治中，则是中国的对日政策。在近代的不同时段，中国对日政策是不同的，如第二章所述，是联日、防日交叉出现，在台湾之役、甲午战争中，两国更成为了敌国。在不同的外交状态下，国人的对日认识也随之改变。如甲午战争之时，国人就直接将日本等同为"倭寇"，而在戊戌变法到日俄战争之间，联日是中国主要的对日政策，相应的，国人学习日本、留学日本也蔚为大观。值得注意的是，近代中国对日政策的调整，相当程度上是被动的，是随着日本对华政策的改变而改变的。与此相反，日本自明治维新后，就将大陆政策作为其基本国策，对华外交自始至终都以侵略、扩张为目标，虽然不同时段基于实际需要会调整对华外交政策，但这只是战术的调整，整个对华战略则一以贯之。正是日本的这一基本国策，随着其侵华野心的逐渐暴露，必然使得国人的对日认识日趋敌对。这成为近代中国人对日认识的一个根本趋向。

当然这主要是就普通国人而言，对于政治人物而言，其对日认识并不局限于中日的外交态势，而以自身的政治利益为考量，日本在他们眼中更大程度上是一可资利用的政治资源。一个比较典型的事例就是在因二辰丸事件而掀起的抵制日货运动中，不少旅日革命党人持反对态度，尽管其声称是因为"日本船坚炮利，我非其敌，设因抵制惹起扰端，后患何堪设想"[1]，但无疑这只是一说辞而已，更大的因由在于日本是革命党人主要援引的力量，革命党人为了自身的政治利益，偏向袒护日本。孙中山在"二十一条"交涉期间的表现[2]，也从侧面印证了此点。除革命党人外，其他政治人物也是如此。像清末海防、塞防大讨论中，李鸿章主张防日的背后，就不无与左宗棠进行派系竞争的考量，而甲午战后张之洞提出学习日本、派遣留日学生，则未必没有借日自重的因素。故而政治人物的对日认识主要以政治利益为依归，亲日、反日只是姿态而已。

其次是媒体的舆论导向。近代国人对日认识一个重要的资料来源就是新式媒体对于日本的报道。新式媒体不同于以前书籍之处，就在于其能够定期、及时、连续地向读者提供各种资讯、知识，使读者可通过这些资讯、知识，拼建起他们所理解的"世界"。具体到日本认识而言，

---

① 《东京通信》，《申报》1908 年 5 月 25 日。
② 有研究者认为孙中山在"二十一条"交涉期间，同日本签署过类似的条约，是为《中日盟约》；但也有学者对这一《中日盟约》加以否定（详见俞辛焞《孙中山的中日盟约问题辨析》，《近代史研究》1997 年第 2 期）。但不论真假，在此非常时期，孙中山被传签订如此盟约，都表明了其在交涉期间态度的暧昧。

媒体选择怎样的日本信息以及如何报道信息，都一定程度上影响到了读者对日本的认识和判断；读者也正通过对媒体中日本信息的共同阅读，建立起趋向划一的日本形象。特别是对普通大众而言，接触信息渠道的局限使得其对日认识相当部分来自媒体，因而所受影响更为明显。而媒体的报道，正如第三章所指出的那样，即便是新闻媒体，其对时事的即时报道，也存在一个过滤、选择的过程，因而媒体所呈现出来的"日本"只是真实日本的某个方面。影响媒体报道的因素很多，包括创办背景的不同、政治倾向的差异及针对读者群的区别等，这些都会影响到媒体对于报道的选择，转而又影响到人们的对日认识。

不过，对于媒体在国人日本认识中的作用也不能过于高估。因为媒体在选择日本信息的同时，读者也在选择媒体。读者可根据自己不同的阅读习惯、嗜好选择不同的媒体。像在甲午战争期间，一些读者不满于《申报》对于战事的如实报道，就转而选择阅读《新闻报》中捏造的胜绩。另外读者对于媒体的选择往往不局限于一种，他可以通过同时选择不同的媒体来得出一个相对全面的认识。蔡元培在甲午战争期间阅读的报纸就有《新闻报》、《沪报》，郑孝胥同期阅读的报纸则包括《申报》、《沪报》及日本号外报。因而媒体对个体日本认识的影响是比较复杂的。

最后是个体的日本体验。随着日本在华存在的增多，国人接触日本、观察日本的机会也越多。这一接触既包括对在华日本人、日本物及无形日本文化等的接触，也包括留日学生及东游官绅留日或东游的所见、所闻、所感。由于各人的日本体验各有差异，所以由此得来的日本印象也各有不同。周作人留日时因没有遭到过日本人的侮辱，所以就对日本抱有比较多的好感，但不少留日者，因在日本所受到的种种刺激，成为了排日者。值得注意的是，本为私人的日本体验，可通过报刊、日记出版这些印刷品的方式，流入公众阅读圈，成为读者共同的对日体验，影响到人们的对日认识。留日学生在日本的体验就通过留日刊物得到广泛的传播。个体的日本体验尽管往往比较零碎、肤浅，不如政治事实来得深刻，也不如媒体报道来得广泛，却因为是个体亲历的，所以更加直观，更加感性，构成了人们对日认识的重要组成部分。

另外，在现实性的因素之外，过去的传统日本认识或对日定见，又或多或少会扭曲、误导现时的对日认知。因而当张斯桂初遇岸田吟香时，仍会询问"贵国有《古文尚书》否？"① 这实质还延续着欧阳修时的对日印象。甲午战事一起，倭寇形象再次复活，这又是明代的倭寇观在近代中日战事的刺激下，得以强化和强调的体现。可见传统的对日认识影响之深。

由此可见，近代中国人的对日认识，不仅仅是一个体认清日本的单一过程，而是政府与媒体、历史与现实，互为援引、共谋影响的结果。

二 近代中国人对日认识的特点

近代中国人的对日认识虽说因人而异、各有不同，且随着时间的推移，对日认识的内容与侧重也有变化，但从整个时段来看，受到时代与历史传统的局限，呈现以下三个特点。

首先是变动性。可以说在整个中国人对日认识史中，1871～1915年这一时间段是对日认识变化最快的一个时期。这个变化表现在人们对日认识上，就是对日观感变化十分迅速。在甲午战争以前，大部分中国人仍以"蕞尔小国"来形容日本，至甲午战后，日本则成为中国效法的对象，但"二十一条"提出后，日本又迅速转变为中国防备、反对的对象。具体呈现在中国政府对日的外交政策上，又常常因时、因事，或防日，或联日，转化极快，没有一个相对稳定的对日方针。

之所以会呈现如此纷繁的情况，一方面因为近代日本本身也处于一急剧变化的过程中，国人近代所认识的日本并非一成不变。近代日本经过明治维新，不仅完成了由封建主义制度到资本主义制度的转变，而且也由一个被殖民、被侵略的国家一跃成为帝国主义强国。可以说，日本是用短短半个世纪走完了西方国家往往要花费数百年才走完的路，在此期间，变化之快、变化之急，可想而知。就是日本人自己也承认："我国自维新以来，每十年间之进步，虽前此百年不如也。"② 另一方面

---

① 王宝平：《一百多年前一个日本人的上海手记——岸田吟香的〈吴淞日记〉》，王勇主编《中国江南：寻绎日本文化的源流》，当代中国出版社，1996，第219页。
② 《新民说》，《饮冰室合集·专集之四》，中华书局，1989，第55页。

则在于中国自身也处于一个急剧变动的时代，特别是中国在国际格局中的地位改变极大。自鸦片战争之后，中国就由"天朝上国"逐渐沦为半殖民地半封建国家，成为西方列强角逐、侵略的对象；甲午一战，更使中国藩属尽失，自身在东亚的主导地位也让位于日本，原来的"朝贡体系"至此彻底瓦解。伴随中国国际地位的日益下降，其观察世界的角度也相应改变，由俯视而仰视；相应的，日本在中国眼中的分量也逐渐加重，由最初的联合者进而变为仿效者。与此同时，日本国际地位的上升，也加强了中国这一认识趋向。因而近代国人对日本认识变化之快也非无因。

其次是多元性。近代中国人对日认识可以说是多元化的，有研究者就曾指出：在"二十一条"提出之前国人对日本的观感是爱恨交加。"爱"与"恨"这一完全矛盾的情感在面对日本这一客体时同时出现，正说明了国人的对日认识是多元并存，而非单一的。通过前面几章的论述，我们可以发现，近代中国人的对日认识往往因群体、地域的不同，而互有差异。官绅与民众，他们的对日认识就不仅有着快慢之别，前者的对日认识往往更为敏锐迅速，后者则相对迟缓滞后，而且对日认识的客观性也有所区别，这可从分别针对两者的《申报》、《点石斋画报》报道的差异可以看出。退而言之，即使同一群体的对日认识也非划一。如留日学生虽有着同样的留学经历，但因各人的日本体验不同，甚至会得出相反的对日印象。中国人对日认识的多元，还表现在同一时期国人对日认识的复杂性上，因为日本的面相是多方面的，国人看到日本文明进步的同时，往往也会发现日本对华的侵略野心。于是李鸿章还在早年倡导联日之时，就对日本有所提防，留日学生也是师日、仇日同时并存。另外如前所述影响国人日本认识的因素是多样的，而政治倾向、媒体报道、个体日本体验等这些因素的不同都会使国人得出不同的日本认识。所以若只用线性的方式来描述这一时段国人的对日认识，难免会挂一漏万，只窥一斑。

最后是不对称性。这一不对称性，既表现在国人内部之间，但更主要的是相对日本对中国的认识而言。国人内部对日认识的不对称，主要是由个体知识背景、日本信息来源途径等差异性所导致的。于是在甲午战后就出现了精英们急速转向学习日本而大众仍以传统的观念看待日本的现象。而就中日两国互认的深度与广度而言，中日之间存在更为明显的不对称。戴季陶就曾观察到：中国留日学生虽多，但近代以来除了"黄公度先生著了一部《日本国志》而外，我没有看见有什么专论日本的书籍"，与此相反"'中国'这个题目，日本人也不晓得放在解剖台上，解剖了几千百次，装在试验管里化验了几千百次"。①

证诸史实也的确如此。近代中国人对日认识不仅有深度的专著难得一见，就是关于日本的专门书籍同日本方面相比也是远远不如。并且中国方面对于日本的观察除了晚清新政期间专门派出的官吏东游考察外，更多的是民间个人的私人著述。而本可观察日本更为细致深入的中国驻日外交官们，除了黄遵宪的《日本国志》外，其他能给国人留下很深影响的日本著述乏善可陈。日本方面则从幕府时期就密切关注中国，当时就规定，中国来长崎贸易的商船的船主必须经常向管理外贸事务的长崎奉行报告中国消息或海外消息，这一报告就被称为"唐人风说书"。②开国后，日本对中国的观察更为直接。像1862年来华的"千岁丸"，就不仅担负有开拓日本贸易的任务，也是日本人士对近代中国的一次近距离的观察，故而随船而来的高杉晋作、日比野辉宽等人都留下了此次来华的游清日记。若说早年日本对中国的关注还只是出于对邻国的好奇，那么明治时代，日本的大陆政策使得日本对中国的认识、考察具有明显的政治性目的。此一时段，日本人对中国的认识不仅主动，而且系统。还在《修好条规》签订不久，日本就开始向中国派遣军官，从事中国方面的调查。除军部外，日本外务省系统对于中国的各种调查报告和统计资料也是数不胜数。后来东亚同文会、满铁等民间机构也都设有专门调查中国的部门。如依据东亚同文书院学生在华旅行报告所编的《支那经济全书》、《支那省别全志》，直到今天还是我们了解当时中国的重要参考书。正因为日本对中国观察得很细致，同期中国对自身的了解甚至还不如日本。包天笑就曾提及："戊戌政变之前，（中国）还没

---

① 戴季陶著《日本论》，第1、3页。
② 王晓秋：《近代中日文化交流史》，中华书局，2000，第55~56页。

有一张自己印刷的本国地图，但日本已经印了很详细的《支那疆域地图》了。"① 由此可见，同日本认识中国相比，中国是既不知己也不知彼。而这一中日互认的不对称性直接影响了中日的相互判断。比较突出的例子就是甲午战争之时，中国方面因为对日本认识不足、盲目乐观，日本方面则因为已对中国有了充分的了解，所以敢赌以国运，全力相争；所以从这一角度而言，中国的甲午战败并非在战场上，而是在战前的认识上就已经输了。此点也是深为后人扼腕之处。

虽然如今的时代已非过去可比，中日的关系也有了极大的改变，但只要中日两国还互为邻国，那么中国人对日本的认识还将继续。而影响1871～1915年间中国人对日认识的那些因素也仍将继续参与着当下国人对日观的形成。如何认识日本，如何对待日本，也是我们要继续思考的问题。

---

① 包天笑：《钏影楼回忆录》，第163页。

征引文献与参考书目

史料汇编与文集

包天笑：《钏影楼回忆录》，香港大华出版社，1971。

北京市档案馆编《那桐日记》，新华出版社，2006。

蔡正雅、陈善林等：《中日贸易统计》，中国经济学社中日贸易研究所，1933。

蔡谦：《近二十年来中日贸易及其主要商品》，商务印书馆，1936。

曹汝霖：《曹汝霖一生之回忆》，台北传记文学出版社，1980。

岑德彰译《奥本海国际法——平时》，商务印书馆，1936。

陈真编《中国近代工业史资料第二辑（1840~1911）》，三联书店，1957。

《笔记小说大观》第21册，江苏广陵古籍刻印社出版，1984。

陈义杰整理：《翁同龢日记》，中华书局，1997。

陈学恂、陈景磐主编《清代后期教育论著选》，人民教育出版社，1997。

陈学恂主编《中国近代教育史教学参考资料》，人民教育出版社，1986。

陈宝琛等编《清德宗景皇帝实录》，中华书局，1987。

大隈重信等著《日本开国五十年史》，商务印书馆，1929。

戴季陶著《日本论》，九州出版社，2005。

《第五回内国劝业博览会报告书》，大阪市商工课，1904。

丁文江、赵丰田编《梁启超年谱长编》，上海人民出版社，1983。

丁宝书：《蒙学中国历史教科书》，文明书局，1906。

丁日昌、李鸿章撰《海防要览》，清光绪十年敦怀书屋刻本。

东亚同文会编《对华回忆录》，胡锡年译，商务印书馆，1959。

饭田武乡：《日本书纪通译》，内外书籍株式会社，1936。

冯自由：《革命逸史》，中华书局，1981。

冯桂芬著，戴扬本评注：《校邠庐抗议》，中州古籍出版社，1998。

《高等小学用新式国文教科书》，中华书局，1922。

戈公振：《中国报学史》，商务印书馆，1935。

顾廷龙、叶亚廉编《李鸿章全集》，上海人民出版社，1985。

《清光绪朝中日交涉史料》，故宫博物院，1932。

广东省社会科学院历史研究室、中国社会科学院近代史研究所中华民国史研究室、中山大学历史系孙中山研究室合编《孙中山全集》，中华书局，1981。

国家档案局、明清档案馆编《戊戌变法档案史料》，中华书局，1958。

郭沫若：《郭沫若全集》，人民文学出版社，1992。

何炳贤：《中国的国际贸易》，上海书店，1989。

横阳翼人氏：《中国历史》，东新译社，1903。

湖南省哲学社会科举研究所编《唐才常集》，中华书局，1980。

胡珠生编《宋恕集》，中华书局，1993。

黄尊三：《三十年日记·留学日记》，湖南印书馆，1933。

黄式权等：《沪游杂记·淞南梦影录·沪游梦影》，上海古籍出版社，1989。

黄遵宪：《日本国志》，天津人民出版社，2005。

黄纪莲：《中日"二十一条"交涉史料全编》，安徽大学出版社，2001。

贾桢等编《筹办夷务始末》（咸丰朝），中华书局，1979。

江庸：《趋庭随笔》，台北文海出版社，1967。

蒋贵麟主编《康南海先生遗著汇刊》，宏业书局，1976。

蒋梦麟：《西潮》，辽宁教育出版社，1997。

蒋廷黻：《蒋廷黻回忆录》，岳麓书社，2003。

景梅九：《罪案》，国风日报社，1924。

来新夏：《林则徐年谱》，上海人民出版社，1981。

来新夏主编《北洋军阀》，上海人民出版社，1988。

劳祖德整理：《郑孝胥日记》，中华书局，1997。

李言恭、郝杰编撰，汪向荣、严大中校注：《日本考》，中华书局，1983。

李鸿章著《李鸿章全集》，海南出版社影印本，1997。

李文治编《中国近代农业史资料第一辑（1840～1911）》，三联书店，1957。

李庆编著《东瀛遗墨——近代中日文化交流稀见史料辑注》，上海人民出版社，1999。

李秉钧：《新制东亚各国史教本》，中华书局，1914。

李嘉谷：《蒙学修身教科书》，文明书局，1903。

梁启超著《饮冰室合集》，中华书局，1989。

辽宁省档案馆：《日俄战争档案史料》，辽宁古籍出版社，1995。

《列强在中国的租界》编辑委员会编《列强在中国的租界》，中国文史出版社，1992。

柳诒徵：《柳诒徵说文化》，上海古籍出版社，1999。

刘大鹏遗著，乔志强标注：《退想斋日记》，山西人民出版社，1990。

刘师培：《刘申叔遗书》，江苏古籍出版社，1997。

鲁迅：《鲁迅全集》，人民文学出版社，2005。

骆惠敏编《清末民初政情内幕》，知识出版社，1986。

吕思勉编《新式地理教授书》，中华书局，1916。

满史会编著《满洲开发四十年史》，东北沦陷十四年史辽宁编写组译，内部发行，1988。

聂宝璋编《中国近代航运史资料（1840～1895）》，上海人民出版社，1983。

聂宝璋、朱荫贵编《中国近代航运史资料第二辑（1895～1927）》，中国社会科学出版社，2002。

欧阳昱：《见闻琐录》，岳麓书社，1986。

潘武编《中华中学历史教科书》（本国之部），中华书局，1913。

彭泽益编《中国近代手工业史资料（1840～1949）》，三联书店，1957。

戚其章主编《中国近代史资料丛刊续编·中日战争》，中华书局，1989。

《钦定四库全书·皇清职贡图》，影印文渊阁《四库全书》本（第594 册），台湾商务印书馆，1983。

钱炳寰：《中华书局大事纪要（1912～1954）》，中华书局，2002。

青岛市档案馆编《帝国主义与胶海关》，档案出版社，1986。

璩鑫圭、唐良炎编《中国近代教育史资料汇编·学制演变》，上海教育出版社，1991。

任鸿隽著，樊洪业、张久春选编《科学救国之梦——任鸿隽文存》，上海科技教育出版社、上海科学技术出版社，2002。

阮湘编《第一回中国年鉴》，商务印书馆，1926。

商务印书馆编印《商务印书馆九十年》，1987。

商务印书馆编印《商务印书馆九十五年》，1992。

上海市文物保管委员会编《戊戌变法前后——康有为遗稿》，上海人民出版社，1986。

邵循正编《中日战争》，上海人民出版社，1957。

《申报》影印组编《〈申报〉介绍》，上海书店，1983。

邵伯棠：《高等小学论说文范》，上海会文堂，1913。

申报馆编印《申报概况》，1935。

沈云龙编《近代中国史料丛刊》第六十二辑：《同治朝筹办夷务始末》。

盛宣怀：《愚斋东游日记》，武进盛氏思补楼，1939。

舒新城：《中国近代教育史资料》，人民教育出版社，1981。

孙宝瑄著《忘山庐日记》，《中华文史论丛》增刊，上海古籍出版社，1983。

台湾"中央研究院"近代史研究所编《中国近代史资料汇编·海防档上·电线》，艺文印书馆，1957。

台湾"中央研究院"近代史研究所编《教务教案档》第7辑第2册，1981。

汤志钧编《康有为政论集》，中华书局，1981。

汪向荣、夏应元编《中日关系史资料汇编》，中华书局，1984。

王芸生：《六十年来中国与日本》，三联书店，2005。

王铁崖编《中外旧约章汇编》，三联书店，1957。

汪敬虞编《中国近代经济史（1895～1927）》，人民出版社，1998。

汪北平、刘林编校《弢园尺牍》，中华书局，1959。

王彦威、王亮编《清季外交史料》，书目文献出版社，1987。

王韬：《弢园文录外编》，上海书店出版社，2002。

王世儒编撰《蔡元培先生年谱》，北京大学出版社，1998。

王闿运：《湘绮楼日记》，岳麓书社，1997。

王云五：《岫庐八十自述》，商务印书馆，1967。

汪康年：《汪康年师友书札》，上海古籍出版社，1986。

吴研因：《小学教科书评论》，正中书局，1936。

吴振清整理《黄遵宪集》，天津人民出版社，2003。

夏东元编《郑观应集》，上海人民出版社，1988。

夏东元编《盛宣怀年谱长编》，上海交通大学出版社，2004。

夏衍：《懒寻旧梦录（增补本）》，三联书店，2000。

向达校注《两种海道针经》，中华书局，1981。

《小方壶斋舆地丛钞第十帙（1～2）》，台湾学生书局，1985。

谢洪赉：《最新中学教科书瀛寰全志》，商务印书馆，1906。

谢观：《共和国教科书本国地理》，商务印书馆，1925。

《新式修身教科书（高等小学校用）》第六册，中华书局，1916。

《新制单级国文教科书》（甲编第九册），中华书局，1915。

幸德秋水口述，赵必振译《帝国主义》，上海国耻宣传部发行，

1925。

徐义生编《中国近代外债史统计资料（1853～1927)》，中华书局，1962。

徐珂：《清稗类钞》，中华书局，1983。

徐素华选注《筹洋刍议：薛福成集》，辽宁人民出版社，1994。

徐继畲：《瀛环志略》，上海书店，2001。

徐载平、徐瑞芳著《清末四十年申报史料》，新华出版社，1988。

许国英：《新地理教授法》，商务印书馆，1913。

严中平编《中国近代经济史统计资料》，科学出版社，1955。

杨端六、侯厚培编《六十五年来中国国际贸易统计》，"国立中央研究院"社会科学研究所出版，1931。

姚贤镐编《中国近代对外贸易史资料（1840～1895)》，中华书局，1962。

姚公鹤：《上海闲话》，上海古籍出版社，1989。

姚祖义：《最新中国历史教科书》，商务印书馆，1904。

苑书义主编《张之洞全集》，河北人民出版社，1998。

曾根俊虎：《北清国纪行·清国漫游志》，中华书局，2007。

章有义编《中国近代农业史资料第二辑（1912～1927)》，三联书店，1957。

张之洞：《劝学篇》，上海书店出版社，2002。

张枬、王忍之编《辛亥革命前十年间时论选集》，三联书店，1978。

张静庐辑注《中国近代出版史料初编》，上海书店，2003。

张静庐编《中国现代出版史料丁编》，中华书局，1959。

张謇研究中心、南通市图书馆编《张謇全集》，江苏古籍出版社，1994。

郅志选注《猛回头——陈天华、邹容集》，辽宁人民出版社，1994。

真人元开著，汪向荣校注《唐大和尚东征传》，中华书局，1979。

郑孝胥著，劳祖德整理《郑孝胥日记》，中华书局，1993。

郑观应著，陈志良选注《盛世危言》，辽宁人民出版社，1994。

郑曦原等编译《帝国的回忆：〈纽约时报〉晚清观察记》，三联书店，2001。

郑尔康编《郑振铎艺术考古文集》，文物出版社，1988。

钟叔河编《走向世界丛书：日本日记·甲午以前日本游记五种·扶桑日记·日本杂事诗》，岳麓书社，1985。

钟书河编《周作人文类编·日本管窥》，湖南文艺出版社，1998。

中国日本史研究会：《日本史论文集》，三联书店，1982。

中国史学会编《鸦片战争》，神州国光社，1954。

中国史学会编《太平天国》，上海人民出版社，2000。

中国史学会编《洋务运动》，上海人民出版社，1961。

中国史学会编《戊戌变法》，上海人民出版社，1957。

中国史学会编《中日战争》，上海人民出版社，1957。

中国蔡元培研究会编《蔡元培全集》，浙江教育出版社，1998。

"中央研究院"近代史研究所编印《清季中日韩关系史料》，1972。

中国第二历史档案馆编《中华民国史档案资料汇编第三辑·教育》，江苏古籍出版社，1991。

中国第一历史档案馆、福建师范大学历史系编《清季中外使领年表》，中华书局，1985。

中国近代经济史资料丛刊编辑委员会编《中国海关与中日战争》，中华书局，1983。

中华民国教育部编《第一次中国教育年鉴》，上海开明书店，1934。

中南地区辛亥革命史研究会、武昌辛亥革命研究中心编《朱峙三日记》，《辛亥革命史丛刊》（第10辑），湖北人民出版社，1999。

中华书局编辑部编《回忆中华书局》，中华书局，2001。

中野孤山：《横跨中国大陆——游蜀杂俎》，中华书局，2007。

周玺、李廷璧：《彰化县志》，台湾文献丛刊第156种。

庄俞等编《共和国新国文教科书》，商务印书馆，1913。

庄俞、沈颐：《共和国教科书新国文》，商务印书馆，1913。

庄庆祥：《共和国新修身教授法》，商务印书馆，1913。

报纸杂志

《大公报》《点石斋画报》《教育杂志》《国风》《辽西商报》《时事新报》《申报》《盛京时报》《新民丛报》《外交报》《游学译编》《浙江潮》《中华教育界》

文史资料

福建省漳州市政协文史资料委员会编《漳州文史资料》（第 6 辑），1984。

天津市地方志编修委员会《天津通志·附志·租界》，天津社会科学院出版社，1996。

天津市政协文史资料研究委员会编《天津租界》，天津人民出版社，1986。

萧山市政协文史工作委员会编印《萧山文史资料选辑（二）·蔡东藩学术纪念文集》，1988。

政协武汉市委员会文史学习委员会编《武汉文史资料文库第 5 卷（租界洋行)》，武汉出版社，1999。

中国人民政治协商会议福建省厦门市委员会文史资料委员会编印《厦门文史资料》，第 17 辑，1990。

中国人民政治协商会议天津市委员会文史资料研究委员会编《天津文史资料选辑》第 30 辑，天津人民出版社，1985。

中国社会科学院近代史研究所、近代史资料编辑组编《近代史资料》总第 45 号，中国社会科学出版社，1981。

中国社会科学院近代史研究所　近代史资料编辑组编《近代史资料》总第 48 号，中国社会科学出版社，1982。

中国社会科学院近代史研究所、近代史资料编辑组编《近代史资料》总第 74 号，中国社会科学出版社，1989。

中国人民政治协商会议辽宁省委员会文史资料研究委员会编《辽宁文史资料》第 26 辑，辽宁人民出版社，1989。

中国人民政治协商会议辽宁省委员会文史资料研究委员会编印《沈阳文史资料》第 4 辑，1983。

中国人民政治协商会议辽宁省大连市委员会文史资料研究委员会编印《大连文史资料》第 2 辑，1985。

中国人民政治协商会议辽宁省大连市委员会文史资料研究委员会编印《大连文史资料·甲午战争在大连专辑》第 4 辑，1986。

中国人民政治协商会议湖南省长沙市委员会文史资料研究委员会编印《湖南文史资料选辑》第 10 辑，1978。

中国人民政治协商会议广东省广州市委员会文史资料研究委员会编《广州文史资料》第 7 辑，广东人民出版社，1963。

著　作

艾瑞克·霍布斯鲍姆：《帝国的年代》，江苏人民出版社，1999。

鲍里斯·罗曼诺夫：《俄国在满洲（1892～1906）》，商务印书馆，1980。

北京大学日本研究中心编《日本学》第三辑，北京大学出版社，1991。

常熟市人民政府、中国史学会编《甲午战争与翁同龢》，中国人民大学出版社，1995。

陈祖恩：《寻访东洋人——近代上海的日本居留民》，上海社会科学院出版社，2007。

陈永革：《佛教宏化的现代转型》，宗教文化出版社，2003。

崔丕：《近代东北亚国际关系史研究》，东北师范大学出版社，1992。

大庭修著《江户时代日中秘话》，徐世虹译，中华书局，1997。

杜恂诚：《日本在旧中国的投资》，上海社会科学院出版社，1986。

费正清编《剑桥中国晚清史（1800～1911 年）》，中国社会科学出版社，1993。

费正清编《剑桥中华民国史（1912～1949年)》，中国社会科学出版社，1998。

费成康著《中国租界史》，上海社会科学院出版社，1992。

冯天瑜：《"千岁丸"上海行——日本人1862年的中国观察》，商务印书馆，2001。

冯天瑜：《新语探源：中西日文化互动与近代汉字术语生成》，中华书局，2004。

冯筱才：《在商言商——政治变局中的江浙商人》，上海社会科学院出版社，2004。

高名凯等：《现代汉语外来词研究》，文字改革出版社，1958。

葛兆光：《1895年的中国：思想史上的象征意义》，《开放时代》2001年第1期。

管宁著《日本近代棉纺织业发展史——兼论日本近代资本主义起源问题》，天津人民出版社，1997。

黄福庆：《近代日本在华文化及社会事业之研究》，"中央研究院"近代史研究所，1982。

井上清著《日本帝国主义的形成》，人民出版社，1984。

孔祥吉、村田雄二郎著《罕为人知的中日结盟及其它——晚清中日关系史新探》，巴蜀书社，2004。

雷麦：《外人在华投资》，商务印书馆，1959。

李树毓：《中日二十一条交涉》，台湾"中央研究院"近代史研究所，1966。

李约瑟原著，罗南改编，上海交通大学科学史系译《中华科学文明史》，上海人民出版社，2002。

刘建辉著《魔都上海——日本知识人的"近代"体验》，甘慧杰译，上海古籍出版社，2003。

罗福惠：《黄祸论：东西文明的对立与对话》，台北立绪文化公司，2007。

罗志田：《乱世潜流：民族主义与民国政治》，上海古籍出版社，2001。

宓汝成：《帝国主义与中国铁路（1847～1949）》，上海人民出版社，1980。

木宫泰彦著《中日交通史》，陈捷译，商务印书馆，1931。

内藤湖南著《日本文化史研究》，储元熹、卞铁坚译，商务印书馆，1997。

蒲慕州主编《生活与文化》，中国大百科全书出版社，2005。

戚其章：《甲午战争史》，人民出版社，1990。

邱秀香：《清末新式教育的理想与现实——以新式小学堂兴办为中心点的探讨》，"国立"政治大学历史学系出版，2000。

任达著《新政革命与日本——中国，1898～1912》，李仲贤译，江苏人民出版社，1998。

上海社会科学院经济研究所、上海市国际贸易学会学术委员会编《上海对外贸易（1840～1949）》，上海社会科学院出版社，1989。

实藤惠秀著《中国人留学日本史》，谭汝谦、林启彦译，三联书店，1983。

史扶邻：《孙中山与中国革命的起源》，中国社会科学出版社，1981。

沈殿成编《中国人留学日本百年史（1896～1996）》（上册），辽宁教育出版社，1997。

苏崇民：《满铁史》，中华书局，1990。

樋口弘：《日本对华投资》，商务印书馆，1959。

汪向荣：《日本教习》，中国青年出版社，2000。

汪家熔：《商务印书馆史及其他——汪家熔出版史研究文集》，中国书籍出版社，1998。

王尔敏：《中国近代思想史论》，社会科学文献出版社，2003。

王尔敏：《近代文化生态及其变迁》，百花洲文艺出版社，2001。

王晓秋主编《戊戌维新与近代中国的改革》，社会科学文献出版社，2000。

王勇：《中日关系史考》，中央编译出版社，1995。

王勇主编《中国江南：寻绎日本文化的源流》，当代中国出版社，

1996。

汪晖：《现代中国思想的兴起》，三联书店，2004。

西川俊作、阿部武司编《日本经济史 4：产业化的时代》，杨宁一、曹杰译，三联书店，1998。

西川俊作、山本有造编《日本经济史 5：产业化的时代》，裴有洪、连湘译，三联书店，1998。

夏晓虹编著《图像晚清：点石斋画报》，百花文艺出版社，2001。

夏晓虹编《追忆康有为》，中国广播电视出版社，1996。

肖平：《近代中国佛教的复兴——与日本佛教界的交往录》，广东人民出版社，2003。

信夫清三郎著《日本外交史》，天津社会科学院日本问题研究所译，商务印书馆，1980。

信夫清三郎著《日本政治史》，周启乾译，上海译文出版社，1982～1988。

熊月之：《西学东渐与晚清社会》，上海人民出版社，1994。

许兴凯：《日帝国主义和东三省》，昆仑书店，1930。

严中平：《中国棉纺织史稿》，科学出版社，1955。

姚洪卓主编《近代天津对外贸易（1861～1948 年)》，天津社会科学院出版社，1993。

杨天石编《拒俄运动（1901～1905)》，中国社会科学出版社，1979。

杨光辉、熊尚厚等编《中国近代报刊发展概况》，新华出版社，1986。

野村浩一著《近代日本的中国认识》，张学锋译，中央编译出版社，1999。

俞辛焞：《辛亥革命时期中日外交史》，天津人民出版社，2000。

张大拓：《当代神道教》，东方出版社，1999。

张鸣：《乡土心路八十年——中国近代化过程中农民意识的变迁》，上海三联书店，1997。

赵军：《辛亥革命与大陆浪人》，中国大百科全书出版社，1991。

郑匡民：《梁启超启蒙思想的东学背景》，上海书店出版社，2003。

周策纵：《五四运动史》，岳麓书社，1999。

浙江大学日本文化研究所编《中日关系史论考》，2001。

朱云影：《中国文化对日韩越的影响》，广西师范大学出版社，2007。

佐藤三郎：《近代日本交涉史研究》，吉川宏文馆，1984。

论　文

毕苑：《近代中国教科书研究》，2004 年北京师范大学博士论文，未刊稿。

薄井由：《清末民初云南商业地理初探——以东亚同文书院大旅行调查报告为中心的研究》，2003 年复旦大学博士论文，未刊稿。

陈华新：《康有为与〈日本变政考〉的几个问题》，载《论戊戌维新运动及康有为、梁启超》，广东人民出版社，1985。

陈廷湘：《民众情绪变化与抗议二十一条运动》，《社会科学研究》2005 年第 4 期。

村田雄二郎：《康有为的日本研究及其特点——〈日本变政考〉〈日本书目志〉管见》，《近代史研究》1993 年第 1 期。

大桥智广：《在华兴亚主义者荒尾精研究》，2000 年武汉大学硕士论文，未刊稿。

高纲博文、陈祖恩：《上海日本人居留民关系年表（明治编）》，《史林》1995 年第 1 期。

黄东兰：《领土·疆域·国耻——清末民国地理教科书的空间表象》，《身体·心性·空间》，浙江人民出版社，2005。

黄汉青：《19 世纪中叶中国人的东渡和横滨华人社会的形成》，《北京科技大学学报（社会科学版）》2001 年第 3 期

Joan Judge：《改造国家——晚清的教科书与国民读本》，孙慧敏译，《新史学》第十二卷第二期。

李长莉：《黄遵宪〈日本国志〉延迟行世原因解析》，《近代史研究》2006 年第 2 期。

李廷江：《戊戌维新前后的中日关系——日本军事顾问与清末军事改革》，《历史研究》1999 年第 2 期。

李坚：《甲午战争时期报刊舆论与社会变迁》，《华东师范大学学报（哲学社会科学版）》1997 年第 2 期。

李启成：《领事裁判权制度与晚清司法改革之肇端》，《比较法研究》2003 年第 4 期。

李永春：《中日"二十一条"交涉与袁世凯政府的新闻策略》，《江西社会科学》2006 年第 9 期。

李喜所：《甲午战后 50 年间留日学生的日本观及其影响》，《社会科学研究》1997 年第 1 期。

刘其奎、刘敏州译注《近代日本对华文化事业》，《史林》1998 年第 2 期。

刘超：《鸦片战争与中国近代史研究——以清末民国时期中国历史教科书为中心》，《学术月刊》2007 年第 6 期。

鲁道夫·G. 瓦格纳：《进入全球想象图景：上海的〈点石斋画报〉》，《中国学术》2001 年第 4 期。

罗丽馨：《日本型华夷观——七～九世纪日本的外交和礼仪》，《台湾师大历史学报》第 35 期，2006 年 6 月。

吕万和、吕景琳：《关于康有为的〈日本变政考〉》，《历史教学》1980 年第 6 期。

马敏：《张謇与近代博览事业》，《华中师范大学学报（人文社会科学版）》2001 年第 5 期。

邱捷：《辛亥革命时期的粤商自治会》，《近代史研究》1982 年第 3 期。

邱捷：《粤商自治会再研究》，《近代史学刊》第 3 辑。

桑兵：《清末民初传播业的民间化与社会变迁》，《近代史研究》1991 年第 6 期。

邵加陵摘译《中岛真雄在中国是怎样办报的》，《新闻与传播研究》1986 年第 3 期。

王锋：《论日本文字的历史发展及其书写系统的构成》，《世界民族》2002 年第 4 期。

王屏：《近代日本亚细亚主义研究》，2001 年中国社会科学院博士论文，未刊稿。

忻平：《近代日本佛教在华传教的主要基地——净土真宗东本愿寺上海别院》，《近代中国与世界》第 2 卷。

徐冰：《中国近代教科书与日本》，《日本学刊》1998 年第 5 期。

徐冰：《民国时期中日教科书纠纷考略》，《日本学刊》2001 年第 2 期。

徐冰：《五四运动时期中日教科书纠纷考略》，《日语学习与研究》2006 年第 4 期。

杨大春：《论日本佛教的清国开教与中国社会的抵制》，《安徽师范大学学报》2001 年第 3 期。

杨天石：《黄遵宪的〈朝鲜策略〉及其风波》，《近代史研究》1994 年第 3 期。

应骥：《日本大和民族探源》，《中南民族大学学报》2002 年第 2 期。

易惠莉：《清代中前期的对日关系认识》，《思想与文化》第 5 辑，华东师范大学出版社，2005。

俞月亭：《我国画报的始祖——点石斋画报初探》，《新闻与传播研究》1981 年第 5 期。

中国第一历史档案馆：《日俄战争期间杨枢致外务部密函（一）》，《历史档案》1987 年第 2 期。

中国第一历史档案馆：《袁世凯驻节朝鲜期间函牍选辑》，《历史档案》1992 年第 3 期。

中国第一历史档案馆：《晚清创办报纸史料（二）》，《历史档案》2000 年第 3 期。

中国第一历史档案馆：《晚清中国参加日本大阪第五届劝业博览会史料》，《历史档案》2005 年第 4 期。

周秋利：《民国三大书局的教科书之争》，《中国编辑》2003 年第 4 期。

周蜜：《日本人种论》，吉林大学 2007 年博士论文，未刊稿。

周其厚：《论民国中华书局教科书与日本的纷争——兼评日本〈新历史教科书〉》，《山东科技大学学报（社会科学版)》2005 年第 2 期。

图书在版编目（CIP）数据

近代中国人的日本认识：1871～1915 年/彭雷霆著. —北京：
社会科学文献出版社，2013.11
ISBN 978 - 7 - 5097 - 5329 - 3

Ⅰ.①近… Ⅱ.①彭… Ⅲ.①中日关系 - 国际关系史 -
研究 - 近代 Ⅳ.①D829.313

中国版本图书馆 CIP 数据核字（2013）第 278737 号

近代中国人的日本认识（1871～1915 年）

著　　者/彭雷霆

出 版 人/谢寿光
出 版 者/社会科学文献出版社
地　　址/北京市西城区北三环中路甲 29 号院 3 号楼华龙大厦
邮政编码/100029

责任部门/皮书出版中心（010）59367127　　　责任编辑/桂　芳
电子信箱/pishubu@ ssap. cn　　　责任校对/吕伟忠
项目统筹/桂　芳　　　责任印制/岳　阳
经　　销/社会科学文献出版社市场营销中心（010）59367081　59367089
读者服务/读者服务中心（010）59367028

印　　装/北京季蜂印刷有限公司
开　　本/787mm×1092mm　1/16　　　印　张/16.75
版　　次/2013 年 11 月第 1 版　　　字　数/258 千字
印　　次/2013 年 11 月第 1 次印刷
书　　号/ISBN 978 - 7 - 5097 - 5329 - 3
定　　价/59.00 元